元宇宙

人类空间移民的想象力革命

裴培　高博文　著

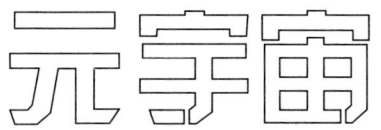

推荐序

以个人的知识领域，我对Roblox（罗布乐思）和Epic[1]的"元宇宙"（Metaverse）最为熟悉。Tim Sweeney（蒂姆·斯威尼）对于元宇宙的"游乐场"定义，其实也是对Roblox和*Fortnite*（《堡垒之夜》[2]）商业模式最实际的描述。无论大家如何理解"元宇宙"这个概念，"游乐场"的商业模式可以算是游戏公司的共识，并且大量"头部"的游戏公司做游戏，都在有意或无意地向"游乐场"模式靠拢。

---

[1] Roblox是目前世界最大的多人在线创作沙盒游戏社区；Epic Games（英佩游戏）是美国最负盛名的游戏平台之一，创始人为蒂姆·斯威尼。——编者注
[2] Epic Games发行的一款第三人称射击游戏。——编者注

《原神》《和平精英》《极限竞速：地平线[1]》等，都是特定3C[2]、美术风格和玩法的"游乐场"。

游乐场不一定需要UGC（User Generated Content，用户原创内容），甚至不一定需要联网或社交。其核心是通过工业化的生产方式，持续运营的商业模式，低成本大批量地生产高性价比的可消费内容。

扎克伯格的元宇宙如果是指VR（Virtual Reality，虚拟现实），那我是完全看不懂的，Meta（原Facebook，即脸书）的发布会里描述的元宇宙我也是不看好的。不看好拟真和体感操作的相关发展，是因为未来的交互一定是往更高输入和输出效率的方向发展的。拟真和体感操作，作为用户的信息输出方式而言，就是低效的，其效率远低于手柄、触屏。体感操作若图个新鲜玩一下是可以的，长时间玩的话，用户肯定会回归到更高效的手柄或触屏。除非用户是故意要给自己找不自在——例如健身。所以头号玩家式的运动设备[3]我是完全不看好的，动动大拇指就能跑步的时候，为何要真的去跑？

至于VR或AR（Augmented Reality，增强现实），相较于手机屏幕和电脑显示器，其信息输入效率是否有所提高，我也是存疑的。至少现在所有VR设备的信息输入效率都不高，用户想在单位时间内获取更多信息的话，无论是用手机看公众号还是看抖音，效率都比VR高。这个问题未来的VR也许能解决，但届时VR/AR技术发展的意义可能也

---

[1] 《原神》是米哈游公司开发的一款开放世界游戏；《和平精英》是腾讯光子工作室群研发的军事竞赛体验手游；《极限竞速：地平线》系列是由原系列开发商Turn 10与Playground Games联合开发的赛车游戏。——编者注
[2] 3C指Character（角色）、Camera（相机）、Control（控制），代表了大部分游戏设计中三种最为基本的要素。——编者注
[3] 电影《头号玩家》中，人们只要戴上VR设备，便可以进入繁华的虚拟世界"绿洲"，做任何自己想做的事情。——编者注

就是能够以更低的成本、更小的空间占用来帮助用户随时获取大屏的体验。

币圈的元宇宙，我觉得是纯粹的骗局。我不觉得NFT（Non-Fungible Token，非同质化代币）有任何新鲜之处或任何价值。游戏的经济系统也好，现实中的其他经济系统也好，本质问题不在于发币者无信誉或货币总量无上限。我要做一个游戏，不管用不用NFT，让游戏内的资源有上限或自由交易都不难。但它不代表这些资源就有价值了，就能"Play to Earn"（玩游戏赚取报酬）了。"Play to Earn"的时候要想想赚的钱是从哪里来的，是否来自于游戏自己创造出的内容和价值。如果钱只是来自于梦想发财的其他用户，那它本质就是个赌博游戏。区块链做赌博游戏确实是适合的，但是能让所有人明白有50%以上概率会吃亏的才是有良心的赌博游戏。包装成"Play to Earn"的NFT游戏更像是一个庄家割"韭菜"的工具。

普通民众理解的元宇宙，我个人觉得都过于乐观和理想化了。未来的事情有些时候不敢细想——"细思极恐"。虽然我很讨厌把游戏比作精神鸦片的说法，但是理想的元宇宙，如果能让人用极低成本获得无限快感的话，那起到的作用和毒品其实是一样的。不考虑毒品对健康的影响，今天大部分国家的政府禁止毒品，本质上是由于毒品太廉价，靠它太容易获得快乐和满足了。如果所有人都能获得廉价的快乐和满足，那就没有人会为了维持社会运转而进步努力了。这也是为什么刘慈欣会觉得元宇宙会带来人类毁灭。悲观点想，随着生产力的提高和AI（Artificial Intelligence，人工智能）的进步，当有一天人类社会的维持和进步不再需要人类参与劳动的时候，所有人躺平进入

目录
CONTENTS

第 1 章

元宇宙，资本市场的盛宴

- 元宇宙在国内的"三波热潮" /003
- 被币圈玩坏的元宇宙 /018
- 专属于大佬们的元宇宙？ /026

第 2 章

元宇宙到底是什么？
有人能说清吗？

- 扎克伯格的元宇宙：基于 VR/AR 技术的社交网络？ /033
- Roblox 的元宇宙："八大要素"，有些道理但不够完善 /041
- 让我们尝试给元宇宙一些更准确的定义吧 /053
- 测试一下主流互联网应用的"元宇宙含量" /061
- 元宇宙不是个什么都能装的筐：从"工业元宇宙"说起 /080

第 3 章

元宇宙，归根结底是一个娱乐内容概念

- 脱离内容去讲元宇宙，就是耍流氓 /089
- "以开放世界游戏"为中枢的元宇宙平台 /100
- 元宇宙的第一次路线斗争：Epic Games & Take-Two vs Facebook /110
- 平台公司做内容九死一生，只有内容公司才能做好内容 /120
- 平台型公司跨界的唯一道路：以索尼在游戏市场的成功为例 /132

第 4 章

阻碍元宇宙实现的障碍：
不仅仅是技术，也不仅仅是监管

- 第三方内容生态是元宇宙的最大瓶颈 /143
- 现在的主流 VR 技术，离元宇宙还有多遥远？ /152
- 云计算与边缘计算：容易被人忽视的技术瓶颈 /164
- 由区块链引发的监管问题：不仅仅是加密货币！ /175
- 元宇宙的"幻灭低谷期"将在何时到来？ /186

第 5 章

谁最有可能打开
元宇宙的大门？

- 互联网平台公司：凭内容经验抢占先机 / 197
- 腾讯：从移动互联网霸主到元宇宙霸主 / 202
- Meta：用 Oculus 先发制人，以社交优势赋能 VR 应用 / 211
- VR 设备及系统公司："重度化"是元宇宙早期的唯一出路 / 220
- 索尼：重度化是唯一出路，"硬件 + 内容"构建元宇宙生态 / 222
- 微软：基于云计算搭建元宇宙基础设施，多方向通往新世界 / 232
- Roblox：元宇宙先驱，拥有强大的第三方内容生态 / 244
- Epic：在成为"头号玩家"的路上 / 248

第 6 章

四个元宇宙图景，来自四部热门娱乐作品

- 《赛博朋克 2077》：一个"反乌托邦"的元宇宙中间形态？ /260
- 《西部世界》：属于少数富人的猎奇性"元宇宙"？ /272
- 《刀剑神域》：轻小说风格的半吊子元宇宙 /282
- 《逃离塔科夫》：元宇宙初期的最佳内容蓝本？ /290
- 意犹未尽：独立游戏开发者在做什么？独立电影人又在做什么？ /302

附：来自业内的观点 /309

参考资料 /339

第 1 章

元宇宙，
资本市场的盛宴

一夜之间，元宇宙成为资本市场最热话题，但很少有人知道它究竟是什么——

元宇宙在国内的"三波热潮"：2021年上半年，伴随Roblox在美股上市的第一波；同年9月，伴随NFT热潮的第二波；10月底，随扎克伯格宣布Facebook将更名为Meta而来的第三波。

被币圈玩坏的元宇宙：街上讨论元宇宙的，十个有八个是币圈的人。

专属于大佬们的元宇宙？互联网巨头纵横捭阖，每家都有几个元宇宙商标、几笔元宇宙投资并购，但中基层做事的人却是一头雾水。

元宇宙在国内的"三波热潮"

"元宇宙"这一概念最早出现在美国知名科幻作家尼尔·斯蒂芬森1992年出版的小说《雪崩》(*Snow Crash*)中,这也是第一本以网络人格和虚拟现实的初步暗示为特色的赛博朋克[1](cyberpunk)小说。《雪崩》的故事发生在21世纪的洛杉矶,距离全球经济崩溃已经过去数年,美国社会已经彻底公司化,洛杉矶不再是美国的一部分,而是沦为财团、黑手党、私人机构等势力控制的信息都市,处于一种无政府资本主义状态。在那里,物价飞涨、美元贬值、虚拟货币泛滥。小说中,作者创造了一个与以往想象中互联网形态不同的虚拟空间——元宇宙,它与现实世界平行,人们可以通过各自的"化身"(Avatar)在虚拟

---

[1] 赛博朋克原本是兴起于20世纪80年代的科幻文学类别,该词是控制论(cybernetics)与朋克(punk)的合成词,一般用来描绘高科技、低生活的未来社会形态。——编者注

世界工作、生活和娱乐。

斯蒂芬森曾经做过计算机编程员，非常了解电脑网络和黑客生活，是"后赛博朋克"（Postcyberpunk）科幻小说的领军人物。当时，网络世界的崛起为科幻作家提供了可驰骋万里的绝妙空间，科幻小说也对网络发展和网络文化形成起到了推波助澜的作用。斯蒂芬森的"虚拟实境"深刻地影响了技术领域，尤其是游戏领域。无数的专业网络技术人员正在一步步接近斯蒂芬森当年的神奇梦想，包括依据"超元域"（虚拟实境技术）构建的网络虚拟世界"第二人生"，也包括领先全球的游戏创作和社区互动平台Roblox。

"他看到的并非真人，全都是电脑根据光纤传输的数据规格绘出的动态画面。超元域中的每个人其实都是软件，名为'化身'，是人们在超元域里互相交流时使用的声像综合体。……每个人的化身都可以做成自己喜欢的任何样子，这就要看你的电脑设备有多高的配置来支持了。即使你模样很丑，仍旧可以把自己的化身做得非常漂亮。哪怕你刚刚起床，可你的化身仍然能够穿着得体、装扮考究。在超元域里，你能以任何面目出现：一头大猩猩，一条喷火龙。……人们不能在超元域中的任何地方随意现身，不能像《星际迷航》里的柯克船长那样凭借光束从天而降。这会引起混乱并且激怒周围的人，也会破坏超元域的象征意味。大家认为，在超元域凭空出现，或是骤然消失返回现实，这些事应当私下做才对，最好在自己家里进行。"[1]我们可以看到在《雪崩》的世界中，人们既超脱现实，可以以化身生活在"超元域"中，但同时也受现实的限制和约束。这让"超元域"的运行逻辑更符合现实世界。

---

[1] [美]尼尔·斯蒂芬森：《雪崩》，四川科学技术出版社，2009。——编者注

或许很多人摸不准什么才是"元宇宙",但他们中的大多数人一定看过电影《黑客帝国》《盗梦空间》或者《头号玩家》。《黑客帝国》中基努·里维斯饰演的主人公在虚拟世界"The Matrix"(黑客帝国)里斗争;导演克里斯托弗·诺兰在《盗梦空间》里构建了走入层层梦境直至神秘意识深处的超现实感;而《头号玩家》的导演斯皮尔伯格用"绿洲"(Oasis)承载了无数玩家的彩蛋[1]。目前,人们对"元宇宙"的定义尚不成熟,我们也只能从这些跨时代的文学或影视作品中去探寻一二,其中《头号玩家》无疑是"元宇宙"领域的翘楚。

事实上,"元宇宙"在国内资本市场上的第一轮火爆来自于Roblox估值的暴涨。自2020年年初至2021年年初上市,Roblox的估值从40亿美元上涨至382亿美元,1年左右其估值涨了近10倍,至11月份Roblox的市值逼近800亿美元。尽管2021年前三季度Roblox的收入增长120%至13.5亿美元,目前仍处于亏损状态,归母(公司)净亏损约3.5亿美元。这场海外资本市场的"魔术"无疑引起了国内投资者的好奇,人们争先恐后想要探索背后的奥秘,寻求下一个国内的"Roblox"。

Roblox历史融资情况(数据由公开资料整理):

融资日期	轮次	融资金额	估值	投资方
2005年1月4日	A轮	未披露	未披露	未披露
2006年8月15日	B轮	110万美元	约448万美元	未披露

---

[1] 电影彩蛋指电影中某些有趣的细节,或是影片剧情结束后放映的与电影有关的片段。电影《头号玩家》里埋藏着上百个致敬经典游戏、动漫、影视的彩蛋,因此为世界影迷所津津乐道。——编者注

融资日期	轮次	融资金额	估值	投资方
2009年8月14日	C轮	150万美元	约714万美元	Altos Ventures、First Round Capital
2011年6月16日	D轮	580万美元	约2900万美元	Altos Ventures、First Round Capital
2017年3月15日	E轮	9200万美元	约4.33亿美元	Index Ventures、Meritech Capital Partners
2018年9月6日	F轮	1.5亿美元	25亿美元	Index Ventures、Altos Ventures、Meritech Capital Partners
2020年2月27日	G轮	1.5亿美元	40亿美元	Andreessen、Horowitz淡马锡Temasek、腾讯投资
2021年1月7日	Pre-IPO	5.2亿美元	52亿美元	Altimeter Capital、Dragoneer Investment Group
2021年3月10日	IPO[1]	数亿美元	382亿美元	公共股东

Roblox是一家非常特殊的UGC游戏制作平台，它允许用户自由编写游戏和参加其他玩家创建的游戏，平台仅提供包括引擎、云技术等基础设施，另外通过出售游戏货币Robux赢利（用以购买皮肤等道具）。截至2021年第三季度，Roblox拥有4730万日活用户（DAU，日活跃用户），其中欧美用户占比超50%，13岁以下用户占比接近50%，平均日活用户在线时长2.5小时/天。我们可以看到Roblox蕴含着非常多资本市场喜欢的"元素"：

---

[1] Initial Public Offering，首次公开募股。——编者注

- **UGC平台**。纵观互联网行业的发展，从图文到视频，随着技术不断提升，用户的创作门槛不断下降。UGC内容代替PGC（Professional Generated Content，专业生产内容）内容成为主流内容消费形式，国内以抖音、快手为代表的UGC平台视频内容时长已经是爱奇艺、腾讯视频等PGC平台视频内容时长的5倍以上，游戏创作的UGC化也理应是未来趋势。相比于PGC内容，UGC内容能更好地实现优胜劣汰，2020年约127万Roblox创作者获得Robux，越好的作品越能为创作者带来相应的收入。

- **年轻用户趋势**。年轻用户往往是新趋势、新产品的主力军，抖音、快手、bilibili这些应用也都是率先在Z世代[1]群体中火爆起来的。根据Roblox自身公布的数据显示，2020年Roblox日活用户中，16岁以下用户占比约67%，13岁以下用户占比超过50%，高比例的年轻用户占比暗含着强劲的增长潜力。

- **社交属性与高黏性**。游戏中超9成玩家与好友一起玩游戏，平均日活用户在线时长达到2.5小时/天，相比之下，国内《王者荣耀》日活用户在线时长约2.3小时/天，高社交属性和黏性带来了高留存和低获客成本。

- **良好的财务模型**。Roblox虽然在财务上仍然处于亏损状态，但由于玩

---

[1] 网络流行用语，一般指1995年至2009年间出生，生活在互联网时代的新世代人群。——编者注

家充值属于递延收入[1]（Deferred Revenue），平台在玩家充值时获得的现金，可在一定时间内摊销作为财务口径的收入，Roblox的经营活动现金一直为正，不"赚钱"但也不"烧钱"，实现了自给自足式的高增长。

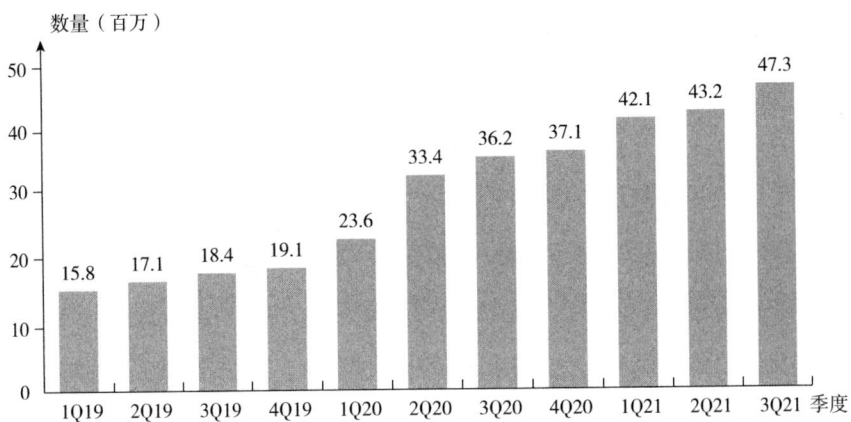

Roblox日活跃用户数变化：

Roblox又是如何与"元宇宙"扯上关系的？一方面，公司CEO David Baszucki（戴维·巴斯祖奇）是元宇宙忠实的"传教士"。他认为Roblox将最有可能成为像《雪崩》和《玩家一号》（《头号玩家》的原著小说）里描绘的虚拟世界，且Baszucki与Ernest Cline（《玩家一号》的作者）合作过多次。Baszucki甚至将小说《玩家一号》发给了公司每个高管，认为它不仅捕捉到了社会变化，还预测了未来的技术发展。另一方面，Roblox需要给资本市场一个远大的愿景，提振其在资本市场的市值表现。一般来说，上市游戏公司的估值水平要低于其他科

---

[1] 暂时未确认的收益，可理解为预收账款。——编者注

技类公司，市盈率（预测）一般在15～25倍之间，这一现象主要由单一游戏成功概率以及其生命周期的不稳定性所决定。要想获得资本市场的认可，仅仅是"年轻用户最喜欢的游戏"是不够的。但对Roblox而言，打造"元宇宙"无疑是最适合的，Roblox极有可能成为未来"元宇宙"的主要载体，人们的工作、生活和娱乐都将着落在Roblox搭建的世界上，Roblox亦将成为"元宇宙"时代的Facebook和腾讯。

"元宇宙"在国内资本市场上的第二轮火爆来自于NFT。NFT全称为"Non-Fungible Token"，中文译为"非同质化代币"，具有唯一性、不可分割性和不可复制性。与其对应的是"同质化代币"，典型的就是人民币、美元、比特币[1]等。简单来说，NFT是元宇宙的三大关键基础设施之一，另外两个是VR和AI。VR为元宇宙提供现实般的沉浸感，AI为元宇宙提供运行的"大脑"，而NFT则为元宇宙搭建经济体系。

NFT的独特信息会被存储在其智能合约[2]中，并记录在代币的区块链[3]上，而区块链有着公开、可信、去中心化的特征。尽管NFT人人都可以制作，但如果想让其有较高的价值，就需要得到买家的认可，所以NFT更适合数字艺术品及类似商品。数字艺术品，如Beeple（昵称为"Beeple"的美国艺术家迈克·温克尔曼）的NFT作品*Everdays：The First 5000 Days*（每一日：第一个5000日）在2021年以6930万美元的价格出售；数字收藏品（含盲盒），如2021年2月

---

[1] Bitcoin，2009年诞生的一种P2P形式加密数字货币。——编者注
[2] 智能合约（Smart contract）是一种旨在以信息化方式传播、验证或执行合同的计算机协议。——编者注
[3] 起源于比特币的分布式账本和数据库。——编者注

NBA Top Shot[1]平台上的一张詹姆斯卡片（NBA球员精彩瞬间）以近21万美元出售；游戏资产，如2021年2月，游戏爱好者斥资约150万美元购买 *Axie Infinity*[2] 的NFT地图。NFT最大的潜力就是重塑流通性和价值重估。现实中的艺术品流通非常局限：艺术品首先要被验证真伪，而区块链技术却能保证数字艺术品的真实性；大众对艺术品价格要求高，大量中等价值的艺术品被淹没；传统艺术品的受众非常小，一般通过拍卖行成交，覆盖用户有限；很多作品难以分开销售，比如一个图库，传统拍卖难以将其每一个图片定价单独销售。但NFT产品却无以上困扰，所以说NFT降低了数字艺术品的交易成本，极大提高了其流动性。

事实上，NFT这种特性也可以让用户来搭建整个虚拟世界的经济体系。NFT的特征在于赋予虚拟世界的无形资产以价值，以及产权和归属。这与现实世界一样，买到的虚拟物品是属于用户的，而不是属于某个科技公司的，他们可以主观地对这些虚拟物品进行处置。这种"去中心化"的属性，赋予了元宇宙贴近现实的真实感。没有NFT的元宇宙，玩家恐怕得担心自己所拥有的一切虚拟物品会转瞬即逝或者急速贬值，掌握着"生杀大权"的科技公司很可能会滥用"发币权"。

也可以从经济学角度去思考虚拟世界的经济系统：其一，劳动价值论，价值是凝结在商品中的无差别的人类劳动。商品的价值量由生产商品的社会必要劳动时间决定；商品交换以价值量为基础，遵守等量社

---

[1] NBA Top Shot是NBA、NBPA 和 Dapper Labs 联手打造的区块链收集游戏平台，可把NBA比赛中令人惊叹的精彩瞬间变成能永远拥有的数字收藏品。——编者注

[2] 一个利用区块链技术的游戏，玩家在游戏中收集并培养名为Axie的宠物，并用这些宠物打怪升级。——编者注

会必要劳动相交换的原则。在现实世界的劳动价值与在虚拟世界的劳动价值"等价",这也就构成了现实世界和虚拟世界的经济联通。但现实世界物品的"复制难度"远低于虚拟世界,在中心化体系中这些虚拟创造物的价值难以用劳动时间衡量。其二,供求价值论,商品的价值由市场供求关系决定。商品无内在的价值,商品的价值完全由市场供求关系来决定——当供大于求时,商品价值就低;当求大于供时,商品价值就高。同样,在中心化体系下虚拟世界的供给可以是无限的,就像《王者荣耀》里的皮肤一样,腾讯想发多少就发多少,那么其经济体系必然面临崩溃。而NFT赋予了虚拟世界拥有现实世界那样的经济体系的可能。

NFT国内外的火爆也引发了第二波"元宇宙热"。2021年8月27日,A股上市公司视觉中国首次在其半年报中披露"NFT升级计划"。半年报中写到:"公司在持续提升500px的社区交流、版权变现功能的基础上,依托已经具备的社区优势,正在筹备启动500px社区的区块链改造,增强区块链确认、资产发布等中间件,同时根据视觉数字艺术资产属性与特点,利用NFT技术对社区进行升级,并对创作者持续赋能,拓展全球市场以及领域,增强资产变现能力,提升社区活力,打造全球领先的基于区块链的视觉数字艺术创意社区。"[1]恰逢海外NFT市场火爆,视觉中国的NFT主题也迅速被市场"认可"。自8月25日启动,截至9月8日,共11个交易日,视觉中国股价上涨61.2%至17.34元/股的短期高点。

对A股主题性投资来说,需要依靠理念汇聚成为板块,但是纯正

---

[1] 视觉(中国)文化发展股份有限公司2021年半年报,2021,第14页。——编者注

的"NFT概念"却非常稀缺，因而"元宇宙概念"顺势崛起。2021年9月6日，中青宝[1]率先发力，在微信公众号上表示其正在打造一款名为《酿酒大师》的新游戏。中青宝表示，这是一款"能够映射玩家内心世界到元宇宙"的模拟经营游戏，将虚拟世界的体验感做得更真实。这款在游戏圈看上去平平无奇的游戏，却凭借着"元宇宙"（扮演酒厂管理者）+"NFT"（酿制白酒能够以NFT形式拍卖）+"白酒"的概念，迅速得到A股投资者的青睐。自9月7日启动，截至9月16日，共8个交易日，中青宝股价上涨148.4%至20.57元/股的短期高点。期间汤姆猫等公司迅速跟风，元宇宙概念迎来第二波火爆。

中青宝在股价异常波动公告中写到，"元宇宙是一个巨大的概念和模式，公司尚处于初步探索阶段，触及概念相对较浅，对应产品尚在研发中，新游戏上线时间和地区亦受到诸多因素影响。项目实施进度、能否达到公司预计的效果、能否满足未来市场的需求，均存在较大的不确定性"[2]。对于缺乏新概念的A股传媒行业，"元宇宙"成为了救命稻草，但大部分公司与元宇宙的联系似乎并不紧密，更多的只能说"似是而非""若有若无"。

元宇宙的第三轮火爆则是由真正的互联网巨头引发。2021年10月28日，Facebook CEO扎克伯格在Facebook Connect大会上宣布，Facebook将更名为"Meta"，Meta一称来源于"元宇宙"（Metaverse），标志着开启公司聚焦元宇宙世界的"新篇章"。早

---

[1] 深圳中青宝互动网络股份有限公司，成立于2003年，是国内最早从事网络游戏开发、运营及发行的游戏公司之一，也是中国首个在A股上市的游戏公司。——编者注

[2] 深圳中青宝互动网络股份有限公司股价异常波动公告，2021，第1页。——编者注

在2014年，Facebook就收购了VR硬件厂商Oculus，到了2021年，Facebook VR相关领域的员工接近1万人，占比达17%。2021年7月，扎克伯格表示希望用5年左右的时间将Facebook打造成一家元宇宙公司，并测试一个名为Horizon的社交平台。Facebook无疑是互联网巨头中最早布局"元宇宙"基础，向"元宇宙"转型最彻底的，它致力于硬件、系统、软件一体化解决方案，把守下一代通用技术设备的入口。我们在前文提到过，元宇宙有三个基础设施：VR、AI和NFT.其中VR满足高沉浸感需求，AI满足改造力和社交需求，NFT满足经济系统要求。由此而见，VR技术是元宇宙的必要非充分条件，也是Facebook元宇宙的着力点。

Facebook VR相关投融资（数据由公开资料整理）：

时间	公司	投资活动	产品	领域
2014年3月	Oculus	收购	VR设备	硬件
2014年6月	Carbon Design	收购	Xbox 360手柄设计	硬件
2014年12月	Nimble VR	收购	计算机视觉、手部追踪	系统
2015年5月	Surreal Vision	收购	计算机视觉、3D场景重建	系统
2015年7月	Pebbles Interfaces	收购	传感器系统	系统
2016年3月	Masquerade	收购	AR换脸应用	软件
2016年5月	Two Big Ears	收购	音频	软件
2016年9月	Nascent Objects	收购	人工智能等	系统
2016年10月	InfiniLED	收购	微型LED	硬件
2016年11月	FacioMetrics	收购	面部识别	软件
2016年11月	Zurich Eye	收购	计算机视觉	系统

时间	公司	投资活动	产品	领域
2016年12月	The Eye Tribe	收购	焦点渲染	系统
2017年5月	Blend Media	收购	内容制作	软件
2017年8月	Fayteq	收购	视频滤镜	软件
2019年2月	Grostyle	收购	虚拟购物	软件
2019年9月	CTRL-Lab	收购	脑计算	系统
2019年11月	Beat Games	收购	*Beat Saber* 游戏开发商	软件
2019年12月	Play Giga	收购	云游戏	软件
2020年2月	Scape Technology	收购	视觉定位	系统
2020年2月	Sanzaru Games	收购	*Sonic the Hedgehog* 游戏开发商	软件
2020年6月	Mapillary	收购	地图数据库	软件
2020年6月	Ready At Dawn	收购	*Lone Echo* 游戏开发商	软件
2020年9月	Lemnis	收购	变焦技术	系统

更名为Meta，其背后是Facebook正在面临的困境，或许它也是绝大部分互联网巨头的困境：第一次是Google（谷歌）变成了Alphabet，现在是Facebook变成了Meta；当科技公司的战略发生变化，核心业务成为广泛投资组合的一部分，更名也就如期而至。一方面，反垄断、青少年保护、数据安全和隐私问题等负面消息不断，Facebook无疑面临着更严格的政府监管；另一方面，TikTok（抖音海外版）海外月活跃账户突破十亿，并且在欧美地区用户和年轻用户的数量上丝毫不逊色于Facebook和Instagram（照片墙）。

美国年轻用户最喜欢的社交平台使用状况（数据来自Piper Sandler[1]）：

2012年至2020年美国青少年最喜欢的社交平台

	2012秋季	2013春季	2013秋季	2014春季	2015春季	2015秋季	2016春季	2016秋季	2017春季	2017秋季	2018春季	2018秋季	2019春季	2019秋季	2020秋季	
Snapchat（色拉布）	—	—	—	—	11	17	24	35	39	47	45	46	41	44	34	in %
TikTok（抖音海外版）	—	—	—	—	—	—	—	—	—	—	—	—	0	4	29	in %
Instagram（照片墙）	12	17	27	30	29	29	23	24	23	24	26	32	35	35	25	in %
Twitter（推特）	27	30	31	27	21	18	16	13	11	7	9	6	6	3	3	in %
Discord	—	—	—	—	—	—	—	—	—	—	—	—	—	—	3	in %
Facebook（脸书）	42	33	27	23	12	13	15	13	11	9	8	6	6	3	2	in %
Reddit	—	—	—	—	—	—	—	—	—	—	—	—	—	—	1	in %
Other	2	4	2	4	8	8	5	1	1	1	1	1	1	1	1	in %
Pinterest（拼趣）	2	2	2	2	2	1	1	1	1	1	1	1	1	3	1	in %
Tumblr（汤博乐）	3	4	5	5	4	3	2	—	—	—	—	—	—	—	—	in %
Google+（谷歌+）	6	5	4	4	1	1	1	1	—	—	—	—	—	—	—	in %

[1] Piper Sandler Companies，著名的国际投资银行和资产管理公司。——编者注

Facebook也有望迎来VR硬件的黎明。Facebook VR副总裁雨果·巴拉说：Facebook将1000万Oculus用户定位为转折点，届时整个生态将会蓬勃发展起来。在VR发展的早期，开发者想赢利比较困难，需要巨头扶持，Facebook将对开发者提供包括IP、资金、技术甚至营销的全方位支持；等到了千万级的时间节点，市场就可以被支撑起来，越来越多内容开发者加入进来，更多好内容被生产，整个VR生态实现自循环。在2020年9月，Quest平台[1]有超过35款游戏创造了数百万营收，到了2021年2月，这一数字变成了60多款，平均每三款付费应用就有一款营收超过100万美元，"赚钱效应"逐步显现。越来越多游戏厂商加入VR内容生态，2020年，育碧（育碧娱乐软件公司[2]）与Oculus达成共识，旗下《刺客信条》《细胞分裂》两个经典IP将重新为Oculus制作独占VR游戏。Oculus 2或成为激活整个VR内容生态的关键，迈过1000万的转折点后将有望迎来非常陡峭的增长期。

其他科技巨头也纷纷跟上，在2021年春季的Ignite大会上，微软发布了具有虚拟形象功能的元宇宙产品——Microsoft Teams聊天和会议应用；在GTC 2021大会上，英伟达也带来了旗下元宇宙平台NVIDIA Omniverse的最新消息。海外科技巨头入局元宇宙，带来A股资本市场的第三波"元宇宙"热。除了中青宝、汤姆猫等老"元宇宙"玩家，还有天下秀、芒果超媒等新玩家。天下秀拟发布一款"虹宇宙"产品，这是一款3D虚拟社交产品，用户可以构建虚拟身份、道具和社交，它将联合全球社交红人为用户打造一个沉浸式的泛娱乐虚拟生活社区。

---

[1] Oculus Quest，Meta旗下主打VR游戏的平台。——编者注
[2] Ubisoft Entertainment，成立于1986年，总部位于法国的老牌跨国游戏制作、发行和供销商。——编者注

2021年10月21日,虹宇宙官方开启了"P-lanet登陆计划",投放限量版NFT资产,包括虚拟房屋和土地。受到"虹宇宙"概念催化,天下秀自10月21日至11月4日,11个交易日股价共上涨60.8%。

经过元宇宙的"三波热潮",星星之火已成燎原之势,元宇宙已经成了资本市场的标配,游戏公司、通信公司、教育公司、文旅公司纷纷进军元宇宙。从海外到国内,从细分领域龙头到互联网巨头,元宇宙俨然成为互联网行业的未来。元宇宙实现了产业与资本市场的共振,互联网巨头和币圈的共振,它们正各自诉说着各自的元宇宙故事。

被币圈玩坏的元宇宙

在元宇宙的拥趸里,他们从本质上可以分为两大门派:一个是基于区块链技术的"灵魂派",一个是基于互联网体系的"肉体派"。灵魂派强调先构建"自由",肉体派强调"沉浸体验";灵魂派关注"私产",肉体派注重"技术发展";灵魂派关注"去中心化",肉体派则关注"可实现性"。然而街上讨论元宇宙的,十个有八个是币圈的人,因为"币"与赚钱息息相关。在元宇宙话题变得火热的过程中,苦苦寻找新刺激点的"币圈"蠢蠢欲动。自2021年以来,国内开展了一系列针对比特币挖矿[1]、交易等的监管政策,这让国内的币圈人士不太好受,7月,比特币更是触达3万美元的低点。在这样的环境下,NFT无疑成为了币圈的新宠。随着元宇宙概念持续升温,NFT嵌在元宇宙概

---

[1] 指利用电脑计算出比特币的位置并获取的过程。——编者注

念里实现了快速出圈，元宇宙将会是NFT等虚拟商品的最佳容器。

海外，处于"GameFi"（Game Finance，将去中心化金融以游戏方式呈现）流行趋势最前沿的 *Axie Infinity* 已经产生了超过30亿美元的交易量，*Axie Infinity* 也一跃成为币圈最火爆的元宇宙项目。GameFi=NFT+ DeFi[1]+游戏，即在游戏中加入金融变现的设计，将金融产品以游戏方式呈现，把游戏道具衍生品NFT化，实现在游戏中"Play to Earn"。事实上，币圈更关心的是 *Axie Infinity* 背后的代币AXS。自2021年1月1日至12月25日，AXS价格从0.537美元上升到104.58美元，实现近200倍的涨幅，成为币圈又一次的"造富"奇迹。

Axie Infinity 是不是真正意义上的元宇宙游戏呢？它又有着怎样的魅力，让它取得如此的成功？事实上，*Axie Infinity* 的画面并不逼真，游戏创新性也并不强。它受到《宝可梦》（即《口袋妖怪》）的启发，是玩家通过被称为"Axie"的幻想生物进行战斗、饲养和交易的区块链游戏，由越南游戏工作室Sky Mavis开发。按照活跃用户数计，截至2021年12月底，*Axie Infinity* 拥有大约30万日活跃用户，是以太坊排名第一的游戏。

玩法上，*Axie Infinity* 是一款卡牌游戏，战斗系统灵感来自于《最终幻想》（日本角色扮演类电视游戏）和《放置英雄》（可选角色的点击式游戏）。卡牌基于宠物NFT，每只宠物包含4张卡牌，玩家需要先购买3只Axie组成队伍，采取"回合制"对战。游戏胜利需要消灭3只Axie组成的团队，每个回合，玩家必须策略性地打牌，以最大限度地提高获胜的机会。当前游戏分为PVE（Player Versus Environment，

---

[1] Decentralised Finance，去中心化金融。DeFi通常是指基于以太坊的数字资产和金融智能合约。——编者注

玩家对战环境）和PVP（Player Versus Player，玩家对战玩家）模式，其中PVE是闯关模式，每个关卡设有不同的怪物，而PVP是对战模式，拥有Axie的玩家通过随机配对来PK。

Axie是整个游戏的核心，它可以通过繁殖增长且总量无限，玩

TOP 20 NFT收藏品：

	藏品	售价	购买人数	交易量	拥有人数
1	Axie Infinity	$2,843,864,416	907,739	8,177,866	2,403,155
2	CryptoPunks	$1,569,271,677	4,640	18,775	3,251
3	Art Blocks	$1,023,688,881	19,780	112,664	23,356
4	NBA Top Shot	$768,323,356	367,904	11,193,603	591,778
5	Bored Ape Yacht Club	$625,091,836	7,876	21,865	5,748
6	Mutant Ape Yacht Club	$317,966,350	8,476	14,046	9,807
7	Loot	$262,354,011	3,516	9,853	2,550
8	Meebits	$230,237,187	4,936	13,219	5,318
9	Cool Cats	$168,905,513	7,708	22,529	4,934
10	CrypToadz	$154,374,915	6,018	14,382	3,508
11	MekaVerse	$149,946,816	4,286	8,439	5,151
12	Parallel Alpha	$147,038,387	9,353	57,947	
13	0N1 Force	$144,622,772	6,683	15,539	4,231
14	Pudgy Penguins	$133,063,274	9,704	26,364	4,690
15	PUNKS Comic	$125,079,018	3,283	8,473	3,115
16	Sorare	$117,459,390	38,903	650,586	54,006
17	Zed Run	$115,632,736	36,136	146,312	36,612
18	CyberKongz	$106,851,585	2,052	3,647	1,835
19	Degenerate Ape Academy	$106,775,465	5,600	16,707	4,867
20	Curio Cards	$99,891,479	5,789	17,930	1

家通过种类克制、属性和卡牌效果确定Axie在游戏中的强弱。种类方面：Axie按照种类分为鸟（Bird）、植物（Plant）、兽（Beast）、水生（Aquatic）、爬行动物（Reptile）、昆虫（Bug）、黄昏（Dusk）、机甲（Mech）、黎明（Dawn），各个种类之间存在着相互克制的关系。其中当兽、昆虫、机甲类的Axie攻击植物、爬行动物、黄昏类的Axie时，攻击会在原有基础上增加15%，反之减少15%。当兽类Axie使用同系卡牌时增加10%的攻击。

属性方面：每个Axie具有4种属性，分别为：生命值（Health）、速度（Speed）、技能（Skill）、士气（Morale），分别代表最大生命值、攻击速度、额外伤害值和暴击率，每种属性的最高值为61。不同种类的属性有所不同，一般情况下，鸟类的速度快，植物类的生命值高，兽类的士气高。其中生命值是Axie可承受的最大伤害，攻击值取决于种类和Axie带有的卡牌，攻击速度决定出战顺序，士气则是增加暴击和进入"背水一战"模式的概率。

技能方面：每个Axie带有4张卡牌，每张卡牌有不同的效果。Axie卡牌的效果和其器官配套，器官由父母遗传获得，当不同种类杂交时，器官会混杂，比如说鸟类Axie可以带有兽系的器官/卡牌。每个器官有显性、隐性和次隐性之分，显性器官的遗传率为37.5%，隐性的遗传率为9.375%，次隐性的遗传率为3.125%，因此遗传具有随机性。

连接玩法和经济性的重要纽带是繁殖。Axie宠物可以通过繁殖来创造新的后代，为了避免Axie数量过度膨胀，游戏中设定了限制繁殖的规则：限制了可繁殖的最大次数（7次），且繁殖成本逐渐增加；父母与孩子还有同父同母的同胞之间不可繁殖。Axie每次繁殖需要4个

AXS和一定数量的SLP（繁殖燃料）。同一Axie每繁殖一次，下一次繁殖需要更多的SLP。在繁殖限制条件下，默认每只Axie繁殖7次，2只Axie最多可繁殖7只Axie（需要28AXS和15900SLP），3只或以上Axie可繁殖的数量则无上限。繁殖的实际成本受到SLP和AXS的价格影响。由于器官基因的显隐性影响，2只纯种的Axie繁殖出性能较好的Axie可能性比较大，且由于攻击加成等因素，纯种的Axie价格会相对较贵。

作为一款区块链游戏，*Axie Infinity*的经济系统是"币"的逻辑。*Axie Infinity*按照计划表逐步解锁，从公开发售起持续65个月，AXS发行不超过2.7亿枚。按照代币的分配来看：29%（约7830万枚）来自于代币质押，自2021年开始解锁，质押锁定的时间越长，分配的奖励份额也就越多；21%（约5670万枚）由游戏开发方Sky Mavis持有；20%（约5400万枚）由玩家在游戏过程中获得，包括但不限于竞技场获胜、土地交换以及繁殖Axie等；11%（约2970万枚）由首次公开销售获得，售价约0.1美元/AXS；8%（约2160万枚）由游戏开发方Sky Mavis管理，用于生态系统发展；7%（约1890万枚）由Hashed、Delphi Digital[1]等顾问持有；最后4%（约1080万枚）是私募筹集。

---

[1] Hashed、Delphi Digital都为投资管理公司。——编者注

代币分配（*Axie Infinity*白皮书）：

用途	比例	数量	细则
私募	4%	10800000	这部分代币共筹集了86.4万美元。私募代币的20%（216万）在公开销售时释放，剩余代币将在接下来的2年内逐步解锁
公开销售	11%	29700000	公开售价约0.1美元/AXS。代币已解锁
生态系统发展基金	8%	21600000	最初由Sky Mavis核心团队管理。这部分代币可能被整合到DAO[1]中
顾问	7%	18900000	预计需要超过4年完成解锁。顾问包括：Hashed、Delphi Digital、Edward Lee Lee、Sebastien Borget、Binance
Play to Earn	20%	54000000	2021年第一季度或第二季度开始解锁，在四年半内逐步完成解锁，用户可以通过玩游戏获得这部分代币，团队目前预想的分配玩法包括：①参与竞技场并赢得比赛；②与土地交互并照料它；③使用Axie Infinity市场；④繁衍Axie；⑤使用Axie未来发布的产品。
代币质押	29%	78300000	2021年第一季度或第二季度开始解锁，在五年半内逐渐解锁。用户质押后可每周获得奖励，奖励份额会逐渐减少，用户获得的奖励从领取之日开始算还需要被锁定1年
Sky Mavis	21%	56700000	在四年半内逐步完成解锁

让我们进一步分析*Axie Infinity*游戏内外的成本收益经济模型。对大部分玩家来说，其主要游戏成本是拥有3只Axie，而Axie的价格受到繁殖燃料SLP和原生代币AXS价格影响，游戏收益则是SLP和排名奖励。

---

[1] Decentralized Autonomous Organization，去中心化自治组织。也指DAO代币。——编者注

在不考虑游戏可玩性的情况下，投入产出会影响用户增量，如图所示：

用户增长逻辑

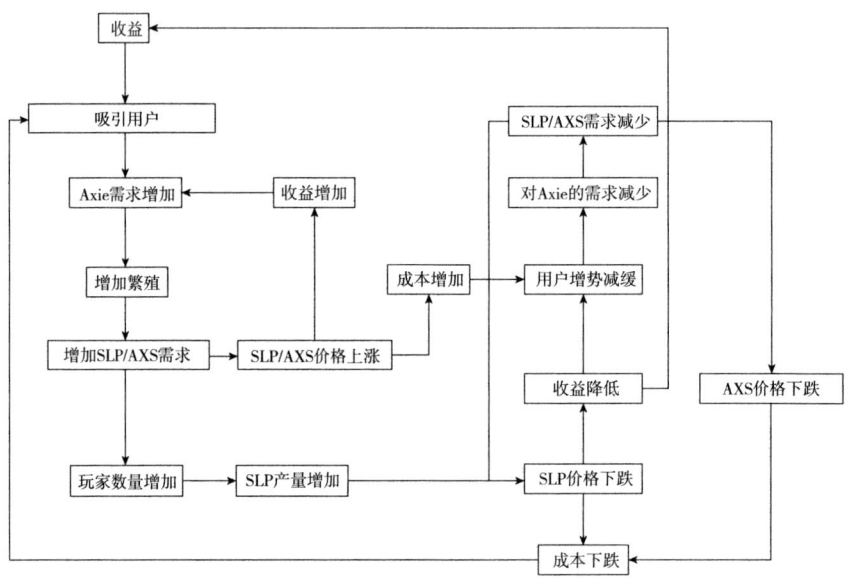

- 当用户增长时，SLP/AXS的需求随之增加，其价格上涨，对存量用户而言其收益增加，从而吸引更多的用户，实现正向循环。当然，正向循环仍然存在着一定的阻力，SLP/AXS上涨同样会导致参与成本攀升，新增玩家逐步减少，SLP的供给也会随着用户增长而大幅增长，导致价格下跌。

- 当用户增长时，SLP的产量增加，导致SLP价格下跌；新增用户减少，SLP产量持续增加，价格继续下跌，最终进入螺旋式死亡。从游戏经济性角度来看，Axie Infinity无疑是目前最好的"Play to Earn"游戏之一，参与即可获利，也吸引了大量用户。但当用户增量无法消耗存量用户的SLP产量时，便很可能会导致经济崩溃。

从流派上，我们更可以看到：互联网巨头正在VR和全真互联网（实体与电子融合的互联网）领域发力，区块链则致力于"去中心化"的建设。这也是为什么"街上讨论元宇宙的，十个有八个是币圈的人"。在国内"币"受到极强的监管制约，但元宇宙却有着不错的口碑和示范效应。2021年11月，新华社发表了与元宇宙相关的文章《元宇宙离我们还有多远》，其中清华大学新闻与传播学院教授沈阳认为，元宇宙是整合多种新技术而产生的新型虚实相融的互联网应用和社会形态，它基于扩展现实技术提供沉浸式体验，以及数字孪生技术生成现实世界的镜像，通过区块链技术搭建经济体系，将虚拟世界与现实世界在经济系统、社交系统、身份系统上密切融合，并且允许每个用户进行内容生产和编辑。清华大学新媒体研究中心发布的《2020—2021元宇宙发展研究报告》认为，2020年是人类社会虚拟化的临界点，为2021年成为元宇宙元年做了铺垫。一方面疫情加速了社会虚拟化，在新冠肺炎疫情防控措施下，全社会上网时长大幅增长，"宅经济"快速发展；另一方面，线上生活由原先短时期的例外状态成为常态，由现实世界的补充变成了现实世界的平行世界，人类现实生活开始大规模向虚拟世界迁移，人类成为现实与数字的"两栖物种"。主流媒体和学术研究机构都对"元宇宙"给予了正面的肯定和展望。因此，元宇宙也逐步成为了互联网、学术机构、媒体以及币圈、资本市场所共同期盼的新方向。

专属于大佬们的元宇宙？

　　互联网巨头纵横捭阖，每家都有几个元宇宙商标、几笔元宇宙投资并购，但中基层做事的人却是一头雾水。纵观互联网行业内容的发展趋势：从2G网络发展到5G网络，从文字发展到图文，再到直播、长视频，最后到现在的短视频，内容形态越来越富媒体化和视频化，下一阶段很可能发展为全息影像。用户行为从浏览到转发、点赞，再到打赏、Pick（票选），再到现在的创作，用户的参与感和互动性越来越强。就创作而言，不同的内容形态创作门槛不同，文字创作的门槛最低，其次是图片，抖音、快手等应用的普及使得视频创作更方便，而游戏的创作无疑是门槛较高的，它也将是内容创作的更高形式。结合全息影像、互动以及UGC创作的未来发展趋势，元宇宙毫无疑问是下个时代的互联网内容形态。

　　根据企查查数据显示，截至2022年1月13日，我国"元宇宙"商标共被申请注册3786件。我们可以发现，腾讯等互联网巨头正乐此疲地相继申请QQ元宇宙等商标。在元宇宙商标注册风潮中，腾讯一马当先，共申请注册24个元宇宙商标，其中包括产品类的"腾讯音乐元宇宙""QQ元宇宙""QQ音乐元宇宙"等，游戏工作室类的"天美元宇宙""光子元宇宙""北极光元宇宙"以及"魔方元宇宙"等，游戏类的"王者元宇宙""和平精英元宇宙""逆战元宇宙""光夜元宇宙"等。不难发现，腾讯申请的元宇宙商标集中在游戏和社交领域，其元宇宙野心可见一斑。其次是网易，它一共申请注册8个元宇宙商标，重点放在了包括"星球云元宇宙""伏羲元宇宙"以及"瑶台元宇宙"在内的人工智能元宇宙部分；此外，打造《倩女幽魂》《逆水寒》等一系列知名大作的雷火工作室也申请了自己的元宇宙商标。阿里巴巴也紧随其后，它一共申请注册了6个元宇宙商标，其中包括标志性的"阿里元宇宙""淘宝元宇宙"以及产品类的"钉钉元宇宙""DINGTALK元宇宙"。字节跳动似乎对元宇宙商标的兴趣并不大，仅旗下VR硬件厂商PICO申请了有关元宇宙的商标。

国内互联网巨头"元宇宙"商标申请注册情况（数据来自企查查）：

公司	元宇宙商标数	元宇宙商标名称
腾讯	24	腾讯音乐元宇宙、QQ元宇宙、QQ音乐元宇宙、北极光元宇宙、魔方元宇宙、光子元宇宙、天美元宇宙、王者元宇宙、和平元宇宙、飞车元宇宙、逆战元宇宙、精英元宇宙、和平精英元宇宙、轩辕元宇宙、光启市元宇宙、幻核元宇宙、光夜元宇宙等
网易	8	瑶台元宇宙、伏羲元宇宙、雷火元宇宙等

公司	元宇宙商标数	元宇宙商标名称
字节跳动	1	PICO元宇宙
阿里巴巴	6	DINGTALK元宇宙、淘宝元宇宙、钉钉元宇宙、阿里元宇宙、造点新货元宇宙、造新元宇宙
百度	1	META MAPS

事实上，元宇宙的组件包括了VR、沙盒游戏、游戏制作等多个要素，并非完全意义上的新概念。Facebook自从2014年收购VR硬件厂商Oculus后，持续在VR领域进行投资收购，其范围涵盖了硬件、系统以及软件。腾讯早在2012年就投资了Epic Games——著名的虚幻引擎（Unreal Engine）开发方，并且拥有《战争机器》《无尽之剑》以及《堡垒之夜》等知名游戏，也是笔者认为最有望打造出元宇宙生态的公司之一。此外，腾讯还投资了Roblox和其他游戏相关公司。值得一提的是，腾讯投资了大量的国内外游戏公司和工作室，一度导致进军游戏行业的字节跳动无游戏公司可投，而游戏又是元宇宙最重要、最可能的载体。在教育和金融业务拓展接连失利的情况下，字节跳动于2021年8月收购国内出机量最大的VR硬件厂商PICO，实现向VR领域的大踏步进攻。随着互联网巨头入局和二级市场火爆，一级市场的元宇宙相关项目热度也直线攀升。

部分国内外互联网巨头"元宇宙"相关投资
（数据由公开资料整理）：

投资方	被投元宇宙公司	类型	代表产品	投资时间	持股比例
Facebook	Oculus	VR硬件厂商	Oculus Quest 2	2014年	100%
	Unit 2 Games	免费游戏制作工具	Crayta	2021年	100%
腾讯	Epic Games	游戏引擎提供商、游戏开发商	虚幻引擎、《堡垒之夜》	2012年	40%
	Roblox	多人在线创作游戏	《罗布乐思》	2020年	-
	威魔纪元	VR开发商	-	2021年	-
字节跳动	PICO	VR硬件厂商	PICO VR头显	2021年	100%
VC&PE[1]	Gather	虚拟办公聊天	-	-	-
	Game Creator	游戏制作工具	-	-	-
	The Sandbox	沙盒类游戏	-	-	-

但对大部分互联网行业的从业者来说，如何去理解元宇宙、如何去创造元宇宙，还是一头雾水。了解了这么多，但元宇宙的概念依然非常模糊。接下来，我们将进一步探讨，元宇宙到底是什么。

---

[1]　VC即风险投资；PE即Private Equity，私募股权投资。——编者注

第 2 章

元宇宙到底是什么？
有人能说清吗？

METAVERSE

元　宇　宙

Roblox的"八大要素"拙劣、空洞、叠床架屋、同义反复，恰恰说明了产业界对"元宇宙"的定义还极不成熟。

尝试给元宇宙一个正确定义：规模巨大、持续存在、社交性强、沉浸感、开放式。

什么不是元宇宙？现在完全符合元宇宙定义的应用还不存在，但可以确认，Roblox、Soul以及现在全部自封为"元宇宙概念股"的A股，都不是元宇宙。

扎克伯格的元宇宙：基于VR/AR技术的社交网络？

所有新生事物，都会经历一段定义混乱、概念不清的时期，等到它长大了、初具规模了，人们才能赋予它准确的定义，元宇宙也是一样。不过，元宇宙这个新生事物实在太让人摸不着头脑：没人能用简单的几句话去形容它，也没人能详细描述它未来可能成为的样子。它就好像一个正在孕育的胎儿，我们不但不知道它的性别、肤色和其他生理特征，就连它究竟属于什么物种也完全不知。

在元宇宙的所有鼓吹者当中，Facebook的创始人扎克伯格是最著名、最高调的，他的言论也是被人援引最多的。毫不夸张地说，扎克伯格将元宇宙视为自己的第二次创业，把自己后半生的名誉和历史地位整个押了上去。或许我们应该首先从他的相关言论当中，寻找元宇宙的详细定义。

当地时间2021年10月28日上午11时13分，在一年一度的Facebook

开发者大会主题演讲上，扎克伯格突然宣布了"Facebook将改名Meta Platforms"的消息。别误会，Facebook社交平台还是会沿用原来的名字，改名的只是它的母公司，也就是上市实体。这就像2015年，Google的母公司改名Alphabet一样，Google搜索引擎的名字从未改变。

扎克伯格在改名这件事情上投入的精力，显然远远超过了Google当时的CEO施密特[1]。2021年10月29日，他以惊人的效率向美国证交会提交了公司改名公告，同时提出把股票交易代码也从FB改为MVRS（也就是"Metaverse"的缩写）。这个代价实在有够沉重——要知道，包括Google在内的其他科技公司改名时，一般不会更改股票代码，以防引起投资人的混乱。由此可见，扎克伯格对"元宇宙"概念是何等执着，无论付出多大的代价，他都要把元宇宙战略进行到底。

资本市场完全可以理解扎克伯格的焦虑：自2017年年底以来，Facebook的股价累计上涨了约80%，看起来还不错；可是同一时期，纳斯达克综合指数（NASDAQ Composite Index）[2]上涨了1.3倍，微软上涨了2.6倍，苹果上涨了2.5倍，谷歌上涨了1.5倍，奈飞（Netflix，美国会员订阅制的流媒体播放平台）上涨了1.4倍，亚马逊上涨了1.2倍。可见Facebook的股价表现不仅远逊于其他互联网巨头，也落后于美国科技股的整体表现。截至2021年12月底，Facebook的总市值仅约9761亿美元；而苹果的市值却超过2.9万亿美元，此外，微软市值为2.56万亿美元，谷歌约2万亿美元，亚马逊约1.73万亿美元。从市值角

---

[1] 埃里克·施密特，Google前CEO、Alphabet公司（Google母公司）前执行董事长，著名电脑工程师。——编者注

[2] 纳斯达克（NASDAQ）是美国全国证券交易商协会于1968年着手创建的自动报价系统名称的英文简称。纳斯达克综合指数是反映纳斯达克证券市场行情变化的股票价格平均指数，基本指数为100。——编者注

度看，Facebook已经不适合与美国的顶尖互联网巨头做对比，更适合与来自中国的腾讯、阿里等公司做对比了。

过去，随着互联网平台经济的不断发展，美国机构投资者提出了"FAANG"这个概念："FAANG"由Facebook、Apple、Amazon、Netflix、Google的首字母组成，这五个互联网巨头被认为可以满足全球消费者的一切线上需求，具备不可动摇的崇高地位。到了2021年，"FAANG"已经很少有人提起，取而代之的是"MAGA"——Microsoft、Apple、Google、Amazon。奈飞的掉队是毫不意外的，毕竟流媒体只是互联网应用盘子当中的一小部分；但Facebook的掉队则有些难以理解，很多人将其归咎于社交平台的老化、对新趋势的响应不及时，以及扎克伯格在管理上的失败。

有趣的是，在Facebook改名Meta之后，"MAGA"概念又出现了第二个版本，即把Microsoft换成Meta。这代表了一部分投资人的美好愿望，他们像扎克伯格一样，坚信元宇宙能给这家历史并不悠久（Facebook成立于2004年）的公司带来第二个春天。

问题在于，在扎克伯格的脑海中，真的已经形成了元宇宙的成熟愿景吗？他真的知道应该怎么在Facebook现有的基础之上建立一个元宇宙平台吗？或者，我们换一个更简单的问题：扎克伯格能告诉我们，他所设想的元宇宙到底是什么吗？

答案是：不！迄今为止，扎克伯格对于元宇宙的最详细的论述，包含在2021年7月美国科技媒体The Verge对他的独家专访记录当中。这份洋洋洒洒数十页的访谈，全部读完至少得花一个小时，其中充斥着模糊不清的概念、毫无意义的口号，以及老生常谈的内容。

首先，扎克伯格充满信心地表示，"元宇宙是移动互联网的后继者",因为移动互联网只能让你"浏览内容",而元宇宙能让你"身处其中"。他认为,人们一天到晚看着手机、平板电脑等"狭小的矩形屏幕",是一件很奇怪、很不自然的事情;科技进步之后的互联网,应该让每个人回归"更自然的状态"。他还强调,自己早在读中学的时候就开始思考"人如何与互联网结合"这样的问题了,当时他才刚开始学习编程。换句话说,元宇宙绝不是他跟风产生的奇思妙想,而是他经过了长久思考的结果,如果从他上中学开始算起,已有二十多年。

扎克伯格认为,既然元宇宙会替代移动互联网,那么Facebook当然应该"从一家社交网络公司转变为一家以元宇宙为核心的公司"。结论很明显:扎克伯格愿景中的"元宇宙",就是技术水平更高、用户体验更好的社交网络,或许应该称为"下一代Facebook"。

然后,扎克伯格大谈VR/AR技术的优越性,"我们习惯了跟别人一起坐在会议室里,而不是看着屏幕上的一长串脸",要解决这个问题,只有依靠最先进的VR设备。VR会彻底改变人们的线上交流方式,把"通信"(Telecom)变成"传送"(Teleport)。现在我们使用的沟通形式,无论是WhatsApp[1]这样的即时通信工具,还是Zoom(一款多人手机云视频会议软件)这样的视频会议系统,在扎克伯格看来,在元宇宙伟大的"传送"机制面前,都不值一提。

记者马上反问扎克伯格:"VR头盔对大部分人来说不是太重了吗?"扎克伯格只得表示,VR头盔正在越变越轻,而且未来还能更轻,比如Facebook刚刚推出的Oculus Quest 2头盔,因为轻便好用,获得了良好的市场反馈。他还补充说,AR对元宇宙来说可能与VR一样重要,

---

[1] WhatsApp Messenger,是一款用于智能手机之间通讯的应用程序,在海外较为流行。——编者注

因为AR设备（眼镜）远远比VR设备（头盔）轻。意思是，当硬件设备和AI算法同时成熟时，我们就能达到元宇宙的理想境界——你可以随时"传送"自己的数字分身，就像电影《阿凡达》里描述的那样。

在讨论技术环节时，扎克伯格基本没有提到"脑机互联"这种时髦概念，或许是因为就算提了也不会有人相信。在记者的反复追问之下，他不得不承认，基于VR/AR技术的元宇宙还是一个"非常遥远的概念"，甚至不知道还要花多少年——归根结底，元宇宙可能"永远无法彻底完成"。他甚至没有提供未来若干年的发展路线图，从这个角度看，扎克伯格还是比很多国内公司更清醒、谨慎一些。

在访谈的最后，扎克伯格不可避免地被问到了几个敏感问题：元宇宙时代的利益分配格局是什么样的？那会是一个大公司统治的时代吗？到那时，政府和民间团体还会不会存在？如果你玩过《赛博朋克2077》[1]或者看过《攻壳机动队》[2]，就会觉得上述问题颇具现实意义，因为元宇宙的确可能沦为那些大公司的垄断工具。

扎克伯格照例给出了"政治正确"的回答：元宇宙应该是自由、互惠的，需要一个多元化的生态，有利于人们摆脱地理位置的束缚，追求自我实现；元宇宙也应该让小公司和初创公司拥有活动空间；等等。这些回答缺乏实际意义，纯属口水话。但是，他同时也提出了两个非常尖锐的观点，相信很多人看了会大吃一惊：

---

[1] 《赛博朋克2077》是一款由波兰游戏公司CD Projekt开发的动作角色类游戏，玩家可自定义角色个体、技能和玩法，探索包罗万象的城市。玩家做出的选择也会对剧情和周遭世界产生影响。——编者注

[2] 《攻壳机动队》是日本漫画家士郎正宗于1989年5月开始连载的漫画作品及其衍生作品，描绘了以光、电子和生化技术为基础的电脑、AI和网络主导着个人生活的未来世界。——编者注

第一，"不应该让每个公司都开设一个元宇宙"，只能有一个巨大的、互联互通的元宇宙，就像互联网一样。如果元宇宙真是移动互联网的换代产品，那全球就只能有一套元宇宙标准。为了创造这样一个普世、互惠的虚拟社会，必须有人建立一套技术标准和价值观，去规定大家做什么、怎么做。虽然扎克伯格没有明说，但我们能够理解，在他眼中，Facebook（现已改名Meta）应该是重要的标准制定者之一，或许还将是最重要的平台运营者；它在元宇宙时代所拥有的权力，可能远远超过其在社交网络时代的权力。

第二，"现在已经不是由政府包办基础设施建设的时代了"，基建任务已经被大公司（尤其是科技公司）包揽，就像美国的5G建设主要由Verizon（威瑞森通信）、AT&T（美国电话电报公司）和T-Mobile（德国电信公司的子公司）这样的大型电信公司负责一样，即便在无人驾驶、太空探索这样研发成本极高的领域，特斯拉（电动汽车品牌）这样的私营公司也已经取得了优势，那就更不要说元宇宙了。今后在元宇宙平台上，可以存在一些由政府或非营利组织建设和运营的空间，就像现实世界存在公园、博物馆一样，但是政府不应该成为元宇宙建设的主力军。

有趣的是，扎克伯格还提到，中国的情况与美国不一样，在中国，政府投资还在许多新兴领域占据主导地位，不过他并未评判中国的模式是否具备优越性。总而言之，扎克伯格畅想的元宇宙，是一个普世性的、有统一标准的、由私营公司主导的VR/AR社会，可以说是Facebook的VR版。区别在于，现在的Facebook仅仅控制了移动互联网的软件层面，而未来的Meta将同时控制元宇宙的软件和硬件——前者是通过Facebook，后者则是通过Oculus。

如果你硬着头皮看完了这篇冗长的访谈，很可能会后悔为什么要浪费这么多时间。扎克伯格对元宇宙的理解，没有什么特别与众不同之处，何况它还严重缺乏细节。他的所有论述都围绕着VR/AR技术进行，因为这是Facebook押注最多、沉没成本最高的一项业务。当然，扎克伯格也提到，就算其他公司开发出了更成熟的VR/AR设备，Facebook的应用软件仍然可以跑在它们的平台上，不会失去元宇宙的入场券。从这一点来看，扎克伯格对于Oculus的VR技术貌似并没有绝对的自信。

Facebook改名Meta以后，Google的前CEO施密特马上提出了反对意见，但对于元宇宙技术的普及，施密特倒是抱着相对乐观的态度。施密特认为，它不是一个虚无缥缈的概念，相反，元宇宙技术很快会得到广泛应用，变得无处不在；可是，谈到元宇宙技术的后果，他明显很悲观。"谁来制定规则？这个世界将变得更加数字化，而不是物理化。这对人类社会而言不一定是件好事情。人工智能将成为决定一切的伪神。"

施密特的这番言论，极可能会引发各国监管部门对元宇宙的高度警惕。Facebook面临的监管问题已经够多了，从垄断到用户信息泄露，这些年来它一直被各种各样的法律诉讼缠身。在美国，主流的媒体几乎都不喜欢Facebook。2021年7月，Facebook刚刚从美国联邦贸易委员会的反垄断起诉当中死里逃生[1]，但谁也不能保证不会有下一次起诉。如果再加上关于元宇宙的监管行动，这家互联网巨头恐怕会被压得喘不过气来，没有任何创新的空间了。

---

[1] 2021年6月28日，美国哥伦比亚特区联邦法院对美国贸易委员会以及46个州联合提出的对Facebook的反垄断诉讼做出了裁决：46个州的诉讼被全案驳回。——编者注

无论如何，对于扎克伯格来说，元宇宙是一场必须打的仗，也是一场输不起的仗。前面提到，在美国科技巨头当中，Meta的市值远远低于微软、苹果、谷歌、亚马逊，也低于新能源汽车霸主特斯拉（截至2021年12月底，特斯拉的市值约1.09万亿美元）。因为上述竞争对手都找到了"第二增长曲线"乃至"第三增长曲线"，只有Meta还没有找到。如果Meta不能把元宇宙变成"第二增长曲线"并借此翻身，那扎克伯格手里也不可能再有更好的牌了。

在Facebook改名Meta后的第三天，笔者与一位国内的元宇宙平台开发者谈到了扎克伯格的元宇宙野心。他毫不客气地说："对于元宇宙，所有人都在盲人摸象。有人摸到了象腿，有人摸到了象鼻，有人摸到了象尾，大家都觉得自己摸到的就是那只完整的大象。扎克伯格也不例外，他摸到的是VR/AR设备，就觉得这是元宇宙的决定性要素，乃至唯一不可或缺的要素。说实话，他也不太可能摸到大象的其他部位了，因为他还没有做出具备元宇宙雏形的产品，只是在技术层面敲敲打打而已。看扎克伯格对元宇宙的论调，基本就是浪费时间。"

问："那么，我们到底应该去哪里寻找更正确的答案呢？"

对方说："还用问吗，肯定是Roblox！虽然它们的产品没有任何VR/AR色彩，但是除了VR/AR要素，它们在其他任何要素上面，都比Facebook的元宇宙色彩更浓。"

真的是这样吗？笔者无法确定。考虑到Roblox确实是全球资本市场上第一只被普遍承认的"元宇宙概念股"，那么它至少是值得我们深入研究的。退一步说，又有多少投资者认真使用过它的产品、阅读过它对元宇宙的定义呢？这值得怀疑。

Roblox的元宇宙："八大要素"，有些道理但不够完善

  Roblox，全球用户最多的在线游戏平台之一，也是"元宇宙"概念在全球资本市场的初熟之果。截至2021年三季度末，Roblox在全球的日活用户达到4730万人，其中1220万人在北美，1190万人在欧洲，940万人在亚太地区，1380万人在世界其他地区。在过去三年当中，Roblox的日活用户上涨了大约3倍，在欧洲、拉美等地区的增速尤其强劲。

  2021年3月，Roblox在美国纳斯达克交易所上市首日，估值即达到380亿美元，多个月之后，它一度触及600亿美元的历史最高点。此后，随着Facebook反复强调自己的元宇宙"属性"，Roblox的股价也一路下跌；Facebook宣布改名Meta后的下个星期，Roblox的股价随之下跌——这意味着资本市场开始严肃考虑，究竟谁更能代表"元宇宙"这一概念。

有趣的是，Roblox与Facebook都是在2004年成立的，不过前者的产品直到2006年才正式发布。在成立初期，后者的增长速度显然远远高于前者，而且商业模式非常成熟；前者则直到今天尚未实现赢利。说实话，Roblox这几年骤然走红，很大程度上"受益于"美国新冠肺炎疫情持续导致的"宅家红利"。

- 2020年3月，Roblox的月活用户环比激增了40%，而且收入也大幅上升，成为当月全球营业收入第二名的非游戏类应用（第一名是YouTube[1]）。

- 2020年4月，Roblox官方宣布，整个美国9岁至12岁的儿童当中，超过一半是它的用户；整个美国16岁以下的青少年，有三分之一是它的用户。

- 2020年7月，Roblox宣布，美国16岁以下的青少年，有一半是它的用户；月活用户总数突破1.2亿。在短短的四个月内，它的新增用户超过了过去十四年的总和。

- 就在同一个月，《罗布乐思》游戏更新，推出了"派对空间"功能。这对那些宅在家里、无法出门娱乐的美国少年儿童而言，不啻于救命稻草。分析师广泛认为，派对功能使得Roblox的社交属性和用户黏性大幅上升，让整个商业模式彻底畅通。

---

[1] 视频网站，俗称"油管"。——编者注

Roblox其用户和收入的崛起虽然有许多偶然因素，但是在元宇宙的产品和平台层面，Roblox是一个不折不扣的先行者，早在全球疫情暴发之前就做出了很多思考。俗话说得好：机会只青睐有准备的头脑。从Facebook那里只能听到关于VR/AR、人工智能等宏观层面的口号时，在Roblox这里我们至少能听到一些关于产品形态的"干货"。扎克伯格考虑的主要是技术层面的问题，而Roblox的管理层明显对应用层面的问题考虑得更多。

根据Roblox官方的说法，一个真正意义上的元宇宙产品，应该具备下列八大要素：

身份（Identity）：在元宇宙社会中，你将拥有一个稳定的虚拟身份（当然，你也可以同时拥有多个虚拟身份，就像在游戏里开小号）。你的虚拟身份可以与现实身份相关，也可以无关。虚拟身份是你在元宇宙世界的一项核心资产，失去身份就相当于失去生命。随着人们越来越深入地参与元宇宙社会，他们对虚拟身份的重视程度也会不断提升。

朋友（Friends）：因为元宇宙是一个虚拟"社会"，所以它与现实社会一样，是以社交为核心的。人是一切社会关系的总和，而朋友是最重要的社会关系之一。这也是元宇宙与大型单机游戏的最大区别——如果仅仅想体验"平行宇宙"或"另一种人生"的新奇感，你完全可以去玩一个以你本人为主角的RPG（Role-playing game，角色扮演游戏）或AVG（Adventure Game，冒险类游戏）游戏。正因为有了与朋友的互动，"元宇宙"才具备了广阔而特殊的意义；这些朋友既有可能来自你的现实生活，也有可能是在元宇宙内部新交往的。

沉浸感（Immersive）：元宇宙能够给你提供高度自然的沉浸式体验，从而使你忽略身边的一切——它应该让你忘记现实世界与虚拟世界的区别。要做到这一点，必须要借助VR/AR技术的力量，今后或许还要引入"脑机互联"技术。附带说一句，扎克伯格对元宇宙的定义，基本集中在"沉浸感"这一个要素上，尤其是集中在VR设备层面。从这个角度看，Facebook对元宇宙的理解确实要比Roblox狭隘得多。

低延迟（Low Friction）：元宇宙中的一切都是同步发生的，没有异步或延迟。举个例子，在这台服务器上发生的事情，应该实时地对另一台服务器（或另一个虚拟区域）产生影响。也就是说，元宇宙世界不应该存在一些用户比另一些用户"领先"或"落后"的情况。由于技术、运营和监管层面的限制，当前的大部分网络游戏尚无法做到这一点，可以想象，拥有海量用户的元宇宙产品要做到这一点，该是何等困难！但这确实是未来的元宇宙必须做到的，因为现实世界中的一切也是同步发生、没有延迟的。

多元化（Variety）：元宇宙提供多种丰富内容，包括玩法、道具、美术素材等。如果没有内容，就不足以吸引用户待在这里，也就谈不上建立一个虚拟社会。请注意，由于用户对内容的索取需求是无穷无尽的，所以内容开发不可能由元宇宙平台包办，因此必须形成一个以UGC和PGC为主的第三方内容生态体系。这也是Roblox做得最好的一点，它已经形成了一个颇具规模的PGC/UGC生态，从而大大提升了内容更新频率与丰富程度。

随地（Anywhere）：你可以在任何地点使用任何设备登录元宇宙，随时随地进入虚拟社会。这一点似乎与前面的"沉浸感"是矛盾的——不，使用手机这样的轻量级设备，肯定难以达到使用VR头盔这种重量级设备相同的沉浸感，不过，随着技术的发展，人们终将实现"随地"与"沉浸感"的统一。扎克伯格也有类似的观点：再过若干年，VR/AR设备将变得非常便携，随时随地沉浸于元宇宙将不会是什么不可思议的事情。

经济系统（Economy）：与任何复杂的大型游戏一样，元宇宙应该拥有自己的经济系统，其中包括但不限于虚拟货币。为了保证这个经济系统的公平性，区块链和NFT技术将是不可或缺的。这也是让币圈人士最兴奋的地方——他们积极呼吁元宇宙，本质上是为了从元宇宙内部的经济系统获利。问题在于，这也带来了极高的监管风险，因为各国监管部门都不会希望元宇宙变成一种新型炒币工具。所有元宇宙平台，迟早都会面临一个难题：如何在维持独立经济系统的同时，在不触及监管底线的前提下，尽量抑制币圈投机行为。

文明（Civility）：在遥远的未来，元宇宙应该发展为一种包罗万象的文明，拥有自己的全套规则，甚至成为人类文明的主流。几千年后的人类，或许会把"元宇宙时代"列为与"石器时代""铁器时代""工业时代"相提并论的历史概念。到了那时，人类社会的基本规则会彻底改写吗？虚拟世界会取代现实世界，成为人们主要的生活场所吗？一切都还是未知数，我们这一代人未必能等到那一天。

《罗布乐思》是一款由Roblox公司开发的大型多人在线游戏创建平台，该平台允许用户设计自己的游戏、物品、衣服，以及玩自己和其他开发者创建的各种不同类型的游戏，这些游戏均使用编程语言Lua[1]编码。《罗布乐思》是一个看似像Steam[2]（蒸汽平台）一样的游戏网站和应用程序，主要是由与乐高相似的虚拟砖块所构建的社交网络虚拟世界游戏

认真读完上述八项定义，我们不得不承认：它确实有些道理，但也存在很多苍白、烦琐的地方。例如，最后一条要素"文明"，它缺乏实际内容，好像是拿来凑数的；第六条要素"随地"，与其他要素比起来，好像也没那么重要（至少在现阶段是如此）。毕竟，Roblox当前也是在摸着石头过河，虽然做了十多年的游戏平台，但Roblox把自己

---

[1] Lua 是一种脚本语言，自身仅保证输入输出流为8比特，对编码本身并无任何改变。其设计目的是嵌入应用程序中，从而为应用程序提供灵活的扩展和定制功能。——编者注

[2] Steam是全球最大的综合性数字发行平台之一。全球玩家可在该平台购买、下载、上传和分享游戏与软件。——编者注

的平台定义为"元宇宙"仅仅是最近两年的事情。可是，它能够提出由八大要素组成的框架，已经算是难能可贵了，代表了当前社会对元宇宙认识的较高水平。

关键在于，仅仅根据Roblox的八项定义，我们仍然难以准确判断"究竟什么产品/平台可以被称为元宇宙"——我们可能把元宇宙的定义设置得太宽泛了，这样容易错失一些真正具备元宇宙潜力的产品。我们可以试着举出一些例子：

- 《王者荣耀》《和平精英》这样的大型竞技游戏，至少符合上述八大要素中的五条（身份、朋友、低延迟、多元化、随地），部分还符合另一条（经济系统），仅仅在"沉浸感"和"文明"方面有所欠缺。我们可以认为，经过VR/AR技术改进的《王者荣耀》就能构成一个元宇宙吗？至少腾讯不是这么想的，它寄予厚望的元宇宙平台是QQ，而不是任何游戏产品。

- Facebook打造的社交网络，已经符合上述八大要素中的五条（身份、朋友、低延迟、多元化、随地），目前Facebook还在通过技术研发解决另外两条（沉浸感、经济系统）。我们能否认为，Facebook早就拿到元宇宙的半张门票了，仅仅需要解决一些技术攻关问题？扎克伯格大概希望我们这样认为，但大部分人应该不会如他所愿，否则Facebook的股价表现应该更强劲才对。

- 一些大型线下VR场馆，在"沉浸感"方面做得很不错，作为社交场所也具备一定的"朋友"属性，但是不符合其他六条要素。那么，线下VR体验到底算不算元宇宙产业的一部分？如果它们开发出家用版本，进化到线上线下一体化呢？说到底，从线下场景向线上扩张，究竟是不是元宇宙的一种发展路径，这直接关系到我们要不要把VR设备及场馆运营公司算作元宇宙公司。

有趣的是，如果你拿Roblox自己提出的"八大要素"来衡量它自己运营的游戏平台时，就会发现，这个游戏平台并不符合元宇宙的基本定义。意思是说，哪怕考虑到未来的技术进步和用户习惯变迁，只要Roblox的产品框架不改变，它就永远不会符合自己对"元宇宙"的定义：

首先是"沉浸感"。《罗布乐思》是一款像素画风的游戏，画面远远落后于当前主流游戏；此外，像素画风是它的重要特色，所以经常被人拿来与《我的世界》[1]（Minecraft）等大型像素游戏进行对比。我们很难想象，在像素级的画面水平下，能做出什么"沉浸感"——难道还有人需要VR/AR版本的像素游戏吗？还是说Roblox打算在未来某一天彻底重做？像素游戏当然也可以让人玩得废寝忘食（《我的世界》玩家肯定会赞成这一点），但肯定不可能让人忘记虚拟和现实的界限。

问题在于，现在Roblox第三方内容生态的强大，很大程度上要感谢像素画风带来的低门槛。据说早在2019年，Roblox平台上就有超过500万未成年创作者，现在这个数字恐怕要直奔1000万人而去了。这些未成年创作者，大部分人也只是在像素界面之上玩"搭积木"，把一些

---

[1]《我的世界》是微软旗下Mojang开发的一款像素画风的3D沙盒游戏。玩家可以在三维空间中自由地创造和破坏不同种类的方块，用想象力建造并探索一个专属于玩家的世界。——编者注

游戏内部的基本素材拼装成新素材,就像在《我的世界》里面玩的那一套东西,仅此而已。如果《罗布乐思》不是一款像素游戏,而是对创作者提出了更高要求呢?别的不说,未成年创作者肯定会流失一大群。

其次是"身份"和"朋友"。在北美地区,Roblox的主力用户群是未成年人,尤其是12岁以下的少年儿童。他们虽然把Roblox视为一种重要的社交娱乐方式,却很难说有多重视其中的"身份资产"和"朋友关系"。等到他们长大成人,多半不会留在Roblox内部,而是会迁移到更符合成年人口味的社交娱乐平台。一个你很快就会离开的虚拟社会,能算元宇宙吗?至少,这样的虚拟社会永远不可能替代现实社会,也不可能与现实社会竞争。

再次,因为低龄化属性太强,Roblox内部的"经济系统"很难充分展开。这一点很好理解,因为基本上只有成年人担负着自给自足、养家糊口的义务,也几乎只有成年人会在元宇宙内部从事职业性的工作。现在,Roblox固然有大量的第三方开发者,有些开发者也获得了收入,但它还远远称不上一个独立运行的经济系统,最多算是形成了雏形。

在Roblox内部,曾经存在过两种虚拟货币——Robux和Tix。其中,Robux主要是通过充值和创建内容获得,Tix是通过每日登录获得。不过,现在Tix已经被取消,游戏内部只存在Robux这一种货币了。但是,Robux并不是"数字加密货币",它在本质上只是现实货币的数字化,就像手游内部的点券、钻石、金币一样,只起到一个记账的作用。就算Roblox基于区块链技术开发了自己的加密货币系统,放在未成年玩家的手里,它也发挥不了多大的作用。

最后,由于上述的技术、用户和产品缺陷,Roblox肯定无法构成

一种"文明"，也不太可能成为人类文明的一个重要阶段。这一点就不用展开论述了。

　　Roblox公司一直高度重视中国市场，很早就在深圳建立了中国子公司，并于2019年开启中国区在线测试预约。2021年7月，《罗布乐思》国服终于由腾讯代理，在国内正式上线。可是，我们身边的很多人在短暂试玩之后，均产生了诸如"这叫什么元宇宙"以及"难道这是元宇宙的正确打开方式吗"的疑惑——因为其像素画风实在是太简陋、太不符合成年人的审美观念了！因此，从上线第一天以后，《罗布乐思》从来没有登上国内各大应用榜单前列，无论下载榜还是畅销榜；腾讯也早早地"遗忘"了它，不再为它浪费宝贵的宣发资源。

　　平心而论，《罗布乐思》在国内遇冷，在一定程度上是因为国内的青少年保护政策。尤其是在2021年8月底，未成年用户仅能每周进行3小时游戏的规定出台之后，像《罗布乐思》这样以青少年为主要目标用户的游戏就彻底失去了翻身的可能性。很多腾讯的投资人曾经希望腾讯通过代理《罗布乐思》快速切入元宇宙产业，看样子他们注定要失望了。

　　然而，即便Roblox的游戏产品令人失望，我们仍然觉得它离"元宇宙"的距离比Facebook近。因为，我们现在玩到的游戏并不是Roblox的全部，实际上，它拥有三大业务平台：

1. Roblox客户端，即我们通常所说的《罗布乐思》，也就是我们现在能玩到的那个低龄化像素游戏。

2. Roblox Studio，一个在线开发工具集，允许第三方开发者在Roblox客户端创建、发布和运营自己的内容，它把Roblox从一个孤立的游戏变成了游戏平台。

3. Roblox Cloud，包括元宇宙（按照公司的说法，是"人类共同体验平台"）的各项基础设施和支持服务，也就是"元宇宙云"。

我们完全有理由认为，当前流行的《罗布乐思》游戏，仅仅是这家公司对元宇宙的第一次探索，可以称为"总演习"。幸运的是，这次探索是成功的，它为Roblox带来了急需的现金流和市场估值。在探索的过程中，Roblox积累了建立第三方内容生态、运营虚拟社交体系和维系用户体验的宝贵经验。在此基础上，它早晚会推出面向成年人、技术更成熟、更符合它自己对"元宇宙"定义的新平台。这不禁令人联想到腾讯，一二十年前，腾讯依靠跟风开发棋牌游戏、休闲游戏起家，然后逐渐具备了高度的游戏原创能力，直至成为全球最大的游戏公司之一。

一言以蔽之，《罗布乐思》这个游戏产品算不上元宇宙，它的基本框架不具备向真正的元宇宙进化的能力；但Roblox这家公司拿到了通向元宇宙的半张门票，接下来就看它何时能推出下一代产品了。它的下一代产品，最好能像《堡垒之夜》那样，面向全年龄段玩家，具备极高的可扩展性，能够容纳多种玩法。Roblox Studio为第三方开发者提供的工具集，可以在经过一定程度的改良之后，为下一代产品提供服务。至于Roblox Cloud就更不用说了，其基础设施本来就是可以复用的。

在这个过程当中，老一代Roblox平台完全可以继续运营，与下一代产品各司其职。就像在腾讯的社交帝国里，年轻人主要使用QQ，成年人会逐渐搬迁到微信上，而QQ和微信两个生态之间具备很强的互联互通特性。既然腾讯在强社交方面可以做到各年龄段通吃，那么Roblox在元宇宙方面也可以做到这一点。

问题在于，Roblox的下一代产品，将在什么时间推出？目前还没有任何消息。在互联网及游戏巨头纷纷下注元宇宙产品的情况下，是否会被人半路"截和"也是一个需要担心的问题。甚至可以说，这就是Facebook宣布改名之后，Roblox股价暴跌的重要原因。

Roblox提出的"八大要素"，是我们研究元宇宙的一个良好出发点，但它还远远不够。接下来，笔者将自己给元宇宙下定义——虽然这是一件吃力不讨好的事，但希望我们能借此给本书读者提供一些不一样的视角。

让我们尝试给元宇宙一些更准确的定义吧

　　上文已经提到：科技公司对元宇宙的探索，就像盲人摸象，根据自己摸到的不同部位而判断大象的全貌。数字货币"炒家"摸到的是自己擅长的区块链；Facebook摸到的是自己擅长的VR；Roblox摸到的更全面一些，但也是以自己擅长的游戏平台为核心。即便它们认识到的东西皆不止于此，但出于自身的利益考虑，它们主要为强调自己正在做的那一块而努力。

　　当局者迷，旁观者清。作为用户和产业观察者，笔者或许能站在某个更客观的视角，给元宇宙一个更准确也更实用的定义。如果未来元宇宙要成为千千万万用户的"第二人生"，要建立一个规模不逊于现实社会的"虚拟社会"，甚至取代现实社会而成为人类文明延续的主要场所，那么从常识出发，它应该具备哪些条件？

各家科技公司都在"摸象",以求"构建"一个满足自己想象的元宇宙

元宇宙必须很大。这看起来是句废话,其实很重要——要自称"宇宙"的产品,规模必须非常大,无论是用户层面还是内容和功能层面都必须极为宏大。它必须能够容纳数以百万计乃至数以亿计的用户同时在线,允许他们去探索非常丰富的内容场景。套用移动互联网行业的说法,元宇宙产品必须是"头部平台",或者至少是"垂类[1]头部平台"。

所以,扎克伯格所谓"不应该让每个公司都开设一个元宇宙"的说法,是有一定道理的——一般的公司根本不具备开设元宇宙的条件,因为它们无法满足元宇宙所需要的最小规模。我们更有可能看到这样一幅画面:少数大公司运营着一些元宇宙平台,无数的小公司和个人在平台上开发内容,就像我们如今的移动互联网一样。不同之处在于,元宇

---

[1] 垂类即垂直领域,互联网行业术语,指为限定群体提供特定服务。——编者注

宙平台的规模可能远远大于今天的任何移动互联网平台。

这就决定了数字货币以及NFT交易平台很难成为"元宇宙"本身，因为它们的功能太单一了，只能满足用户在投资方面的需求，它们更适合成为元宇宙平台中的一个有机组成部分。我们相信，今后主流的元宇宙平台可能都会自带NFT发行和交易属性，但专业的NFT平台不太可能发展成元宇宙。

过于垂直的内容平台或社区也很难发展为元宇宙，因为它们只能满足特定用户的部分内容需求。不过，未来在元宇宙平台上很可能存在各种各样的垂类社区，这些社区的运营商自己就相当于一个小型平台，甚至具备独立上市的条件。元宇宙平台自身的规模则要大得多，它们与垂类社区的规模差距，就好像大海与溪流的差距。

元宇宙必须是持续存在的。"持续存在"有两方面的意义：一是对平台自身而言，它永不宕机、永不停转，不会给人带来明显的中断感；二是对用户而言，他们的体验是连续的，元宇宙内部发生的事情在持续对他们操纵的虚拟角色产生影响。

举个例子，像《王者荣耀》《和平精英》这样的电竞游戏，并不符合"持续存在"的条件，因为玩家的体验是根据对局场次而割裂的。你在一场游戏当中拿下"五杀"（连续击杀对方五人）、勇夺MVP（Most Valuable Player，最佳选手/最佳玩家），并不会对下一场对局产生实质性影响（可能会影响你匹配到的队友，仅此而已）。更准确地说，你在每一场游戏当中的体验都是孤立而非连续的。当然，现在《王者荣耀》也具备了某种养成元素[1]，但它的核心玩法仍然是"中断"的。你也可以长期离开游戏，就算过几年再回来，你在游戏世界里的角色也

---

[1] 指《王者荣耀》近年推出的王者生涯系统和积分成长体系。——编者注

不会发生什么变化——除了天梯[1]段位降低之外。

相比之下，MMORPG（Massive Multiplayer Online Role-Playing Game，大型多人在线角色扮演游戏），尤其是现在流行的开放世界MMO（Massive Multiplayer Online Game，大型多人在线游戏），更符合元宇宙的定义：你在游戏内部经历的一切事情都是互相影响、互为因果的。你在上一场战斗中的经历，会影响以后的所有战斗；你所在团队的所作所为，也将影响同一服务器的其他团队。就算你离线了，MMO内部的世界时钟也不会停摆。不过，在你离线期间，你会逐渐落后、掉队，与队友的差距不断拉大；如果离线太久，回来的时候可能彻底无法适应，就像一个脱离社会太久的人很难再次适应社会那样。从这个角度看，元宇宙与MMO的相似程度很高。

Facebook、微信和QQ这样的大型社交平台，也满足"持续存在"的条件。它们聚集着用户在现实社会中的关系链，所以它们的运行就像现实社会本身的运行一样，永不中断（除非服务器出现问题，或者因为其他原因而被关闭）。

元宇宙必须具备较强的内部社交性。因为在现实中，人是社交动物，是一切社会关系的总和，作为现实世界的替代品，社交必须成为元宇宙的一项核心功能。它应该不仅允许你与现实中的朋友互动，也允许你在它内部结交新的朋友，并且为你和朋友提供多种多样的通信方式。

请注意，社交应该是元宇宙当中的一项核心功能，而不是点缀。现在，几乎所有互联网应用都有加好友、互相关注这样的社交功能，你甚至可以在淘宝群聊天、在拼多多社区"晒"生活；但问题在于，人类

---

[1] 天梯，是各类电子竞技游戏排名对战系统的简称。——编者注

对社交环境的要求很高，会选择性地把社交活动集中在少数场所——这也是阿里巴巴、字节跳动反复尝试推出社交功能，却反复失败，始终无法冲击腾讯核心领地的根本原因。

我们可以认为，能否有效建立社交场景，将是决定元宇宙平台胜负的王牌。所以，扎克伯格才会对Facebook在元宇宙时代的前景如此自信，而腾讯也正打算围绕QQ建设自己的元宇宙平台。不过，在现实中，我们可以找到一个比Facebook或QQ更适合作为"元宇宙雏形"的社交平台，那就是在北美地区红极一时的Discord（国外专门为游戏玩家设计的一款聊天软件）。我们在后面还会讨论这个话题。

不是所有内容形式都适合社交行为。例如，传统影视作品的社交性很差，观众基本上是被动接受；在线视频因为增加了弹幕和社区功能，让社交性增强了一些；直播就更不用说了，从头到尾都是高度交互的。在游戏产品当中，单机游戏毫无社交性，弱联机游戏（卡牌角色扮演游戏等）具有微弱的社交性，强联机游戏（主要是MMO和电竞品类）则以社交为核心。可想而知，元宇宙将首先围绕着那些适合社交、注重社交的内容形式发展起来。

元宇宙必须提供较高的沉浸感。这种"心无旁骛，忽略一切"的沉浸感，不一定要通过VR/AR才能达到——优秀的游戏乃至影视作品也可以让人沉浸。不过，我们完全可以赞同VR/AR是一个必然的发展方向；至于在漫长的未来，科技会不会进化到《黑客帝国》中那样的"脑机互联"，就是未知数了。

在主流内容形式当中，游戏是最适合制造沉浸感的，因为游戏用户是在主动地与内容进行交互（而不是被动接收），而人类在主动行动的过程中最容易沉浸。虽然短视频、互动视频也能让用户沉浸其中，但其效果无法与游戏相提并论。因此，"游戏+VR"是营造沉浸感、从而实现元宇宙的最佳路径——这不仅是VR技术厂商的共识，也是游戏界的共识。

在目前的技术条件下，线下VR场馆所能达到的沉浸感远远胜于家用VR。这一方面是因为线下VR使用的设备更昂贵、更先进，另一方面则是因为线下场馆能够提供较大的活动空间，还会设置物理道具乃至NPC（Non-Player Character，非玩家角色，指的是游戏中不受真人玩家操纵的游戏角色）以进一步提高沉浸感。线下VR的优势与电子游戏在发展初期的情况类似，街机的性能在各方面都远远压倒了家用机，从而成为了游戏产业的核心，直到家用机的性能大幅提升，街机才逐渐淡出了人们的视野。在历史上，这个过程大约花费了15～20年。

我们认为，同样的事情也有可能出现在元宇宙产业——由线下VR场馆点燃人们对元宇宙兴趣的火种，经过漫长的技术和内容迭代，再由下一代家用VR设备实现真正意义上的元宇宙。这个过程又将花费多少年？也许比家用机胜过街机所花费的时间更长。

元宇宙必须具备一个开放内容生态。凡是做过内容平台的人都知道，依托用户或专业第三方生产内容，永远比平台自主生产内容更有效率、更具性价比。平台方可以出品一些标杆性的优质内容，并对第三方内容提供扶持或指导，但不应该包办内容生产。对元宇宙平台而言更是如此，因为元宇宙的规模会非常大，如果没有形成开放内容生态，就完全无法满足海量用户的内容消耗。

Roblox最大的成功之处，就在于建立了完善的内容生态，让数量庞大的第三方创作者加入内容生产工作。事实上，第三方内容生产在海外游戏行业已经成为了一个举足轻重的要素，Steam平台的创意工坊每天都会发布数以百计的热门游戏自制MOD（Modification，游戏模组），GTA5（《侠盗猎车手[1]5》）这样的游戏几乎完全依靠第三方MOD来延长生命周期。可以想象，在元宇宙时代，为元宇宙平台生产内容将成为一个有利可图的产业，从中断然会诞生一大批新兴公司。因此，扎克伯格认为全世界只应存在一个统一的元宇宙平台，而这样的平台仍会给中小公司带来许多机遇，这个观点可以说很有道理。

但我们需要注意的是，"开放内容生态"与"沉浸感"，在一定程度上是互相矛盾的。原因很简单——沉浸感越强，内容开发的难度和成本就越高，从而会把一大批第三方内容方拦在门外。Roblox的内容生态的发达，恰恰是因为它是像素游戏平台，内容开发只需要具备基本的创意和设计能力就可以了。那么，在一个以VR技术为核心、对用户体验要求极高的平台上，内容开发的难度会不会增加到一般人无法接受的地步？

让我们用视频内容打比方：一般的短视频几乎人人可以做；制作精良的短视频或中视频，往往需要具备专业设备和经验；能够在大银幕上观看的长视频（影视作品）则不是一般人敢于或能够尝试的。随着工业标准的提高，视频制作的门槛也不断提高，在最高段位就只剩寥寥无几的制作者了。同样的事情会发生在元宇宙内容开发上吗？这个问题，只有等待时间去证明或证伪。

元宇宙需要一定程度的去中心化管理。 为什么币圈人士如此热衷于元宇宙概念？因为元宇宙确实需要运用区块链技术。区块链所具备的可追溯性、不可篡改性，对元宇宙平台的用户身份和经济系统有重大意义。然而，区块链只是一种技术手段，它背后隐含的逻辑是：元宇宙在一定程度上应该是"去中心化"的。

---

[1] 《侠盗列车手》系列是由Rockstar Games开发的犯罪主题游戏，混合了多种元素，因而大受欢迎。——编者注

施密特反对元宇宙的最重要原因就是:"谁来制定规则?"他认为,如果把管理任务交给无处不在的人工智能,那么人工智能就会成为一个"巨大、虚假的上帝",由此导致元宇宙平台权力的无序扩张。普通用户当然会害怕这种现象,各国政府也不会喜欢这种由平台统治一切的景象。所以,元宇宙平台必须带有很强的自治、去中心化因素,以平衡各方面的利益。

区块链与生俱来的"开放、自由"特性,可以在一定程度上抵消人工智能的"集中、霸权"属性。引用一位币圈朋友的观点:"人类互联网文明至今还没有出现比区块链更优秀的治理方式。区块链的治理有点像全员持股,与现代公司治理的形态很接近了。用户通过持股的方式,成为元宇宙平台的所有者,并参与管理。至于你究竟使用哪一种区块链货币,这并不重要。"

不过,区块链本身也面临着被各国政府管制的巨大压力。全球最大的游戏平台Steam已经禁止了一切NFT游戏上架,可以想象,今后元宇宙平台要广泛运用NFT等区块链技术,将会面临越来越大的压力。有没有可能在区块链之外,寻找其他的去中心化管理方式呢?很遗憾,我们目前无法给出答案。只能说,脱离了去中心化精神的元宇宙,是不太可能赢得用户信任、不太可能做大做强的。

现在,我们已经总结了自己心目中的元宇宙产品所必须具备的主要特性:**规模庞大、持续存在、社交性强、沉浸感强、具备开放内容生态、去中心化管理体制**。虽然这还不完美,但我们相信,不论是从短期还是长期来看,它们都是非常重要的衡量元宇宙的标准。接下来,就让我们用自己总结的标准,去衡量市面上主流的"元宇宙候选产品"吧。

测试一下主流互联网应用的"元宇宙含量"

此时此刻，世界上的所有人都应该承认：完美的元宇宙产品尚未诞生。扎克伯格在接受The Verge采访时也打趣道正因为元宇宙尚未实现，才不得不采用Zoom视频会议这种低效率的替代方式。不过，这并不影响许多互联网应用被贴上"元宇宙"的标签——有些是出于它们的自愿，有些则是出于资本市场或围观群众的意愿。无论在苹果App Store，还是国产安卓应用市场，搜索"元宇宙"关键词都会出现非常多的结果，短时间内页面甚至无法下拉到底。

不可否认，某些互联网应用确实与元宇宙有一定的契合性，正走在元宇宙的发展路径上；可是，很多与元宇宙基本不相关的应用，也在招摇过市。与一切新兴概念一样，元宇宙概念也需要正本清源——下面就让我们测试一下主流互联网应用的"元宇宙含量"。

Soul

"年轻人的社交元宇宙",这句话出现在Soul开屏画面的中央。它也成为了国内第一个(可能是目前唯一一个)自称"元宇宙"的主流社交应用。其他社交平台,尽管或多或少地拥有入驻元宇宙的野心,却至今还没有把"元宇宙"这三个字写到首页上(注:截至2021年12月31日)。

遗憾的是,Soul不符合我们对元宇宙的绝大部分定义:

- **它的规模不够大**:2021年第一季度,月活用户增至3320万,日活用户为910万,比上不足比下有余,仅能算作腰部应用;而且Soul的功能设置非常单一,是比较纯粹的陌生人社交工具,缺乏足够的内容深度。

- **它的持续存在感不够强**:大部分用户仅仅是偶尔登录,认识陌生人,不会形成高黏性的社交链。如果他们在这里认识了聊得来的朋友,多半会"转战"微信。在这里发生的事情,对用户有一定的持续影响力,但不是很高。

- **它的沉浸感近乎于零**:大部分用户在上面仅仅是聊天、开语音派对、玩狼人杀,这些玩法的沉浸感都很弱。至于VR/AR,在这里更是毫无用武之地。

- **它缺乏开放内容生态**:Soul在本质上就是一个"短图文+声音"的社区,其内容十分贫瘠,社区里基本都是个人用户的"碎碎念"。至于开放第三方应用接口,更是不存在的事情。

- **它没有任何去中心化管理体制**：Soul没有经济系统，没有用户自治，缺乏独立运作的用户社群。平台管理的职责完全是自上而下的，用户也没有参与平台治理的意愿。

Soul仅能在"社交性"这一项得到高分，因为它毕竟是国内最成功的陌生人社交平台，也是国内除了微信、QQ之外，用户数量最大的社交应用。所以，它死死抱住元宇宙的"社交性"指标，强调自己是"社交元宇宙"。可惜，Soul的美股上市计划于2021年6月23日搁浅了，否则它很可能会成为资本市场聚焦的目标，在上市初期创造某种估值神话。

值得注意的是，根据招股说明书，腾讯早已成为Soul的第一大股东。虽然Soul自身与元宇宙的差距十分大，但不排除它未来某一天会与腾讯系平台产生某种协同，甚至并入腾讯生态系统，从而成为腾讯主导的"元宇宙"的一部分。一个现实是，绝大部分做元宇宙平台的小公司，都会逐步意识到自身的局限性，从而主动寻求并入某个互联网巨头的元宇宙生态中。

原神

2021年2月，米哈游CEO蔡浩宇在上海交通大学校友会上提出了"希望在2030年打造出全球十亿人愿意生活在其中的虚拟世界"，并且在技术成熟之后实现"脑机互联"——毫无疑问，这个愿景就是"元宇宙"的最终形态。作为中国最优秀的自研游戏公司之一，米哈游通过《原神》的成功积累了丰富的资源和经验，许多游戏玩家都在畅想，或许《原神》是通向元宇宙世界的第一步。

作为开放世界冒险游戏，《原神》可以在"沉浸感"方面得到高分。尤其是在手机平台，《原神》的技术水平和用户体验是划时代的，完成度也远远超过了同期的大部分手游。这种基于优质玩法的沉浸感，是游戏公司做元宇宙的杀手锏。

然而，《原神》其实是一个以单人玩法为主的弱联机游戏，内部社交机制很弱，它的社交性远远比不上MMORPG或电竞游戏。以单人玩法为主的游戏方式，一方面限制了《原神》的内容丰富程度，也就是"规模不够庞大"；另一方面也降低了它的持续存在感，因为玩家总是会在内容耗尽之后选择"AFK"[1]。

与此同时，《原神》至今还没有对第三方开放MOD系统，而且可能以后也不会开放。虽然米哈游鼓励玩家基于《原神》内容进行二次创作，但是并没有允许玩家自主修改《原神》内部的世界。至于去中心化管理，就更不用说了，在当前版本的《原神》基本看不到这种要素。

那么，如果米哈游真的想做出"十亿人愿意生活在其中的虚拟世界"，它下一步应该做什么呢？答案很明显，**那就是一个多人版、社交机制丰富、具备第三方内容生态的《原神》**。它可以是一款开放世界MMO，也就是"《原神》+《魔兽世界》"；也可以是一款结合了战术竞技、生存和剧情的游戏，也就是"《原神》+《逃离塔科夫》[2]"。我们相信，已经拥有国内最强研发能力的米哈游，一定不会简单地照搬热门游戏的玩法，而是会吸收其长处，将其巧妙糅合到自己

---

[1] AFK是一个电子游戏术语，指"away from keyboard"，即离开键盘。——编者注

[2] 《逃离塔科夫》是由俄罗斯Battlestate Games公司制作的一款军事题材网游。该作在传统的FPS（第一人称射击游戏）基础上加入了RPG（角色扮演游戏）元素，游戏中玩家需要加入两股军事势力中的一方，之后对游戏中的神秘城市塔科夫进行探索和调查，直至最后找到逃离该地区的途径。——编者注

的新产品当中。

不要忘记，米哈游手中最强大的王牌就是"崩坏宇宙"[1]的IP。一个成熟的IP，将带来庞大的基础玩家，并能够提升沉浸感、促进内部社交、鼓励开放内容创作，这些都是元宇宙产品所不可或缺的。米哈游所欠缺的，则是运营大型多人游戏以及开放内容创作平台的经验——但这并没有什么大不了的，国内除了腾讯之外的绝大部分公司都缺乏这样的经验。米哈游正走在正确的道路上，尽管从《原神》到真正意义上的元宇宙产品可能还有十几代的差距。

王者荣耀

2021年10月30日，天美工作室群首次向全世界公布了《王者荣耀·世界》——基于《王者荣耀》IP的开放世界RPG。目前，关于这款新游戏的信息非常少，外界只看到了几张CG（Computer Graphics，是通过计算机软件所绘制的一切图形的总称），目前我们对它的核心玩法、目标用户以及上线时间一无所知。但有一点是毋庸置疑的：《王者荣耀·世界》将大幅加强《王者荣耀》（以及整个腾讯互动娱乐事业群）的元宇宙愿景。

《王者荣耀》是全世界在线人数最多的MOBA[2]手游，而且具备非常丰富的玩法（包括经典5V5[3]、"吃鸡"[4]玩法、"自走棋"[5]玩法、

---

[1] 指米哈游旗下《崩坏学园》《崩坏学园2》《崩坏3》等游戏。——编者注
[2] Multiplayer Online Battle Arena，多人在线战术竞技游戏。——编者注
[3] 5名玩家对抗5名玩家。——编者注
[4] 因《绝地求生》这一"吃鸡"游戏的火热，《王者荣耀》推出了"吃鸡"玩法；"吃鸡"是指在大逃杀游戏中存活到最后，取得第一名。——编者注
[5] 来源于DOTA2的"刀塔自走棋"模式，即在一个游戏回合中利用手中的棋子、卡牌等，策略性地排兵布阵让其自动进攻。——编者注

单人剧情、人机练习等），所以可以在"规模庞大"一项上获得最高分。它与腾讯微信、QQ的社交链深度绑定，因此也可以在"社交性"上获得最高分。这两个优势是其他任何游戏产品难以超越，甚至难以接近的。

然而，《王者荣耀》毕竟是一个电竞游戏，其游戏体验在时间上是割裂的，以"对局"为单位。上一局发生的事情，对下一局没有太大影响（只会在一定程度上影响队友匹配）；在对局之间，固然存在一些养成、小游戏、内部社交机制，但它们对玩家的吸引力谈不上多强。因此，《王者荣耀》无法满足"持续存在"的指标，在"沉浸感"方面也稍弱了一些。

至于"开放内容"和"去中心化"两项，就更不用说了——与国内大部分主流手游一样，《王者荣耀》在这两方面做得都不怎么样。今后，如果监管环境和技术条件允许，《王者荣耀》倒也可以尝试去中心化管理，例如建立独立经济系统、鼓励玩家社群自治等。但是，作为电竞游戏，《王者荣耀》注定不可能建立一个完善的开放内容生态，因为根本没有多少可供玩家自行创作的空间。

所以我们可以理解《王者荣耀·世界》对"王者元宇宙"的重要意义：作为开放世界RPG，它几乎能弥补《王者荣耀》的一切软肋，从而形成高度互补。当然，这里有两个隐含的前提，那就是《王者荣耀·世界》要做好，而且要能够继承《王者荣耀》的庞大用户群。现在还无法判断它能不能达成这两个条件，因为《王者荣耀·世界》很可能到2023年以后才会面世。

游戏行业策划和制作人多半对《王者荣耀·世界》抱着某种谨慎态度：第一是因为目前信息太少，甚至无法辨认该产品的核心卖点在哪里；第二是因为在PC端（电脑端）、主机端和手机端已经存在一大批主打开放世界的RPG了，两三年后只会更多。开放世界RPG的时间消耗很多、入门难度较高，要打开局面绝非易事。坦白说，腾讯在RPG方面的研发能力不一定能算是国内的顶尖水平，这么说，我们似乎确实不应该对《王者荣耀·世界》抱有太高的预期。

不过，无论《王者荣耀·世界》能否成功，腾讯互动娱乐事业群都不会放弃向元宇宙进军的战略。在拥有近乎无穷无尽的资源这种情况下，它取得成功只是时间问题。

GTA5（含GTA Online）

《侠盗猎车手5》，即 *GTA5*，它是全球3A游戏[1]的标杆之作，也是人类历史上销量最高的电子游戏之一。毫不夸张地说，它树立了当代"开放世界"玩法的标杆，此后的《荒野大镖客2》[2]《赛博朋克2077》都是在它的基础上进一步开拓了"开放世界"类型的边界。

*GTA5*有两个版本：第一是常见的单人（剧情）玩法，也就是狭义的*GTA5*；第二是多人在线玩法，即*GTA Online*。虽然*GTA Online*一般不被视为一款独立游戏，但它是欧美市场持续运行时间较长、收入规模较大的一款多人网游，对近年来的开放世界MMO具备很强的启发意义。单人玩法与在线玩法结合，才是完整版的*GTA5*。

毫无疑问，*GTA5*的规模比较大，玩法非常丰富，开放世界可互动要素很多（尽管因为开发时间较早，已经不算前卫了），在线的玩家人

---

[1] 3A游戏泛指高成本、高质量、高体量的单机游戏。——编者注
[2] Rockstar Games公司发行的一款以美国西部拓荒史为题材的动作冒险类开放世界游戏，为2010年该公司发行的《荒野大镖客》的正统续作。——编者注

数也很多，虽然比不上《英雄联盟》《王者荣耀》这样的大型竞技游戏，但在同类游戏里已经算得上人气很高。开放世界玩法赋予了GTA5极高的沉浸感，我们甚至可以认为，它代表了VR/AR技术普及前，电子游戏沉浸感的最高水平。

问题在于，GTA5毕竟不是一款以在线模式为核心的游戏，在多人模式的运营方面甚至比不上正统网游，真正喜爱在线模式的玩家比例并不高。此外，GTA5还继承了欧美网游不善于引导玩家进行社交、难以沉淀社交关系的"传统"，当然这也与欧美用户的习惯有关。因此，GTA5在"持续存在"和"社交性"方面最多只能拿到中等评分。

在开放内容方面，GTA5比较矛盾：一方面，它是第三方内容创作机制最发达、自制MOD最多的游戏之一（可能没有之一），数以千计的MOD大幅延长了它的生命周期；另一方面，它的在线模式又不允许使用任何MOD，只能以原始的官方版本进行。这也许是为了保证多人游戏的公平性，但是那些仅仅与外观相关的MOD也不能使用，显然会大幅降低在线模式的乐趣。

总而言之，GTA5带有深刻的两面性，其单人开放世界模式非常成熟，多人在线模式却又存在许多缺点，两者未能很好地统一。有没有可能开发一款"以多人模式为核心的GTA5"，继承和发扬其优点，改善其弱项？这种产品的开发难度相当大，但是如果真能开发出来，无疑将成为元宇宙的真正雏形。

这也是当前世界顶尖游戏公司正在尝试做的事情——从任天堂、微软到腾讯、网易，大家都在如饥似渴地吸收开放世界3A游戏的精髓，将其注入旗下的网游或手游当中。GTA5《塞尔达传说：旷野之息》[1]《荒野大镖客2》《赛博朋克2077》……这些游戏大多数很可能会在不到十年的时间里过时，但它们却都有可能成为二三十年后元宇宙产品的直系祖先。

魔兽世界

在欧美游戏市场，MMORPG并非发达品类，流行的大作不多，《魔兽世界》无疑是其中的佼佼者。而且，《魔兽世界》是极少数在全世界各个主要国家均广为流行的网络游戏之一，它不但重新定义了MMORPG，也深刻影响了整个游戏产业的发展路径。

《魔兽世界》的出色之处在于：自由度极高、可探索性极强的开放世界；以多人协作完成任务为核心的玩法；多种多样的角色带来的重复可玩性；发达的玩家组队和公会机制。直到今天，上述很多优点还没有被后来者超越。因此，《魔兽世界》在"规模庞大""持续存在""沉浸感"三个方面均可获得高分，在"社交性"方面至少可以获得中等评分。

其实，在《魔兽世界》的黄金时代，它的内部社交黏性极强，这很大程度上是由于它的公会机制。公会的自治能力，赋予了这个游戏一定程度的"去中心化管理"色彩。当年围绕着《魔兽世界》公会产生的一系列爱恨情仇，至今仍被许多老玩家津津乐道。那么问题来了：如此强大、如此接近"元宇宙"愿景的一款游戏，为何走上了衰退道路？

原因很多，例如暴雪娱乐（《魔兽世界》的游戏开发商）内容迭

---

[1] 《塞尔达传说：旷野之息》是由任天堂企划制作本部与子公司Monolith Soft协力开发的开放世界动作冒险游戏，也是该系列的第15部主线作品，于2017年3月发行。——编者注

代的不力、整体技术框架的落后，但是最核心的原因是MMO（大型多人在线游戏）品类的整体衰落。在娱乐方式多元化、娱乐时间碎片化的大背景下，需要消耗大量时间的MMO已经无法获得主流用户的青睐。而且，MMO游戏对用户的精神投入要求极高——它不是一种可以随时进入、随时退出的游戏，用户需要保持极高的专注程度，把它当成自己的"第二人生"。所以，MMO逐渐让位于MOBA、FPS等竞技类游戏，就不难理解了。

我们不得不由此产生一个深深的疑惑：**既然MMO已经过时了，那么在各方面都与MMO很相似、有过之而无不及的元宇宙产品，难道就能赢得主流用户的喜爱吗？**成熟的元宇宙产品将会非常消耗用户的时间和精力，甚至取代现实生活，成为他们人生的第一焦点。这样的产品真的适合每一个人吗？

有人会说：在强大的VR/AR技术和AI算法之下，元宇宙平台的感染力会远远超过早年的MMO，而且不仅能提供娱乐功能，还能促进生产力发展，所以它不会重蹈MMO的覆辙。但是，这个过程是无法一蹴而就的。在元宇宙产品逐渐成熟、进入主流市场的过程中，用户肯定会发现它存在过于消耗时间、加重精神负担等问题。很多用户将被迫在"元宇宙社会"和"现实社会"当中做出选择，要知道，并非所有人都愿意为了前者抛弃后者。

让我们重新审视蔡浩宇提到的"2030年打造出全球十亿人愿意生活在其中的虚拟世界"。按照这个说法，到了2030年，全球人口有可能突破80亿人，也就是说，届时仍然会有70亿人生活在虚拟世界之外。除了一些技术条件达不到的人群之外，肯定会有大量人群主动选择不进入元宇宙。这不一定是因为元宇宙的诱惑不够大，很有可能是因为它要求用户付出的成本太高——包括时间成本、精神成本和机会成本。那么，元宇宙是否永远不可能涵盖全人类用户，甚至只是昙花一现？我们恐怕要等上十多年，才能得到答案了。

QQ

2021年4月，腾讯进行了三年来最大规模的组织架构调整，任命天美工作室群负责人姚晓光为QQ总裁，探索QQ与游戏业务、创新业务结合的可能性。很快，QQ团队的主要办公场所搬到了深圳科兴科学园，与腾讯互动娱乐事业群一起办公。

上述调整的背景是：2019年以来，手机QQ用户数量呈现下降趋势，QQ对整个腾讯生态的重要性越来越低。QQ用户不但被自家的微信分流，也被抖音、快手、bilibili等视频内容平台分流。以前，QQ最大的特色是覆盖了大量青少年用户，但现在这个特色也逐渐丧失了。如果QQ不能及时改革，重塑产品形态和定位，就将不断边缘化，甚至失去存在价值。腾讯显然不会放任这种情况发生。

众所周知，QQ是国内除了微信之外用户最多的社交平台，其功能丰富程度甚至超过微信。大批用户从二十年前就开始使用QQ，今天的年轻用户仍然高度依赖QQ。因此，QQ可以在"规模庞大""持续存在""社交性"方面得到高分。哪怕是微信也很难在这三个方面超过它，更不要提抖音、快手这种非社交类短视频内容平台了。

作为社交应用，QQ的沉浸感显然无法与游戏相比。QQ空间和腾讯看点[1]有一定的开放内容生态，但仅限于图文和短视频内容。作为私

---

[1] 腾讯公司推出的信息流内容服务，已登录微信、腾讯QQ、QQ浏览器三大平台，用户可通过腾讯看点享受到文章、图片、短视频等众多形式的内容服务。——编者注

域属性极强的熟人社交工具，QQ具备一定的去中心化管理潜力，例如QQ群就是主要依靠群主和管理员自治的，而Q币也可以视为独立经济系统的雏形（尽管它不是数字货币，而是代币）。

由此可见，把QQ改造为元宇宙产品并非异想天开，而是切实可行的。其中，改造的关键在于提升沉浸感，赋予它更有趣的玩法、更丰富的内容。这至少可以想到两个可行的方向：

1. 彻底放弃QQ的"熟人社交"定位，将其改造为一个基于虚拟形象和人设的"平行宇宙社交平台"。在这里，用户经营的是与现实世界无关的虚拟身份，并通过Vtuber[1]技术提高虚拟身份的可信度。QQ还可以率先尝试与VR技术融合，打造沉浸式数字社交。这样，微信和QQ将分别成为中国人现实和虚拟社交的门户。

2. 在QQ中加入一系列趣味游戏，例如模拟社区、数字宠物、角色养成等，也可以在其中加入一些NFT元素。QQ账号的主要使命，是从现实社交转变为趣味游戏的中枢角色。随着时间推移，QQ内置游戏不断向重度化、社交化发展，将游戏的用户黏性转化为QQ平台的用户黏性。

对习惯使用QQ空间的年轻用户而言，把QQ变成某种"社交平行

---

[1] Vtuber即Virtual YouTuber，最初指的是用虚拟形象活跃在YouTube这一平台的视频主，随着Vtuber的流行，现在也指虚拟主播、虚拟偶像等在虚拟或现实世界进行活动的由真人扮演的虚拟形象。——编者注

宇宙"是一个顺理成章的过程。在这个过程中，肯定会有一批用户流失，但实际上这批用户早晚也是会流失的。2021年，QQ产品经过了多次迭代，在趣味化、虚拟化方面反复试错。值得相信的是，QQ团队终将找到一条可行性最强、性价比最高的进化路径，逐渐进化为真正意义的元宇宙平台。

Facebook

作为全球最大的社交平台，Facebook打造元宇宙，似乎与QQ打造元宇宙的逻辑有些类似。然而，从扎克伯格本人的言论看，他对元宇宙的理解，在很大程度上仅仅聚焦于生产力层面。他认为，VR技术进步的一个重要成果，是允许人们"以自然的方式开会"，而不是像现在这样依赖视频会议。谈到元宇宙的社会意义时，他强调的是"能允许大量员工异地办公"，从而把人类的生产力从地理约束之下解放出来。

扎克伯格的上述倾向很容易理解：Facebook基本不做游戏，也很少生产娱乐内容。在欧洲和北美地区，随着各种新兴社交平台的崛起，Facebook正在渐渐失去年轻人的青睐，不再引导潮流，沦为传统老派文化的象征。技术出身的扎克伯格，肯定会期待像微软、亚马逊一样，打造一家同时服务消费者（C端）和企业客户（B端）的综合性企业。所以，他的元宇宙愿景主要集中于远程办公、VR会议等与企业生产息息相关的场景。

Facebook打造元宇宙的强项和弱项，与QQ基本一致：在"规模庞大""持续存在""社交性"三个指标上能获得高分，在"沉浸感"方面明显较弱。为了加强沉浸感，扎克伯格的选择是投资VR设备，打造自己的VR技术生态，这是一种"技术导向"的解决方案。相比之下，腾讯、米哈游、Roblox这样的游戏公司则会选择从内容入手，让内容而不是技术作为提高虚拟世界吸引力的基石。

当然，扎克伯格也意识到了：在多种VR设备并存的情况下，Meta Platforms旗下的Oculus不一定能成为最终赢家，也不一定能制定行业标准。所以，在接受The Verge采访时，他表示，即便用户使用其他VR设备，Facebook也将成为跑在这些设备上的一个主流应用，就像在移动互联网时代，任何品牌的手机上都会安装Facebook的应用那样。在这种情况下，Facebook仍将通过应用层分享元宇宙的成果。

那么问题来了：元宇宙时代的Facebook应用，以及同属Meta Platforms旗下的Instagram、WhatsApp等其他社交应用，应该是什么样子的？它们要配合VR/AR技术做什么样的改变？Meta会推出一个类似"元宇宙版Zoom"的VR生产力工具吗？为了吸引企业用户在元宇宙环境下办公，Meta又应该在元宇宙基础设施（包括云计算、边缘计算[1]等）方面做出多大的投入？这都是独立于VR/AR设备之外的——无论Oculus能不能维持VR设备领域的领先地位，扎克伯格都需要回答这些问题。

可惜，扎克伯格一直没有清晰地回答过上述那些问题。他似乎认为，只要Oculus的VR技术足够领先，只要能将Oculus的技术融合进Facebook的社交平台，一切问题就可以迎刃而解，Meta自然就可以成为元宇宙时代的霸主。对元宇宙在娱乐方面发挥的作用，扎克伯格似乎不感兴趣。这样看来，哪怕Meta真的成为元宇宙时代的霸主，它的统

---

[1] 边缘计算，指将对数据的处理功能部署在边缘设备上，为移动终端提供服务。——编者注

治范围也只会集中于生产力端，而不包括娱乐端。

Discord

在欧美主流社交平台当中，Discord其实比Facebook更接近元宇宙，虽然它从未提出过建设元宇宙平台的口号。有趣的是，此时此刻的Discord与Facebook，恰好处于两个完全不同的轨道上——前者新潮，后者老派；前者基于兴趣和内容，后者基于现实社交关系；前者与娱乐内容（尤其是游戏）高度结合，后者则致力于在生产力方面打开局面。

在发展初期，Discord就像是一款YY语音（国内游戏语音通讯平台）的北美版应用，因为其主要功能是为网络游戏玩家提供语音社交服务。由于欧美主流网游的内部社交功能很不发达，它获得了巨大的发展机遇：在游戏进行过程中，玩家们争先恐后地互相留下Discord账号，从而将社交关系沉淀到了Discord。

随着时间推移，Discord已经发展成了一家以语音聊天为核心，涵盖"电子公告板+即时音频通信+兴趣社区"的综合性社交平台。2020年上半年，新冠肺炎疫情席卷美国，导致了人群大范围居家隔离，使得Discord吃到了一波流量红利，同时正式从游戏玩家群体"出圈"，成为面向全体用户、全部主题的社交平台。

Discord拥有1.5亿月活用户，用户黏性极强，社交功能完善，所以它在"规模巨大""持续存在""社交性"三个指标上能得到高分。由于Discord以语音社交为主，而且具备发达的虚拟形象功能，因此在"沉浸感"方面也强于Facebook这样的传统社交平台。与此同时，Discord的兴趣社区活跃程度可能在全球都是数一数二的，它是许多游戏制作人与玩家沟通的主要场所,也是玩家二次创作的一个重要基地。不过,它的内容生态还是以游戏主题为核心,具有一定的局限性。

2021年年初,Clubhouse(一款主打即时性的音频社交软件)异军突起,让Discord感受到了巨大压力。不过,现在看来,Clubhouse的流行只是一阵风,Discord却从前者学习到了"舞台频道"等新功能。在拒绝了微软的120亿美元收购要约之后,Discord显然是奔着独立发展、独立上市而去。投资者开始讨论它会不会成为SnapChat、TikTok这样的"全民级"应用。

事实上,如果Steam平台能与Discord合并,就可以立即构建出一个元宇宙的雏形——前者是全球最大的游戏平台,后者是全球最大的游戏社交平台,用户群高度一致,功能上具备互补性;再加上Steam的母公司"V社"(Valve Corporation)所具备的游戏研发能力,就可以形成"三位一体"的强大生态,补齐二者在构建元宇宙道路上的一切短板。可是,它们的合并难以实现,至少短期内不可能。此外,双方能否建立深入的战略合作,也是一个未知数。

作为一家独立公司,Discord的业务非常单一,商业模式也很单调(以用户付费为主),它的资源和经验无法与那些大型互联网公司相提并论。因此,即便Discord产生进军元宇宙的野心,它也很难独自承担如此巨大的负担。或许,Discord最终还是会选择加入某个互联网巨头的麾下,成为一个更大的元宇宙生态的枢纽部分。

Roblox

前文已经提到,在元宇宙属性方面,Roblox的优势和劣势都很明显:它的用户数量巨大、内容比较丰富、内部社交属性较强,构建了

Discord从游戏语音、IM工具服务起家，随后转向直播平台，进而开设游戏商店的社区平台，成为游戏玩家在游戏中沟通协作的首选工具

一个良好的开放内容生态；然而，它的像素画风导致了较低的沉浸感，低龄化的用户属性也使它很难满足元宇宙替代现实世界的要求。

Roblox的第三方内容生态高度发达，固然要归功于Roblox Studios这个强大的开发工具集，但也要归功于像素画风带来的低技术要求——试想一下，如果《罗布乐思》是一款现代化的3A游戏，具备极高的工业标准，那么二次开发的难度就会呈几何级数的提升！现在，在《罗布乐思》内部制作一辆新车，可能只需要处理几十个多边形、花费一两个工作日；而在一款3A游戏中制作一辆新车，工作量可能要大上至少一百倍，并且伴随着极高的硬件要求。

《罗布乐思》在北美地区的流行，也与低龄用户的使用习惯有关：低龄用户的兴趣转移速度很快，难以在一种玩法上维持太久的注意

[1] Instant Messaging，即时通讯。——编者注

力，所以《罗布乐思》内置的"多元玩法"特性很好地满足了他们的需求。对成年用户而言，这些玩法就显得太简单、太华而不实了。因此，《罗布乐思》国服上线之后，一度被国内玩家嘲讽为"3D版4399小游戏集合"，未能建立起稳定的用户基础。

把眼光放长远来看，如果要打造真正的元宇宙，Roblox必须脱离像素画风，开发技术水平更高、更接近主流用户审美的下一代游戏平台，或许我们应该称之为"成年版罗布乐思"。这样，第三方内容开发的难度也会大幅提升。为了不失去内容生态这个杀手锏，Roblox必须对第三方开发工具集进行全面升级改造，或许还要对第三方内容方进行大规模的教学和补贴。它带来的"阵痛"要持续一段时间，但是完全值得。

Roblox还要注意一点，那些规模更大、技术水平更高的游戏公司，在它的改革过程中不会作壁上观。有一些游戏产品也具备发达的第三方内容生态，例如Epic Games的《堡垒之夜》，以及Rockstar Games[1]的GTA5。另外，通过Steam平台的创意工坊机制，任何创新游戏产品都有可能吸引一批内容开发者。那么，Roblox的先发优势究竟能维持多久呢？

当然，就算失去了在元宇宙赛道上的领先位置，哪怕"成年版罗布乐思"永远不会诞生，Roblox在元宇宙产业发展史上的地位也是不可磨灭的。它用自己的经验证明，元宇宙归根结底是一个内容产业，而且必将由游戏公司（或游戏平台公司）拔得头筹。

---

[1] Rockstar Games，是游戏发行商Take-Two Interactive旗下的游戏开发分公司，《侠盗猎车手》系列是该公司最为知名的作品。——编者注

一些主流应用的"元宇宙含量"测试：

应用	规模庞大	持续存在	社交性	沉浸感	开放内容	去中心化
Soul	中	中	**强**	弱	弱	弱
原神	中	中	弱	**强**	弱	弱
王者荣耀	**强**	弱	**强**	中	弱	弱
侠盗猎车手5	**强**	中	中	**强**	中	弱
魔兽世界	**强**	**强**	中	**强**	弱	中
QQ	**强**	**强**	**强**	弱	中	中
Facebook	**强**	**强**	**强**	弱	中	中
Discord	**强**	**强**	**强**	中	中	中
Roblox	**强**	中	**强**	弱	**强**	中

元宇宙不是个什么都能装的筐：从"工业元宇宙"说起

2021年10月15日，在浙江宁波举行的世界数字经济大会上，中国联通首席大数据科学家范济安做了主题为"'工业元宇宙'5G赋能未来工厂"的报告。2021年11月9日，芯片巨头英伟达发布了用于3D工作流程的虚拟世界模拟和协作平台NVIDIA Omniverse,有人将其称为"工业版的元宇宙"。截至2021年12月底，在百度平台搜索"工业元宇宙"已经可以找到1360万个结果。初次看到这个名词，你可能会一头雾水：工业和元宇宙有什么关系？仔细解释起来，其实是这样的：

2013年，德国提出"工业4.0"，其中一个重要成分是"赛博物理系统"（Cyber-Physical Systems, CPS）。"赛博物理系统"通过仿真、物联网、VR等技术，将物理材料和设备的各种属性映射到虚拟空间之中，形成一个数字化的设计和制造环境。在这套系统的协调下，工业品的设计、制造乃至安装环节的很大一部分，都被搬到了虚拟空间，在那里磨合试错完成后，再转移到现实中执行。届时，技术工人会习惯戴着VR头盔或AR眼镜工作，甚至本人根本不用到现场，从而实现彻底的"智能制造"。久而久之，"赛博物理系统"还能推广到医疗、能源、运输、航天等领域，这就是"工业元宇宙"。

上述愿景当然是有可能实现的。过去二十年，计算机辅助设计早已席卷了工业设计领域，在这个基础之上自然发展，就能引向制造、测试、安装的全面虚拟化和计算机化。从2006年开始，美国国家科学基金会（National Science Foundation，NSF）就开始资助这方面的研究，并将"赛博物理系统"列为一个"关键研究领域"。为美国总统提供建议的国家科学技术委员会也组织或资助了一系列这个领域的研究项目，今后几年可能会看到突破性成果。

问题在于：**这一切与"元宇宙"何干？**赛博物理系统需要借助元宇宙概念才能火起来，在国内获得更高的关注度吗？显然不是。自从2015年5月国务院印发《中国制造2025》国家行动纲领以来，"工业4.0"在国内就受到了高度关注，上升到了国家战略层面。赛博物理系统、物联网、云计算和认知计算[1]，可以说是"工业4.0"的四大支柱。在《中国制造2025》当中，"智能制造工程"被明确列为五大工程之一，包括"开展新一代信息技术与制造装备融合""紧扣关键工序智能化""生产过程智能优化控制"等等。

看到了吗？虚无缥缈的"工业元宇宙"概念，用专业术语解释起来，就比较容易理解了。工程师和工人戴着VR设备在虚拟空间里工作，只是一种工作手段的提升。用这种手段制造出来的工业品，还是要

---

[1] 认知计算是人工智能的重要组成部分，是模拟人脑认知过程的计算机系统。——编者注

用在现实世界里；在这种环境下工作的工人，在工作结束之后也还是要回到现实世界生活。这与我们上文总结的"规模庞大、持续存在、社交性强、沉浸感强"的元宇宙存在天壤之别。把上述概念改头换面为"工业元宇宙"，难道是觉得"工业4.0"这个名词已经过时了，不足以引起公众兴趣了吗？

有人可能会抗议："任何新兴概念都在变化、发展，凭什么把元宇宙限制在条条框框中，不允许智能制造业把自己定义为一种元宇宙？"问题在于，如果我们让一个概念过度"泛化"，最终就会不可避免地导致其庸俗化。当我们认为"万物皆可元宇宙"时，元宇宙这个概念就会被消解，从而失去对现实的指导意义。

很多人应该还记得，20世纪90年代，西方管理学理论刚刚传入中国时，被认为可以解决企业经营和发展的一切问题，来自美国和日本的管理学著作、企业家传记和案例分析，被无数国企、私企乃至政府机关负责人奉为圭臬。那时如果一家企业经营不善，便会被归咎于对西方管理学的实践程度不够。当时的许多人认为，只有按照管理学理论去彻底改造企业组织架构和业务流程，才能在竞争中立于不败之地，从而促进中国经济赶超发达国家。

显然，上述想法是不切实际的。到了21世纪初，管理学领域流行的段子变成了："如果企业想找死，就去上ERP（Enterprise Resource Planning，企业资源计划）；如果想死得快，就去找麦肯锡[1]。"对西方管理学的机械式应用当然不是企业死亡的主因，这个段子反映了人们在过高的期望值破灭之后产生了逆反情绪。换句话说，如

---

[1] 指国际知名的管理咨询公司麦肯锡公司。——编者注

果元宇宙一词像管理学那样继续被泛化、庸俗化，这样下去早晚也会落到类似的（乃至更糟糕的）下场。

这还不算完。如果你觉得"工业元宇宙"已经足够挑战你的想象力了，那么请拨冗阅读下面两段文字：

元宇宙新思维＝技术思维×金融思维×社群思维×产业思维……元宇宙最关键的应用场景就是产业场景，推进元宇宙产业化和产业元宇宙化，加速实现工业元宇宙、商贸元宇宙、金融元宇宙、教育元宇宙、文化元宇宙、大健康元宇宙等应用落地。

——2021年11月11日
中国移动通信联合会元宇宙产业委员会举行的中国第一个"元宇宙日"活动的主题演讲内容

由于元宇宙内产业链内外关联度的大幅提升，产业和产业之间的界限模糊化了，将出现大量的交叉产业和新业态……产业元宇宙既可以按业态分为交易型、服务型和产品型，也可以按行业分文旅元宇宙、农业元宇宙、教育元宇宙、工业元宇宙、餐饮元宇宙、家电元宇宙、医疗元宇宙等。

——摘自《元宇宙大热背后的产业元宇宙和工业元宇宙》，
中关村大数据产业联盟

如果上述言论不是打着"专家学者"和"业内资深人士"的旗号，我们简直可以将其理解为精神病人的胡言乱语，或青春期少年的梦呓。在"工业元宇宙"这个奇幻说法之外，又增添了"商贸元宇宙""金融元宇宙""农业元宇宙""餐饮元宇宙"……似乎只要给专家学者足够的时间，他们一定会把国家统计局的《国民经济行业分类》当中列举的每一个行业，后面都加上"元宇宙"三个字，然后憧憬它们可以凭空创造几千亿到几万亿的价值。

在各种各样的"产业元宇宙"概念中，"工业元宇宙"毕竟还是有基础、有内涵的。至于"农业元宇宙"呢？在虚拟世界里种地吗？"金融元宇宙"呢？在虚拟世界里炒币吗？至于"餐饮元宇宙"，到底是指在虚拟世界里做饭，还是在虚拟世界里吃饭？令人最无法理解的是"家电元宇宙"，你甚至无法想象家电这样的细分行业如何支撑起一个独立的"元宇宙"，难道是指智能家居物联网的升级版吗？

我们需要认清一个冷酷的事实：元宇宙的实现，将意味着人类生产和生活方式的全面改变，这样巨大的改变不亚于人类社会从狩猎采集社会到农业社会，从农业社会到工业社会的改变。这种改变可能是激烈的突变，也可能是温和的渐变，但改变的幅度会远远超出一般人的想象。一个生活在18世纪工业革命爆发初期的人，会如何预测即将到来的工业文明时代？他肯定无法预测到工业化所伴随的城市化、知识普及、贫富差距扩大、大家族瓦解为小家庭，也无法预测到金融资产会取代土地资产成为最重要的财富，由此导致"资本家"的产生。恰恰相反，他可能坚持认为工业时代的人们还会居住在乡村，受到地主和贵族老爷的管辖，工业企业的核心价值仍然在于地产……

所谓"产业元宇宙"的概念，也不外乎如此。在元宇宙的时代，现实世界的各种产业不可能被完整地、原封不动地照搬到虚拟世界。它们当中的一部分将被淘汰，一部分将经过大规模的改造，仅有少部分将较为完整地保存下来。还有一些新兴产业将从零开始被创造出来，很可能发展成那时最大的产业——只是我们还不知道具体会是什么产业。就像过去18世纪末的人不可能知道什么是电力产业，19世纪末的人不可能知道什么是汽车产业，20世纪末的人也不可能知道未来会出现智能手机产业一样。其实，我们只需要阅读一下1998年至2000年第一次纳斯达克互联网泡沫[1]时期的投行研究报告就知道了，其中的绝大部分预测是拙劣的，止增笑耳。

不要误会，在元宇宙的时代，有些东西仍然是不变的。例如，人类都有基本的温饱欲望、社交欲望，也有较高层面的自我实现欲望；人类社会需要组织、规则，在自由和稳定之间寻找平衡；人类渴望长期、健康的生存，希望与外界和睦相处。元宇宙平台运营商，以及围绕它们建立的内容方、技术支持方，都将努力探索在虚拟世界里满足上述欲望的途径。虽然这可能要花上好几代人的时间，才能找到最佳的解决方案。

与此同时，我们还需要注意，不是所有的高新技术、新兴商业模式都与元宇宙有关。即便在移动互联网高度发达的今天，也不是所有技术、所有商业模式都属于"互联网行业"。举个例子：元气森林、钟薛高等国产快消品牌，有很大一部分是通过电商平台完成销售的，但它们仍然是快消公司而不是互联网公司；同理，完美日记、花西子等国货品牌也属于美妆用品公司而不是互联网公司。在研究这些公司时，我们固然要分析互联网流量获取、流量运营的逻辑，但更重要的是研究产品逻辑。在未来数十年内，人类社会的各种业态或多或少地都要与元宇宙打

---

[1] 在20世纪90年代，股票市场繁荣，计算机技术的发展和互联网应用催生的高科技互联网公司助推了市场泡沫的破裂。许多初创互联网公司发行的股票成为交易热点，但进入2000年后便疯狂下跌。——编者注

交道，就像如今各行各业都要跟互联网打交道一样，而这绝不意味着"元宇宙行业"会吃掉所有行业。

因此，所谓"元宇宙新思维＝技术思维×金融思维×社群思维×产业思维"，是一种空洞无物、堆砌概念的口号。所谓"由于元宇宙内产业链内外关联度的大幅提升……将出现大量的交叉产业和新业态"，也是一种毫无执行价值的呓语。这令人不禁想起在2011年前后，随着移动互联网的发展，学术界和投资界不约而同地发明了一个新词："互联网思维"，好像任何企业只要采纳"互联网思维"，就能立即取得快速增长。但似乎从来没有人搞清楚过什么是"互联网思维"，说不定发明这个词的人也不懂。

假如我们继续滥用"元宇宙"概念，把它当成一个什么都能装的箩筐，那它就会迅速庸俗化，从而丧失公信力、沦为笑柄。"互联网思维"之所以没有丧失公信力，是因为移动互联网崛起的速度很快，在短短十年内就创造了不可思议的财富神话，深刻改变了全人类的生活方式。元宇宙的实现速度，会比那慢得多——十年恐怕只够开个头。当人们耳边不停地响起一个新概念，却一直看不见明显成果时，他们往往会冷笑着给这个概念盖上"骗子"的印章。

不过，现在那些不分青红皂白地鼓吹"万物皆可元宇宙"的人，大概不会考虑这个问题，因为他们就没打算陪着元宇宙产业度过未来十年乃至二三十年的艰苦历程。到了明年的这个时候，他们可能已经换了一条新赛道，用同等的热情去鼓吹另一个闻所未闻的新鲜事物了。

第 3 章

元宇宙，归根结底是一个娱乐内容概念

不谈内容的元宇宙都是耍流氓。

沉浸感是元宇宙的核心：没有内容谈什么沉浸？你会在一个不好玩、不好看的东西里面花费几个小时，甚至不愿意回到现实世界吗？

内容是世界上最难做的生意：互联网行业的历史一再证明，跨界做游戏几乎一定会失败，跨界做影视也是困难重重；元宇宙的瓶颈在于内容，所以很难跨界做。

大胆预言，元宇宙将是游戏行业的自然延伸：VR、边缘计算、区块链是元宇宙的技术基础，元宇宙的核心是互动内容，所以它是游戏行业自然发展的结果。

脱离内容去讲元宇宙，就是耍流氓

  线下VR是当前的热门创业门类。美团App上，在首页点击"休闲/玩乐"，可以发现该部分已经出现了专门的"VR"品类。在北京，你目前可以找到近百家VR场馆，其中固然有一些是在滥竽充数、挂羊头卖狗肉，但即便我们以技术水平较高、沉浸感较强作为标准，符合要求的VR馆也能数出50家左右。笔者有幸调研过其中的三家线下VR场馆运营商，它们都有在未来两年大幅扩张场馆的计划。按照这个势头发展下去，到2022年年底，仅仅北京一座城市可能就会有200家以上的VR场馆，那时全国应该至少会有四五千家。

  VR创业的上一个热潮期，还要追溯到2015年。当时，乐视网、暴风集团等创业板热门公司都在鼓吹VR是未来十年的大风口，可惜的是它们的技术水平其实很低。在创业板泡沫破裂之后，VR创业一度陷入低潮期，因为拿不到投资而垮掉的创业公司可能有数百家之多。然而，

2021年，在元宇宙概念的刺激之下，VR技术的热度再次提升。许多VR技术和内容开发商至今还无法理解"元宇宙"这个概念，可它们确确实实因为"元宇宙"的兴起而受益了。

最近一段时间，我在北京一口气尝试了三家不同品牌的"线下VR体验店"。这些店铺十分受欢迎，无论工作日还是周末，排队的人都不少，翻台率很高。据说，线下VR已经成为与剧本杀、密室逃脱并列的年轻人约会首选场所之一，其热度远远超过了江河日下的电影院。公司组织团建活动也喜欢选择这些线下VR场馆，因为它们既能提供足够大的场地，又能满足大部分员工的好奇心。

轮到我亲自上场玩的时候，气氛却变得有些尴尬。在尝试一个所谓的"丧尸题材恐怖体验项目"时，我从头到尾没有任何反应，就连身高两米的大型丧尸从五米之外向我猛扑过来时，我也只是象征性地蹲下躲避而已。没有尖叫，没有冷汗，没有肾上腺素提升，我只是机械而麻木地寻找脱离场景的钥匙，根据系统提示把钥匙插入对应的锁，就这样解开了一个又一个谜题。引导我体验的工作人员不禁好奇地问我："您是不是玩过这个项目？要么，您是不是被人给剧透了？"

不，我从来没有玩过这个VR项目。老实说，如果不是为了写这本关于元宇宙的书，我可能根本想不起来要体验任何线下的VR项目，更不可能有任何人对我提前"剧透"。我之所以从头到尾没有任何反应，是因为这个项目还不够吓人，没有超出我的预期，仅此而已。准确地说，在玩那个"丧尸题材恐怖体验项目"之前，我早就被无数的恐怖电影、恐怖游戏给"剧透"了。

其实，对自己体验过的任何VR项目，无论项目是什么类型、由什么品牌运营，我都有些意兴阑珊，甚至没有发朋友圈"晒一晒"的欲

望。去过这三家线下VR店后,我大致的体验如下:

- 在5V5的大型多人对抗枪战VR项目上,我拿下了第二名的成绩,尽管我也不知道自己怎么拿到的,因为我用步枪从来就打不准,我想其他人也一样。瞄准、射击、命中,这三个环节缺乏明显的关联,随便乱打的效果应该跟认真瞄准差不多。在游戏内部需要快速移动,给我增加了很多运动量,这一点是有益于健康的。

- 在八人协作对抗大BOSS的"生化危机"题材VR项目上,我在前几关取得了高分,然后最后一关因为来不及闪躲而被打死了。我的队友干掉了大BOSS,尽管我从头到尾也没对这个BOSS留下任何印象,只记得那是个黑乎乎的会两种攻击方式的庞然大物。对在PS4(PlayStation4,索尼游戏主机)主机上玩过几十个射击游戏的我而言,这个项目也只能说马马虎虎。

- 在长达45分钟流程的密室逃脱VR项目上,我看到了一些有趣的创意,但这个项目总归还是没有脱离传统解谜类密室逃脱的范畴。可能因为我有四年多没玩过密室了,这个项目还是给我带来了一些震撼。这也是我本人最想玩第二次的项目,或许资深密室玩家可能会觉得这个项目不过尔尔,视觉冲击力有余,谜题复杂性不足。

考虑到这些线下VR活动的高昂收费(大概每场30~45分钟,收费200~400元不等,办卡可以优惠一些),如果是自掏腰包,大概只能每个月来尝鲜一次,或者偶尔陪远方来的朋友去玩一次。这只是我个人的感受吗？会不会是因为我要求太高了，与一般消费者不同？于是，我在微信上询问了一些喜欢尝试新鲜事物的朋友——他们的反馈居然跟我高度一致。

一位资深游戏玩家对我说："讲真，这些线下VR项目还不如《和平精英》，充200块钱足够你爽一整年了。去看IMAX电影也是更好的选择，这些钱至少能买3张票，让你享受6个小时以上，看的还是好莱坞一线大导演拍的内容！当然，如果你是'土豪'，没有任何预算限制，那就当我没说吧。"

另一位尝试过北京几乎所有线下VR场馆的朋友表示："这类项目是搞公司团建的绝佳选择，能够让素不相识的人很快放开，还能顺带活动一下身体。不过，除了团建之外，我不觉得它们是性价比很高的娱乐选择。也许热恋中的年轻人会喜欢尝试一下，前提是他们足够有钱。总而言之，VR项目的吸引力还不够大，没有让人产生重复去玩的欲望。"

购物中心仍然是线下VR场馆最理想的营业场所

这两位朋友可能说出了"元宇宙"概念在现阶段面临的最大问题：**内容不够好、不够吸引人**。然而，对元宇宙产业的绝大多数玩家而言，这个问题可能是无解的。

由于家用VR设备的价格太高、用户体验尚有不足，线下VR场馆成为了当前VR产业发展的焦点之一。对任何一种新兴娱乐形式而言，从商业场景起步，逐渐进化到家庭场景，似乎都是一种必经之路。最典型的例子是游戏产业，20世纪七八十年代它的核心消费场景是街机厅，直到90年代中期才由价廉物美的家用游戏机接过接力棒。其实，影视产业也遵循着类似的发展路径，其核心消费场景从电影院迁移到电视机，再到更轻便的手机和平板。

在某种意义上，线下VR场馆承载了元宇宙在现阶段的"火种"——如果它们能吸引足够多的用户、产生足够高的用户黏性，就可以加速整个VR产业链的发展，促使VR设备和VR内容走进千家万户。当每个家庭都拥有至少一个VR头盔，每个家庭成员都习惯了以VR内容为首要娱乐方式的时候，元宇宙的概念也就彻底落地了。遗憾的是，从我经历的情况看，线下VR场馆还不能很好地承载这个使命，因为它的内容还处在非常朴素的阶段。

老实说，现在线下VR的内容就像120年前的电影，或者40年前的街机电子游戏——能够提供一些新鲜感，就像小孩子看拉洋片[1]，围观时有趣，但这份新鲜感是转瞬即逝的。VR内容，无论线下的还是线上的，最大的优势还是其形式能让用户产生一定的"身临其境"之感。目

---

[1] 拉洋片是我国的一种传统民间艺术，使用的道具为四周安装有镜头的木箱，箱内装备数张图片，并使用灯具照明。表演时表演者在箱外拉动拉绳，操作图片的卷动，观者通过镜头观察到画面的变化。——编者注

前的问题在于，VR内容开发商尚无法让用户感到自己身处的虚拟世界足够有趣、值得反复探索。以如下VR项目为例：

- 解谜类项目的场景设计、谜题设计和气氛营造，大部分VR项目仅能达到一般密室逃脱或解谜类电子游戏的水平。VR技术确实能够展现一些宏大的"奇观"场景，让第一次接触的玩家惊呼不已，但看多了也就是那么回事。毕竟，解谜游戏设计主要依靠的是策划者的想象力，VR只是一个实现手段。

- PVP竞技项目的用户体验普遍停留在较低层次。当前想通过VR技术体验真实的MOBA或"吃鸡"玩法是不可能的，因为VR交互的复杂度还不够，对人体动作的捕捉也还不够精细。对大部分人来说，VR枪战的刺激程度可能还比不上在户外场馆进行的真人CS[1]游戏。

- 剧情是一个严重的软肋。目前没有任何一款值得一提的剧情向VR项目，哪怕是热门IP授权改编项目，剧情环节也是聊胜于无。事实上，"VR内容剧本设计"这个专业岗位可能还不存在，各大内容开发商也还没有予以足够重视。

以上某些问题可以通过技术进步解决，例如对人体定位和动作捕捉精度的提高，可以增强PVP的VR竞技基础的可玩性。然而，很多问题是无法通过技术解决的，例如游戏核心玩法的策划、剧本、场景设

---

[1] 多人参与的军事模拟类真人户外竞技运动。——编者注

计、交互创新等等。现在的VR内容开发商可能既没有能力，也没有意愿去解决这些问题，毕竟它们要忙着处理的事情太多了。在这种情况下，大部分VR内容对用户的吸引力转瞬即逝——想象一下，如果电影院一直在放《火车进站》《给花园浇花》（电影被发明后的早期黑白电影）这种低水平的早期内容，那么电影产业的规模又能有多大？

我们研究元宇宙的时候，必须认识到一件非常重要的事情：**我们生活在21世纪，这是一个信息高度发达、科技进步、娱乐手段繁多的时代**。此时此刻，即便身在北京燕郊的一座小房子里，你也能够使用千兆宽带，随时进行海量信息的下载和上传。哪怕只是躺在沙发上，你也能用手机和平板轻松地浏览十几家视频和直播平台，还有数不胜数的手机游戏等待你去"临幸"。很可能，在温馨的卧室里，你还有一部过时的PS4主机、一部同样过时的Switch主机——虽然它在连接电视之后能够提供1080P的高清游戏体验。如果你咬咬牙，高价买一部PS5主机，就能够享受4K全局光照的次世代游戏体验。又或许，你的智能电视其USB接口连接着一个1TB的固态硬盘，里面装满了各种蓝光画质的电影和剧集。

尽管如此，今天晚上你大概既不会玩游戏、也不会看电影，因为你想观赏半个地球之外的曼市德比[1]直播，看C罗和格拉利什的巅峰对决。在看完球赛之后，你会关上卧室的灯，只保留床头台灯，在柔和的灯光下用Kindle读最新的推理小说——便利的Kindle网上书店能够在几秒钟之内完成购买和下载流程。一边读书，你还可以一边玩手机，在微信上跟朋友讨论小说的情节，警告他们"不要剧透"。这真是一个美好

---

[1] 即曼彻斯特德比。"德比"指位于同一城市或邻近地区两支足球队的比赛，曼彻斯特德比是英超的曼联队与曼城队之间的赛事。——编者注

的夜晚！

在中国的一二线城市，乃至许多三四线城市，具备比上述更好的娱乐条件、能接触到更丰富内容的人，至少有几百万，在发达国家这部分人群的数量则更为庞大。那么，元宇宙要如何杀出重围，打败如此繁多的竞争者，取得消费者的认可？元宇宙要通过什么方式，从我们宝贵的时间和金钱预算当中，分到合理的一部分，从而实现良性循环？

如果你是乐观者，你可能会觉得，这根本就不是问题，因为元宇宙终将"吞并"一切娱乐形式。就像智能手机，它刚刚诞生的时候被认为没什么大的用处，现在却已经成为个人和家庭生活的核心设备，我们会用它处理一切工作和娱乐需求。或许只看长期，我们愿意去做个乐观者，可是任何长期愿景都是由一系列的短期努力实现的。现在的问题是，元宇宙根本尚未走进千家万户，却要与那些高度成熟、武装到牙齿的娱乐形式去竞争。在尝试"吞并"这些竞争对手之前，它至少要先活下去。

如果你是扎克伯格的拥趸，可能会接受他的观点，强调元宇宙的"生产力应用前景"，例如全息VR会议、远程办公等。但是，如果其应用范围仅限于办公场景，那么元宇宙设备的成本便很难降低，也很难走进每个家庭，只能局限于少量拥有VR办公需求的大企业员工使用。2020年以来，远程办公比例的激增，很大程度上是由于全球暴发疫情所致，不一定会形成长期趋势。

何况，人们每天的工作时间是有限的，越是发达的社会，工作时间就越短——君不见，习惯了"996"（每天工作12小时、每周工作6天）的中国互联网行业，从2021年起也开始向"965"（每天工作9小时、每周工作5天）转变。如果元宇宙仅仅是一个工作概念，就不可能让人一天到晚沉浸其中，也不可能替代现实社会。打个比方，你会觉得钉钉、飞书或企业微信这种办公通信软件能成为"元宇宙"吗？

　　VR技术并不是一种新概念。从20世纪80年代开始，任天堂、世嘉[1]等游戏主机厂商就推出过自己的VR配件，甚至是VR主机；进入21世纪后，索尼PlayStation VR一度成为全球销量最大的VR硬件，由此引发了游戏公司的第一波VR内容开发热潮；2014年Oculus被Facebook收购，也已经过去了七八年。当前的VR技术，还谈不上特别成熟，但至少比十年前、二十年前进步了太多。在诸多科技巨头的巨额投入之下，VR技术肯定还会不断进步，直至满足大部分用户的需求。

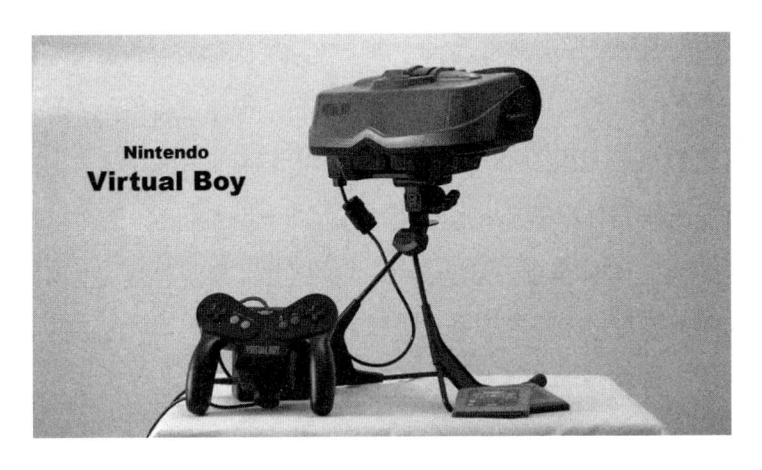

早在1995年，任天堂就曾发售过一款VR游戏机，名为Virtual Boy

---

[1]　世嘉公司（SEGA Corporation）是一家日本的电子游戏公司，曾同时生产家用游戏机硬件及其对应的游戏软件、业务用游戏机硬件及其对应的游戏软件以及电脑游戏软件。在2001年后开始转型为游戏软件生产商。——编者注

区块链技术也不是一个新概念。2009年诞生的比特币至今已经存在了十多年，目前市面上至少有上万种数字加密货币。基于NFT技术的艺术品、IP衍生品和游戏，也早已在2020年"出圈"，吸引了数以百计的创业公司。2021年11月11日，腾讯的23周年庆，发给员工的礼物就是一大批精心设计的NFT艺术品。各国监管部门对区块链和NFT技术虽比较警惕，但主要控制的是它蕴含的金融风险和税务问题，并未禁止它在一般场景的使用。只要不触及金融监管的底线，区块链技术也不会成为实现元宇宙的瓶颈。

真正对元宇宙构成最大阻碍的瓶颈，是内容，包括数量和质量两方面。 元宇宙注定是一门内容生意，至少在发展初期是如此。在技术条件接近成熟的情况下，打着"元宇宙"旗号的各类平台，迄今还无法向用户提供不可替代的"杀手级"（网络语言，指非常有用）内容。既然如此，对绝大部分用户而言，拥抱"元宇宙"纯属多此一举。

细心的人可能会观察到：在谈及元宇宙概念的时候，数字加密货币圈子的人会非常乐观，VR技术厂商也会比较乐观，唯独内容公司（包括但不限于游戏公司）会非常谨慎。除了Roblox等极少数案例，绝大部分内容开发商不会自称"元宇宙公司"。你可能会觉得米哈游CEO蔡浩宇"打造出全球十亿人愿意生活在其中的虚拟世界"的说法比较乐观，问题在于，他说的是2030年，也就是至少七八年以后。这可谈不上有多乐观！投资圈的人看到这个说法肯定会很沮丧，因为在他们的脑海中，凡是3到5年内不能实现的事情，都不值得考虑。

内容公司对元宇宙的态度最为保守，因为它们最清楚内容开发的难度，也清楚元宇宙无法用半吊子的内容去吸引主流用户。俗话说"不当家不知柴米贵"，内容公司因为当家时间太长，所以非常清楚元宇宙的"柴米"有多贵。当然，也有一部分上市游戏公司为了配合投资者炒作，主动鼓吹自己是"元宇宙概念股"，那就是资本市场层面而非业务层面的事情了。如果我们去问这些上市公司的一线开发人员如何看待元宇宙的前景，得到的恐怕也是非常保守的回答。

顺带一提，在尝试了北京的三家热门的线下VR体验店后，我向一位著名游戏公司的制作人（因本人要求隐去姓名）询问他对VR技术的看法。他简洁地回答："我们一直有注意这个领域，但它还不够成熟。"

我接着问："你的意思是技术不够成熟？还是内容不够成熟？"

他回答："都不够成熟。如果有一天时机成熟了，我们一定会进场。我相信，全世界的一流游戏公司都会进场。"

我说："到了那时不会太晚了吗？元宇宙的市场可能已经被瓜分了。"

对方充满自信地说："不知道对别人而言会不会太晚。但是对我们而言，只要我们把自己最优质的IP带过去，并且在元宇宙环境下实现更高的内容质量，那就不晚。"

我说："所以你觉得，元宇宙会是一门内容生意了？"

对方笑道："那它还能是什么呢？加密货币生意？"

我的观点与这位制作人完全一致。而他所没有说出来的话外之意，将在下一部分得到详细的解释。

"以开放世界游戏"为中枢的元宇宙平台

很多人可能会不认同"元宇宙是一门内容生意"这个观点，反对的理由各不相同：

- 有些人会认为元宇宙是一个炒币场所，一个 24 小时永不落幕的超级交易所；

- 有些人会认为元宇宙是一种操作系统，类似微软 Windows 系统或苹果 macOS 系统的升级版；

- 有些人会认为元宇宙是钉钉、企业微信或 Zoom 等企业通信系统的 VR 版本；

有些人则会认为元宇宙是一个基于虚拟偶像技术的社交网络，即 Vtuber+Discord。

元宇宙最终肯定会涵盖上述所有功能，但这些功能都不会是支撑元宇宙框架的栋梁。因为元宇宙需要让人们时时刻刻沉浸其中，而且是主动沉浸其中，乃至主动把生活的重心从现实社会转向虚拟社会。那么问题来了，什么样的事情会让你沉浸、主动沉浸、时时刻刻沉浸呢？

显然是娱乐内容，尤其是那些具备交互性的娱乐内容，例如游戏。无论是《王者荣耀》《原神》还是 *GTA5*，都能让人轻易地沉浸几十个乃至几百个小时。对于未成年人游戏防沉迷方式的探讨，在全世界都是一个热门话题（当然在中国执行得尤其严格）。因为游戏的魅力实在太大了，不但缺乏自制力的未成年人容易被吸引，就连成年人往往也无法抗拒——据说，日本政府曾经劝诫《勇者斗恶龙》系列[1]的开发商 Square Enix（史克威尔·艾尼克斯），不要在工作日发售这个系列的新作，因为这会导致日本境内旷工、迟到等现象的激增。

游戏的沉浸感主要来自两个方面：**第一是玩家与游戏内部内容的互动，第二是玩家之间的互动**。在《塞尔达传说：旷野之息》《荒野大镖客2》《赛博朋克2077》这种单机3A大作当中，玩家享受的主要是前一种互动；在《英雄联盟》《王者荣耀》《和平精英》这种社交电竞大作中，后一种互动占据主导地位。更加优秀的作品会尝试把两种互动结合起来，例如 *GTA5* 的单人模式和在线模式均很强大，又如《王者荣耀》，其近年来不断发掘单人剧情模式。"与天奋斗，其乐无穷；与人

---

[1] 《勇者斗恶龙》（*Dragon Quest*）系列是由日本开发商 Square Enix 研发的电子角色扮演游戏系列，在日本具有"国民RPG"之称。——编者注

奋斗，其乐无穷"，在游戏当中，策划所代表的制作团队就是"天"，玩家通过击败敌人、完成任务来获得"与天奋斗"的乐趣；其他玩家则是"人"，玩家通过与他们合作或对抗来获得"与人奋斗"的乐趣。游戏能提供的是最纯粹、最宽广的乐趣，因此最适合作为元宇宙的"中枢内容"。

早在"元宇宙概念"诞生之前，游戏产业的进化方向就是"创造包罗万象的新世界"，由此导致了席卷全球的"开放世界"热潮。无论是《塞尔达传说：旷野之息》中的海拉尔世界，《荒野大镖客2》中的美国西部世界，《原神》中的提瓦特世界，还是《赛博朋克2077》中的夜之城世界，都浸透着无数游戏策划、美术、剧本和程序人员的心血，具备极高的自由度和可探索性。就连《超级马里奥》这样的平台动作游戏，乃至《王者荣耀》这样的电竞游戏，也在认真探索开放世界玩法——前者有2017年10月发布，堪称Switch平台顶级大作的《超级马里奥：奥德赛》；后者则有2021年10月官宣，被腾讯寄予厚望的《王者荣耀·世界》。

《赛博朋克2077》以五项最佳成为科隆2020的最大赢家，该作2020年被授予科隆展最佳游戏奖、科隆游戏展消费者"最期待游戏""最佳索尼PlayStation游戏"等五项大奖

第 3 章　元宇宙，归根结底是一个娱乐内容概念

在未来几年内，"开放世界"可能成为绝大部分大型游戏的标配，即便是剧情向游戏也要具备较高的开放世界探索元素。这与元宇宙的理念不谋而合！究竟是开放世界游戏启发了元宇宙概念的诞生，还是双方互相影响、互相推动，这个问题并不重要。重要的是，游戏公司将通过自己对开放世界的积累，实现对元宇宙行业的渗透和统治。

肯定会有不喜欢玩游戏的朋友提出质疑："不是所有人都爱玩游戏啊！就算是爱玩游戏的人，也不可能把所有娱乐时间都拿来玩游戏，总要留给阅读、影视、动漫等一些时间吧？既然如此，你坚持认为元宇宙将以游戏为中枢，是否过于武断了？"

这个问题很好回答——各种各样的内容形式，在元宇宙当中必然都拥有自己的空间，但游戏是把它们串联起来的"中枢"，换句话说，游戏是元宇宙的顶梁柱。让我们假想一下，大约2030年或2040年，元宇宙世界初步建成之后，一个普通用户在某个周末晚上使用它的轨迹：

- 张三从自己的元宇宙寓所的床上起来。这套寓所既宽敞又豪华，因为在元宇宙当中不存在空间限制，建材和普通家具也是免费的，只有一些限量版摆设需要用虚拟货币购买。张三拥抱了一下自己床头的"二次元"偶像等身玩偶，感受那温暖细腻的触感，然后站起身来照镜子。镜子上显示着他的虚拟身份细节，包括名称、职业、技能、健康状况、虚拟财富，以及在元宇宙内部的名声。他尝试着换了几个元宇宙皮肤，最后还是觉得朋克杀马特造型比较符合现在的心情。与此同时，他穿上了"黑色星期五"促销时买下的披头士乐队NFT外套——据说每一件都是独一无二的，价值连城。

- 张三本来可以选择去浴室洗澡，此时元宇宙的技术水平已经可以完美地模拟淋浴。但是，他在现实世界中刚刚洗过澡，所以暂时没有这种需求。他随手翻了翻桌子上的当期报纸、杂志，视线落在体育版块——他最喜欢的一支元宇宙足球队刚刚输球了。他虽然有些难过，但也庆幸自己没有花费宝贵的虚拟货币去体育场看球。报纸的社区活动版在号召大家投票来决定今年圣诞节的集体活动主题，究竟是办一场大型舞会，还是搞一场花车游行？张三尚未拿定主意。在元宇宙内部，张三其实可以用意念直接获取信息，但他还是喜欢老派的阅读方法，毕竟报纸拿在手上很舒服。

- 在弄清了过去24小时发生的一切后，张三决定先去楼下的"卡丁车基地"玩两局。这里的卡丁车时速可以高达350公里，并且还能实现违反物理定律的漂移，远远不是现实中一切赛车游戏可以比拟的。因为他一贯表现不错，赛车已经升到了17级（最高30级），可以参加本地锦标赛。为了准备参赛，他今天与最厉害的AI陪练对战了十几圈，对方不停地使用各种阻碍道具，甚至一度把他的车炸成碎片，害得他只能从头再来。最后，张三决定，一旦赚到新的虚拟货币，他就立即升级车辆的自动防御系统，以免在真人比赛时吃黑枪（遭到暗算）。

- 元宇宙本地时间晚上八点到了，张三在中央公园的传送亭接到了女友，与女友一起去剧院看戏。与现实世界不同，这里的一切公众活动都不用排队，你甚至可以选择屏蔽一切其他真人角色的信号，享受独处或二人世界。不过，张三觉得约会时有一些背景音也很不错。何况他的女友刚开始适应元宇宙，还不习惯"空旷的剧院只有两个人看戏"这种奇幻设定。在元宇宙内部，演出分为"AI出演""真人录制出演""真人现场出演"三种，价格依次递增。为了给女友最佳体验，张三选择了真人现场出演，表演结束后张三还要到了主角的签名送给女友，现场浪漫气氛满溢。

在元宇宙的大城市内部永远是好天气，除非多数市民投票要求暴风雪天气之类的特殊体验。深夜十一点，气氛不错，张三看了一眼NFT市场交易情况，发现自己不久前买下的一组数字球星卡价格暴涨，他欣喜不已，遂主动邀请女友一起去中央公园爬珠穆朗玛峰。女友表示，听说这次的季节限定版珠穆朗玛峰活动是高度拟真的，所以真的有可能冻死人（尽管概率很低），她可不敢拿命开玩笑；另外，她的时间很紧张，要回到现实世界加班了。与游手好闲的张三不同，女友在现实中要忙得多，因为那个时代的人类还没有完全废除"996"工作制。

在一阵炫目的视觉特效之后，女友从元宇宙世界消失了。张三怅然若失，感觉有些没趣，决定做一点事情：创作自己的NFT艺术品，这是元宇宙居民赚取虚拟货币的主要方式。虽然他不擅长绘画、视频剪辑或数字建模，但他的文字功底不错，这年头就连两千字的散文都能做成NFT卖钱，如果搭配作者语音则收入更佳。张三决定把今天约会看戏、散步、与女友分开的全过程创作出来，打包成一个名为"完美之夜"（其实并不完美）的NFT小说。他选择在中央公园附近的"自由创作空间"进行写作，这里既安静，又能随时接触到自己的同行，以便从对方那里汲取灵感。

- 午夜刚过，张三的作品创作完成，定于次日晚上拍卖。他心想，如果这次能小赚一笔，自己真应该辞去现实中的"码农"（程序员）职位，完全沉浸在元宇宙世界里，自给自足。他的大学同学中，已经有三人选择了在元宇宙世界就业，其中一人还开设公司，成为了元宇宙内部的大雇主。然而，在元宇宙内部开公司，需要虚拟角色达到最高等级、完成几个特定公益任务，至少需要额外花费50小时的专注劳动才有资格，张三短期内还做不到。他最想做的还是无忧无虑的自由职业者，如果能说服女友也搬到这里来，一起生活奋斗就好了。

- 本地时间凌晨两点，张三决定离线，回到现实中的蜗居，稍事锻炼之后睡觉。此时的元宇宙尚不具备让用户进行肢体锻炼的能力，但是下一个版本就有了。小道消息称，下一次元宇宙大规模更新还会加入"睡觉"内容，在元宇宙内部睡觉可以比现实中休息得更好，而且还可以做梦，甚至自己撰写梦境剧本！张三对此表示怀疑，不过让用户在元宇宙内部睡觉一直是元宇宙平台公司努力的方向，这样用户就永远不用离开元宇宙世界了。反正那是今后的事情了，现在张三还是要脱下VR接收器，回到自己现实中的蜗居，依靠平淡无奇的泡面填饱肚子……

可以看到，我们的主人公张三在元宇宙内部进行了各种各样的娱乐、社交乃至赚钱的活动，而这一切活动的中枢，是一个"开放世界游戏"。现在的开放世界3A大作已经允许我们在其中做很多事情了——例如，在《赛博朋克2077》当中，你可以坐在自己的公寓里看电视，去酒吧喝酒，参加拳击比赛，等等。元宇宙就像一个更真实、更丰富、更具沉浸感的《赛博朋克2077》夜之城，你操纵的游戏角色就是自己的数字分身，你的角色数值就代表了你在这个虚拟世界中的社会地位。

你所需要的一切娱乐形式，都可以在这个"开放世界游戏"内部达成：去电影院看电影，去剧院看戏，与朋友在酒吧约会，在家读书看报，乃至在游戏内部买一台游戏机打游戏……各种娱乐内容开发商仍会存在，只是主要活动舞台从现实搬到了元宇宙平台。而且，由于元宇宙当中不存在现实世界的空间和物理规律限制，你从事任何娱乐或工作活动的效率都会很高，基本不需要为交通堵塞、排队、迷路这样的事情发愁。渐渐地，你会忘记游戏与现实的界限，甚至不再把元宇宙内部的事情看作一种"游戏体验"。

到了这个时候，元宇宙就真正取代现实世界，人类文明就进入一个全新发展阶段了。

事实上，当前在很多大型网络游戏内部，已经有大量玩家在主动进行元宇宙性质的"角色扮演"了：

- 《最终幻想14：重生之境》（截至2021年5月已经成为全球用户最多、收入最高的MMORPG）的许多用户对这个游戏很有感情，愿意把它当成自己的"第二人生"经营。玩家在游戏内部上演戏剧、举行音乐会、开展大型户外活动，已经是司空见惯的事情。其中有些戏剧演出的水平相当高，参与演出的玩家会对台词和动作细致地进行排练，甚至比现实中的业余剧团排练还要认真，效果也更好。

- GTA Online内部有一批玩家主动"像NPC一样生活"，假装自己在游戏里拥有正常的人生轨迹。因为这个游戏的核心玩法是开车，所以很多玩家会选择开出租车，通过搭载其他真实玩家赚取游戏货币。还有些玩家会在游戏里经营运输业、观光业等。要知道，《侠盗猎车手》系列的精髓就是让玩家体会黑帮分子的"混沌邪恶属性"，居然有玩家会在这种设定背景下产生了"规规矩矩做一份工作、融入社会"的想法，这恰恰说明了虚拟社会对现实社会具有巨大替代性。

- 《罗布乐思》的休闲性、非功利性在无形中鼓励了玩家把它当作现实世界的延伸和替代品。大批玩家习惯于在它内部造房子、开派对、逛商场，或者仅仅躺在海滩上发呆。事实上，2020年7月以来《罗布乐思》用户激增，很大程度上是因为它推出了好友派对模式。然而，由于这个游戏的技术水平远远没有3A游戏那么强大，许多功能未能充分展开，留给玩家自由发挥的空间还不够。

要知道，上述玩家自发的"元宇宙性质行为"，绝大部分是没有任何回报的，玩家仅仅是出于对游戏的热爱，认为它们比现实世界更有趣而已。所以，玩家不愿意在现实中开出租车，却愿意在 *GTA Online* 里做个模范司机；不愿意在现实中认真排练演出，却愿意在《最终幻想14》里做个模范演员。这就是我们提到过的"游戏的沉浸感"！在VR/AR技术尚未普及的情况下就能取得大的成就，何况VR/AR技术普及以后呢？

有趣的是，在当前的技术条件下，制约游戏公司把元宇宙进一步做大、做细的，恰恰是人机交互方式这一瓶颈。举个例子，《荒野大镖客2》惟妙惟肖地模拟了19世纪末的美国西部荒野和小镇，最令玩家诟病的却是它复杂的操作界面——骑马、拔枪、打猎的流程都非常繁杂，玩家经常把不同的快捷键搞混，而且很容易产生枯燥厌倦情绪。说到底，用手柄和键盘的区区几个键位，去模拟现实中的人类的复杂行为，怎么可能不烦琐、不枯燥呢？

要解决这个基本矛盾，必须等待VR设备的进一步成熟，把玩家彻底从手柄、键盘这种"不自然"的操作方式中解放出来。例如，在VR游戏里跟别人打招呼，可以用挥手或眼神交流完成；一些复杂的招式释放，可以用简单的手势或配合工具完成，就像《哈利·波特》系列小说里的巫师施放魔法一样。相信到了那时，游戏公司完全可以做出比现实世界更复杂、更有趣的虚拟世界。

从这个角度看，元宇宙和开放世界游戏还真是天生绝配：前者将赋予后者更强大的感染力，后者则将变成前者的实现手段。因此，我们可以坚信，在元宇宙的发展初期，游戏公司将成为最重要、最具统治力的力量；以及，在游戏公司做好足够准备之前，元宇宙是不会成为现实的。

上述观点武断吗？肯定有读者想要反驳它，他们反驳的要点也很清晰明了。不要着急，在接下来的两节，本书会逐一对这些反驳的要点做出回答：首先是全球顶尖游戏公司的回答，然后是来自作者的回答。

元宇宙的第一次路线斗争：
Epic Games & Take-Two[1] vs Facebook

围绕着元宇宙的未来发展路线，现在主要有三种主张：

第一种来自加密货币圈子，他们最关心的是炒币。因为元宇宙肯定需要使用区块链和NFT技术，所以他们为这个前景而欢欣鼓舞。币圈人士当然希望围绕加密货币去组织元宇宙，但他们并没有什么具体的、可操作的方法。说白了，只要元宇宙能够允许他们无拘无束地炒币，他们其实不在乎它发展成什么样子。

第二种来自Facebook（也就是Meta）这类互联网平台公司，或许还可以加上刚刚挤入元宇宙圈子的字节跳动。它们对元宇宙的定义就是

---

[1] Take-Two Interactive是一家美国的游戏开发与发行商，同时也是电玩游戏与周边设备的经销商。旗下有Rockstar Games和2K Games两大工作室。——编者注

"社交网络/社交媒体的VR化",也就是把它们正在做的事情以VR技术再做一遍。由于扎克伯格对元宇宙特别热心、发表言论特别频繁,所以这种观点传播范围最广。

第三种来自以游戏公司为代表的内容公司及其相关人员,例如前文提到的那位游戏制作人。直至最近,它们普遍还处于隔岸观火的状态,不急于发表自己对元宇宙的看法。但是,就在Facebook改名Meta前后,有两家重量级游戏公司的CEO先后表态,并且不约而同地站在了Facebook的对立面。

我们可以将这件事称为"元宇宙的第一次路线斗争"。Facebook的观点,我们此前已经了解得很清楚了,那就看看这两家游戏公司——Epic Games和Take-Two的观点吧。

2021年4月13日,Epic Games宣布完成了一笔10亿美元的融资,从而使公司的总体估值上升到287亿美元。其中,索尼出资2亿美元,剩余额度则由一系列财务投资人瓜分。本次融资的目的是"支持Epic对元宇宙的长期愿景",更确切地说,"在《堡垒之夜》《火箭联盟》[1]《糖豆人》[2]等游戏当中建立社交体验",同时加强公司旗下的虚幻引擎、Epic游戏商店等基础设施能力。

在欧美市场的主流游戏当中,《堡垒之夜》的元宇宙色彩可能仅次于《罗布乐思》,因为它具备极高的自由度和可扩展性。该游戏具备三个主要模式:

---

[1] 《火箭联盟》是一款由美国独立游戏工作室Psyonix开发的网络游戏。玩家化身为马力强劲的火箭飞车,参与激动人心的多人对决,打出精妙配合与绝佳进球。——编者注

[2] 指《糖豆人:终极淘汰赛》,于2020年8月发售的多人乱斗闯关游戏。——编者注

1. 守护家园，即PVE模式，玩家需要搭建自己的堡垒、升级自己的角色，对抗夜晚来袭的怪物（也就是僵尸）。这是最早的经典模式。
2. 空降行动，即PVP模式，实际上就是由一百名玩家进行的"吃鸡"玩法，可以进行单人、二人组队、四人组队对抗。这是在"吃鸡"玩法流行之后加入的模式。
3. 嗨皮岛，即自由建造模式，与《我的世界》玩法类似，玩家可以尽情按照自己的创意开发地图，并邀请自己的朋友来参观。这是2018年12月加入的新模式。

在上述三个模式当中，最流行、玩家最多的是空降行动，也就是"吃鸡"模式。事实上，在推出"吃鸡模式"之前，《堡垒之夜》只是一个比较流行的美式塔防+射击游戏。在2017年9月推出"吃鸡模式"之后，它一跃成为美国乃至全球最流行的端游之一，热度甚至超过了《绝地求生》这个掀起全球"吃鸡"热潮的游戏。在2017年至2018年，模仿和抄袭"吃鸡"玩法的游戏层出不穷，但只有《堡垒之夜》取得了巨大的成功，这必须归功于它的自由度和可扩展性。基于这种可扩展性，它要模仿其他热门玩法也是完全可行的——比如说，在《堡垒之夜》当中实现MOBA或RTS（Real-Time Strategy Game，即时战略游戏）玩法也没有什么技术难度，很多玩家早就在憧憬了。

从商业角度看，《堡垒之夜》非常成功——在推出仅仅一年左右，2018年二季度的注册用户就超过了1.25亿人；截至2019年年底，游戏的全生命周期营业收入高达90亿美元，堪称历史上最赚钱的电竞游戏之一。与同属"元宇宙"概念游戏的《罗布乐思》不同，《堡垒之夜》是一个全年龄游戏，成年玩家比例很高，而且电竞模式很成熟。在美国，大批娱乐界、社交界名流都是这个游戏的"死忠"玩家，为它带来了巨大的社会影响力。

《堡垒之夜》的美中不足在于迄今尚未推出MOD模式，也就是尚未允许玩家进行二次创作。相比之下，《罗布乐思》几乎完全依靠玩家等第三方进行内容创作，所以玩法更新频率更高。不过，在2020年下半年，海外有消息称《堡垒之夜》将推出MOD模式，相信这一天不会太遥远——那将是它迈向"元宇宙"愿景的坚实一步。

《堡垒之夜》的国服于2018年7月由腾讯开始代理公测，在此后三四年之中一直不温不火，从未成为国内热门游戏，终于在2021年11月关闭。对于《堡垒之夜》在国内失败的原因，众说纷纭：有人认为是美式卡通画风不符合中国玩家口味；有人认为是腾讯改编的蓝洞[1]"正版吃鸡"手游[2]上线在前，分流了用户；还有人认为是版号稀缺导致迟迟无法商业运营所致。不过，对Epic来说，国服的失败算不了什么，《堡垒之夜》仍可以在全球数十个国家呼风唤雨；对腾讯来说，运营《堡垒之夜》也算是为打造元宇宙积累了宝贵经验。

Epic历史上的一个里程碑，是于2012年6月接受腾讯的入股，后者持有前者40%的股份（此后可能有所摊薄），拥有举足轻重的话语权。Epic与腾讯合作的理由很现实：它敏锐地观察到了游戏市场正在从买断制转向内购付费模式，而以腾讯为代表的亚洲游戏厂商是内购付费的先

---

[1] 蓝洞工作室（Bluehole Studio）是一家2007年3月创办的游戏开发公司，它开发的大型网络游戏《神谕之战》和《绝地求生》最为出名。——编者注
[2] 指腾讯光子工作室群旗下的《和平精英》。——编者注

驱。由Riot Games（拳头游戏公司）发布的《英雄联盟》，成功地将"公平竞技"与"外观道具付费"结合为一体，而Riot的母公司恰恰又是腾讯。在接受腾讯入股之后，Epic全面向电竞游戏、服务模式转型，内容开发的重点也从游戏主机转移到了PC端和移动端。

有趣的是，在Epic与腾讯合作之后，大批资深游戏策划和制作人离开了该公司，因为他们认为腾讯会诱使Epic丧失初心、背离游戏理想。直到今天，欧美游戏行业的许多老牌公司仍然无法接受"游戏免费、内购付费"的商业模式。2012年至2016年，Epic一度陷入了产品低潮期，推出的几款免费电竞游戏都没有带来很大的成功。但是，后来《堡垒之夜》的成功，证明了公司战略转型的正确性——这款游戏不仅在商业上取得成功，还获得了极好口碑，在游戏产业的史册上留下了不可磨灭的印迹。Epic也夺回了自己在全球游戏市场第一梯队的位置。

2021年下半年，在接受《华盛顿邮报》采访时，Epic创始人、CEO（也是第一大股东）蒂姆·斯威尼第一次完整阐述了他对元宇宙的理解。按照他的观点，元宇宙就像一个在线游乐场，用户可以一会儿跟朋友们一起玩《堡垒之夜》这样的多人游戏，一会儿又通过奈飞观看一部电影，然后又邀请朋友们试驾一辆新车——在虚拟世界中造车的方法，将与在现实世界中别无二致。

该采访中，斯威尼强调："元宇宙决不应该是精心修剪、随处插入广告的信息流平台，也就是Facebook那种！"相信在看到这句话时，不仅扎克伯格会打个喷嚏，张一鸣（字节跳动创始人）可能也会打个喷嚏，因为字节跳动也运营着不止一个"精心修剪、随处插入广告的信息流平台"，而且也想把这样的平台平移到元宇宙。

具体地说，斯威尼认为，广大用户已经对当前的互联网运行方式

第 3 章 元宇宙，归根结底是一个娱乐内容概念

感到厌倦了，不仅对技术形式厌倦了，也对内容形式厌倦了。谁愿意在VR技术普及的情况下，在一个开放的数字世界里，仍然抱着Facebook或Instagram这种"传统信息流平台"不放呢？而且，原有的互联网账户模式也过时了，玩家应该拥有一个统一的"元宇宙虚拟身份"，以这个身份无缝登录一切元宇宙应用，而不是拿着一堆Google、Facebook或Twitter账户互相切换。虽然没有明说，但是斯威尼盼望的元宇宙，很可能是Epic游戏平台的扩展版——创作者使用先进的虚幻引擎进行内容开发，用户使用Epic应用商店账户登录，以一个类似《堡垒之夜》的大型游戏作为连接一切内容的中枢。

对于斯威尼的上述观点，扎克伯格当然可以反唇相讥："谁说元宇宙时代的Facebook还会是一个随处插入广告的信息流平台？"在2021年7月的媒体访谈当中，扎克伯格就明确表示，在元宇宙时代，人们获得信息的方式将发生根本性变化，"传送"将取代"通信"，当前占据主流的信息流媒体肯定也会让位于沉浸式的3D影像。虽然谁也不知道改名Meta的Facebook能不能实现这样的愿景，但我们至少可以说，Epic对Facebook的批判就像是对着虚空开火，并没有真正打到实处。

无独有偶，在Facebook改名Meta后不久，美国最大的游戏公司之一Take-Two的CEO施特劳斯·泽尔尼克（Strauss Zelnick）在接受CNBC（美国消费者新闻与商业频道）采访时，详细阐述了自己对元宇宙的看法，而且恰恰也是站在否定Facebook的角度！Take-Two对Facebook的反驳，要比Epic更深刻、更有技术含量，也更值得我们援引和分析。

首先介绍一下Take-Two。对资深游戏迷来说，这是一个再熟悉

不过的名字：2K Games、Rockstar Games等顶尖游戏工作室的母公司，旗下拥有包括《侠盗猎车手》《荒野大镖客》《文明》《生化奇兵》《无主之地》等在内的多个热门游戏IP。Take-Two开发和发行的游戏，不但精品多，而且成功率高、生命周期长，例如《侠盗猎车手》NBA 2K《文明》[1]等系列游戏都有数十年成功经历，跨越了好几代硬件平台，深刻影响了一代又一代玩家。更难能可贵的是，Take-Two的游戏产品线涵盖了几乎一切热门品类，理论上可以为一个玩家提供他所需要的一切游戏。投资人总是担心内容公司的成功不具备可持续性，因为谁也不知道下一个内容产品是不是爆款；但是，确实有少数内容公司能够打破自然规律，持续出产叫好又叫座的优质内容。在全球游戏行业，这样的公司也只有任天堂、Take-Two等寥寥几家。

由于Take-Two的产品大多在主机平台首发，而且往往涉及暴力、黑道等限制级题材，因此引进国内的并不多，仅有NBA 2K Online等少数游戏有正规国服运营；国内玩家要想玩到它的其他游戏，只能通过使用外服、代购甚至盗版的方式。不过，Take-Two的产品对国内游戏产业的影响却是全面而深刻的：今天，我们走进任何一家国内游戏公司的自研部门，询问制作人或主策划师"什么是理想的开放世界游戏"，他们一定会提到GTA5和《荒野大镖客2》的名字；询问"什么是理想的体育竞技游戏"，他们也一定会提到NBA 2K的名字。

与Epic Games不一样，Take-Two并没有接受向内购付费模式的转型，绝大部分产品还是买断制。2018年《荒野大镖客2》的成功，进一步巩固了它在主机游戏，尤其是3A游戏领域的霸主地位。此后

---

[1] 《侠盗猎车手》系列于1997年开始发行；NBA 2K系列于1999年开始发行；《文明》系列于1991开始发行，为策略战棋类游戏的经典之作。——编者注

三年，这家公司持续扩张，设立了一批新的自研工作室，进军更多的游戏品类。尤其是2021年6月，Take-Two收购了西班牙手游开发商Nordeus，从而吹响了全面进攻手机游戏市场的号角。作为国内游戏公司的最佳学习对象，Take-Two CEO泽尔尼克对元宇宙的看法，必然会得到国内游戏产业的高度关注，产生难以估量的深远影响。

在接受CNBC采访的一开始，泽尔尼克就毫不客气地说："按照收入或利润标准，Take-Two早就是全球最大的元宇宙公司之一了。我们运营着*GTA Online*，我觉得这个游戏定义了今天的元宇宙。我们还运营着《荒野大镖客Online》和*NBA 2K Online*，每天都有无数的人登录这些游戏。"

然后，泽尔尼克对元宇宙进行了定义："那应该是一个数字场景，让我们获得娱乐，与其他人连接、交谈、开车，参与犯罪活动，或者扮演警察阻止犯罪活动；你应该从中享受乐趣。这就是我们一直在做的事情！"资深玩家一看就知道，这不就是*GTA5*的多人模式吗？当然，泽尔尼克没有说*GTA5*就是元宇宙的完整形态，他只是表明，像*GTA5*这样的大型开放世界游戏具备元宇宙所需的一切条件，将成为元宇宙的基本出发点。

那么，Facebook的元宇宙愿景为什么不正确呢？泽尔尼克的答案很简单：那不是消费者想要的。扎克伯格极力宣扬的，是一个主要用于远程办公和商务活动的"强社交VR平台"，它当然也可以用于娱乐，但娱乐不是核心功能。泽尔尼克认为，这种"以虚拟方式延伸的现实生活"不会引起消费者的兴趣，他们更喜欢的，是通过类似游戏的娱乐活动获得乐趣。

"我怀疑我们永远不会习惯每天早上醒来就戴上VR头盔，刻意坐在家里，以这种方式完成我们的日常工作和生活。在疫情期间，我们不得不这么做，但我们真的喜欢这样做吗？"泽尔尼克的上述疑问，相信会让很多人产生共鸣。这就是他与扎克伯格的根本分歧——后者认为，基于VR的远程办公是人类社会的必经之路，可以"把人类从地理位置的束缚之中解脱出来"；前者则认为这是一个伪命题，大多数人还是会喜欢面对面的工作方式，因此元宇宙注定会以娱乐而非工作为主要使命。另外，如果元宇宙以工作为卖点，那就只能是一门企业服务生意，并且只有大企业会接招，客户范围非常狭窄；若以娱乐为卖点，则会成为一门消费者生意，客户范围将包括全世界的几十亿消费者。

要判断泽尔尼克和扎克伯格谁对谁错，其实有一个很好的验证方法：等到全球疫情平息之后，看看远程办公的潮流会不会消退，企业员工和雇主究竟会如何选择未来的办公方式。然而，全球疫情在短期之内恐怕平息不了，就算平息了，要达到新的平衡状态也会花上很长一段时间。这不是一个短期内可以解决的问题。

因此，元宇宙的第一次路线斗争，大概会在未来几年乃至十几年内持续下去。无论从经验角度还是逻辑角度，蒂姆·斯威尼和泽尔尼克的观点都更值得赞成：大部分人会期待在元宇宙里拥有"第二人生"，而不仅仅是把元宇宙作为现实生活的延续，所以，谁能提供更为丰富的娱乐内容，谁就更有可能在元宇宙的早期阶段占据先机。Epic Games和Take-Two对自身的元宇宙前景充满信心，归根结底是因为相信自己的内容生态和内容研发能力。在它们眼中，Facebook这种自己不做内容、也做不好内容的平台公司，是不太可能打赢元宇宙这一仗的。

看到这里，相信又有聪明的读者急着提出反问了："即便娱乐内容是元宇宙的核心竞争力，谁说平台公司做不好内容的？在美国，有奈

第 3 章　元宇宙，归根结底是一个娱乐内容概念

飞这样擅长自制内容的平台公司；在国内，也可以找到腾讯这样精于制作内容的平台公司。如果大家都承认元宇宙必须具备丰富的娱乐内容，那么强大的平台公司完全可以投入无限的资源，去打赢这一仗。至于像 Epic Games、Take-Two，以及国内的米哈游这种纯粹的内容公司，又有什么资源优势呢？"

不得不说，上述反问看起来很有道理，需要详细而全面地去反驳。所以，整个下一节，我们要强调一个理论来用以反驳，它也是笔者在前文中已提出的重要结论——只有游戏公司才有可能成为元宇宙的真正赢家。

平台公司做内容九死一生，只有内容公司才能做好内容

只要我们认真研究互联网发展史，就会发现：无论在中国还是在海外，大部分平台公司亲自下场做内容的成功率都很低。大批平台公司在尝试一段时间后就因为亏损过高而退出，少数平台公司坚持的时间比较长，但坚持的结果往往也只是获取微薄的利润、占据一个不大不小的市场份额。我们先以全球游戏行业（不含中国）为例来分析：

北美的"四大互联网巨头"——微软、苹果、谷歌、亚马逊（合称"MAGA组合"），都尝试过亲自做游戏产品，其中三家至今仍没有放弃尝试：

- 苹果早在20世纪八九十年代，就曾多次尝试做自己的游戏产品乃至游戏硬件，但无不以失败告终。其中最大的一次尝试是在90年代中期，

江河日下的苹果联合日本万代[1]推出了Pippin游戏主机，但是在全球仅仅售出了4.2万部，市场份额可以忽略不计。乔布斯回归苹果之后，立即叫停了游戏主机业务，聚焦于新款Mac电脑和移动设备，不再在游戏产业浪费资源，苹果成为了四大互联网巨头当中最没有内容野心的一家。蒂姆·库克接任CEO之后，在数字内容方面进行了不少尝试，却没有在游戏方面倾注资源。虽然2021年5月，有媒体爆料称苹果正在研发自己的游戏掌机，可是并无确凿证据。总而言之，苹果是在游戏方面"动手最早，失败最早，醒悟也最早"的互联网巨头。

微软的游戏野心始于20世纪90年代初，可以说，比尔·盖茨一直有通过游戏主机占领用户客厅的想法。一开始，微软主要是通过与日本世嘉的战略合作进入游戏行业，可是世嘉实在是实力不行，于1999年彻底败下阵来、在2001年宣布退出游戏主机行业。于是，微软不得不推出自己的Xbox主机，并组建了一系列自研游戏工作室，大举进军游戏行业。此后的二十年里，虽然微软的游戏主机一直只是行业老二或老三，自研产品的精品率也不算高（大家熟知的可能只有《光环》[2]等少数IP了），但至少维持了一定的市场份额。2018年以来，随着微软战略调整、重新向内容产业倾注资源，它的自研游戏迎来了第二春，在游戏内容领域的江湖地位有所提升。

谷歌对游戏行业开展过多次进攻，其中最大规模的一次是2019年推出

---

[1] 万代是日本最大的综合性娱乐公司之一，主要涉及娱乐、网络、动漫产品及其周边等。——编者注

[2] *Halo*，Microsoft Games发行的第一人称枪战游戏。——编者注

Google Stadia云游戏平台，希望借此颠覆传统的游戏硬件生态。为了推广云游戏生态，它组建了一个自研游戏工作室群，专门为Stadia开发游戏。然而，从一开始，整个游戏行业（包括游戏玩家）就对谷歌的游戏野心不太乐观。因为近年来谷歌推出的新产品、新业务大多以失败告终，"谷歌杀死产品"甚至成为了欧美互联网的一个"热门梗"。果然，经过大约两年的运营不善，谷歌于2021年2月宣布关闭自研游戏工作室，退出了游戏内容产业。虽然Stadia平台还在运营，可是在缺乏原生内容、技术尚未成熟、用户体验欠佳的情况下，它究竟还能撑多久，也是一个值得严肃探讨的问题。

亚马逊进军游戏行业始于2011年，最开始是打算为它自己的移动应用商店开发社交游戏。2014年，亚马逊收购了Twitch（面向游戏的实时流媒体视频平台），从而拥有了全球最大的电竞直播平台。早在2012年，亚马逊便成立了游戏工作室。然而，亚马逊的自研游戏命途多舛，很多项目胎死腹中，完成的项目也普遍口碑平平。直到2021年，亚马逊自研的MMORPG《新世界》（*New World*）上线，一度成为Steam同时在线人数最多的游戏，总算取得了一定的影响力和回报。亚马逊至今尚未公布2022年以后的自研产品排期，不知道是否会逐渐减少在这方面的投入。根据《PC玩家》杂志的爆料，亚马逊正在策划建立一个与Steam竞争的游戏分发平台，或许这才是它真正在乎的方向。

此外，我们不应忘记Facebook的母公司，刚刚改名的Meta Platforms，虽然它在市值上已经被"MAGA"甩开很大一段距离了。Facebook一贯不擅长游戏，仅仅在社交小游戏方面具备一定的渠道分发能力，但也不是完全没有游戏内容积累。2019年11月，它收购了Beat Games，也就是当年最流行的VR音乐游戏《节奏空间》的开发商。被收购的Beat Games保持着独立运营，至今还在对《节奏空间》进行扩展开发，但还没有发布下一代产品。这就是Meta Platforms在游戏内容领域仅有的东西了。

可以看到，在"4+1"互联网巨头（"MAGA"+Facebook）当中，微软是唯一一家在游戏内容方面取得了重大成就、可以被视为"顶尖游戏开发商"的公司。但是，这般成就是以长达二十多年不计成本的投入带来的，许多投资人一直主张微软放弃性价比较低的游戏业务，把更多资源分配到云计算、企业解决方案上面去。平心而论，微软在游戏行业的唯一优势，就是它有足够的钱、足够的耐心，能够承受其他巨头不敢承受的亏损。最近几年，微软愿意在游戏开发方面增加投入，很大程度上是因为Xbox游戏主机业务实现了自给自足，不再像过去那样巨额失血，更多的资源就可以转移到内容业务上了。

谷歌、亚马逊、Meta对游戏行业的态度都是浅尝辄止，想押注赌一把，却又不愿意把赌注提得太高。其中，谷歌入戏最深，希望通过云游戏实现对游戏产业现有格局的全面颠覆；亚马逊次之，想建立一个包括游戏内容、游戏渠道和游戏直播的完整产业链；Meta入戏最浅，仅仅希望为自己的Oculus VR硬件寻找"杀手级"内容而已。由于谷歌的耐心最少，没有给自研游戏工作室足够的试错空间，所以游戏野心失败也最快。亚马逊看起来还在下注，可是赌注多半会转移到游戏应用商店上，毕竟它对自研内容的投入已经大大降低。在可见的未来，这三家公司都不太可能成为游戏内容领域的顶尖公司。

相比之下，反而是坚持不碰游戏内容的苹果，通过App Store的游戏内购抽成，吃到了游戏行业很大的一块蛋糕。根据咨询公司Sensor Tower的估算，苹果在2019财年获得的游戏抽成收入高达85亿美元，超过了微软、索尼和任天堂的游戏内容收入之和。由此可以推断，谷歌应该也通过Google Play的游戏抽成拿到了一笔不小的收入，尽管这笔收入应该远低于苹果。不过，游戏抽成毕竟是渠道收入，是互联网平台的一项日常业务，与内容开发能力完全无关。无论苹果和谷歌从游戏公司那里抽走了多少收入，都不会有人认为它们是"主流游戏公司"。

或许这也是苹果坚持不做游戏内容的一个原因：作为全球最大的游戏分发渠道之一，如果自己还去做内容，无异于跟自己的客户竞争。如果苹果本来就具备内容基因倒还好说，但苹果恰恰不太擅长自己做内容，那么何必去做这种吃力不讨好的事情呢？反观谷歌，由于在游戏分发市场的份额远低于苹果，反而蠢蠢欲动，想通过自研内容推动渠道革命，达到"掀桌子"的目的——可惜它离成功十分遥远。

把目光转移到国内，情况又是怎样的呢？毫不夸张地说，国内绝大部分互联网平台公司都尝试过做游戏，因为游戏被证明是一种高效的流量变现形式。结果呢？并不太好。

- PC（个人计算机）时代的"四大门户平台"，即新浪、搜狐、网易、腾讯，它们全部尝试过做游戏。其中，腾讯取得了巨大的成功，在此毋庸赘述；网易也取得了成功，但是随着游戏业务的膨胀，平台业务变得日益无足轻重，现在已经基本变成了一家"游戏+新业务孵化"的控股公司；搜狐取得了少量成功，游戏子公司畅游被剥离单独上市（2009年4月在纳斯达克全球精选市场上市），与平台业务分开运营；新浪则没有取得成功，在《天堂2》运营失败之后，关闭了游戏业务。

- 百度和奇虎360这两个在PC时代呼风唤雨、在移动时代逐渐过时的"昔日巨头"，也曾经在页游、手游领域展开过多次尝试，但从未成为主流游戏公司。2017年，百度关闭了游戏业务，不过近期又有重建游戏业务的尝试。奇虎360的游戏业务（如360游戏平台）运营至今，不过收入规模很小，已经很少有人提到。

- 在视频平台当中，爱奇艺、bilibili都尝试过做游戏，分别采取两种不同路线：爱奇艺喜欢"影游联动"，把手头的IP大剧改编为游戏，也取得过《花千骨》这样的成功案例，但是总体来说越来越不成功，逐渐被市场边缘化；bilibili是通过二次元社区氛围和玩家的二次创作去做游戏发行，在日系二次元游戏品类取得了一些成就，但是自从2019年以来，由于国产二次元游戏的强势崛起，bilibili的游戏发行市场份额呈现不断下降的趋势。无论是爱奇艺还是bilibili，其自研游戏能力都很弱，主要依靠代理。

- 阿里巴巴从2014年开始押注游戏行业，到了2019年，终于做出了《三国志·战略版》这款自研SLG（策略游戏）爆款游戏，长期位居iOS畅销榜前列。此外，它的自研卡牌游戏《三国志幻想大陆》也取得了一定程度的成功。阿里游戏能够打开局面，首先是依靠多年如一日的投入，没有急功近利地设置短期目标；其次是抓住了"SLG品类+大规模买量"这个黄金组合，尤其是抓住了2019年下半年的时间窗口。不过，在两款"三国"题材游戏成功后，阿里至今尚未拿出其他爆款产品。

- 字节跳动从2017年开始尝试做游戏，2019年以后不断加注，尤其是2021年收购沐瞳科技、有爱互娱后，字节跳动在游戏业务上分配了大量资源。但是，除了《航海王：热血航线》[1]之外，字节在自研游戏方面还没有别的爆款。理论上，字节跳动可以通过并购催熟自研能力；实际上，绝大部分可供收购的游戏开发商都已经被腾讯捷足先登。根据阿里游戏的先例，字节跳动可能还要再忍受3年以上的投入期，才能看到一定的果实。

- 快手从2019年以来也大举进军游戏产业，但是其战略思路比较混乱：一方面，依托快手短视频平台，推出了大批休闲游戏、小游戏，这些游戏并不赚钱，本质上是广告业务的延伸；另一方面，依托快手收购的Acfun，进行二次元游戏发行，试图与bilibili竞争。问题在于，Acfun的用户体量已经远远落后于bilibili，快手投入的发行资源又明显不够，导致战果寥寥。在自研方面就更不用说了，快手的实力尚不及字节跳动、bilibili。

- 阅文集团，作为腾讯的控股子公司，也一直在致力于进入利润丰厚的游戏市场。它手中握有大量网文IP，在此基础上开发或外包开发了

---

[1] 《航海王：热血航线》是东映动画正版授权，朝夕光年发行的全新正版航海王3D动作手机游戏。——编者注

一批IP游戏，但至今也只有《斗罗大陆》取得了一定的成功。在2020年以前，负责阅文日常管理工作的是"起点五巨头"[1]，他们都是当年网文界呼风唤雨的人物，对内容产业都有一定的理解。在这种情况下，他们的游戏内容野心还是未能兑现，只能让人感叹"隔行如隔山"，精通网文内容未必就能打开游戏内容的大门。

除了腾讯，想做游戏的互联网平台公司及其结局：

名称	时间	主力产品	现状
新浪	2003—2008年	《天堂2》	已关闭游戏业务
百度	2007—2017年	《热血战纪》《战佛》《游仙》	已关闭游戏业务
奇虎360	2006年至今	以页游及联运为主	少量产品仍在运营，但并非市场主流
爱奇艺	2010年至今	《花千骨》《琅琊榜》《灵域》《楚乔传》	仍在运营，但是"影游联动战略"已经被证明失败
陌陌	2013年至今	以社交游戏及小游戏为主	仍在运营，但用户和收入贡献极低
阿里巴巴	2014年至今	《三国志·战略版》《三国志幻想大陆》	在SLG品类取得了一定的成功
bilibili	2016年至今	Fate/Grand Order,《碧蓝航线》《公主连结Re：Dive》	在二次元品类取得了一定的成功
字节跳动	2017年至今	《航海王：热血航线》	仍在摸索，但是部分媒体经常宣称字节跳动游戏已经颠覆腾讯
阅文集团	2018年至今	《斗罗大陆》	仅仅在一款产品上取得了有限的成功
快手	2019年至今	暂无	仍在摸索，与游戏直播业务配合作战

注：网易和搜狐已经从平台公司蜕变为内容公司，所以不再列入此表。

---

[1] 指吴文辉、林庭锋、商学松、候庆辰、罗立这五位起点中文网的创始人。——编者注

由此看来，腾讯在游戏行业是一个空前绝后的特例——作为平台公司，它先是占领了游戏发行市场的霸主地位，然后不断加强自研实力，通过《王者荣耀》《和平精英》等自研爆款产品巩固了其霸主地位。腾讯能够占领游戏内容市场，固然要归功于自研团队的辛勤汗水，归功于微信和QQ的社交流量，但也离不开战略投资部门的协同：

- 2011年，腾讯收购《英雄联盟》开发商Riot Games,从而拿下了一个超级爆款电竞游戏的代理权，巩固了自己在国内端游市场的霸主地位，而且为多年以后的《王者荣耀》打下了基础。

- 2017年，在全球"吃鸡大战"如火如荼之时，腾讯入股韩国Bluehole这样全球领先的"吃鸡"游戏开发商，从而拿下了正版"吃鸡"授权产品。根据Bluehole的《绝地求生》改编的《和平精英》成为了国内市场流水最高的手游之一。

- 2019年，腾讯全面并购Supercell[1]（此前早已入股），从而拿下了《部落冲突》《皇室战争》《荒野乱斗》等热门IP，加强了其在国际市场的存在感。截至2021年三季度，海外市场为腾讯游戏贡献了大约四分之一的收入，Riot和Supercell功不可没。

- 2021年，当字节跳动气势汹汹地要挑战游戏行业霸主地位时，腾讯一口气进行了几十次战略投资或收购，投资对象遍及世界各地，从而有

---

[1] supercell（超级细胞），芬兰移动游戏公司。拥有《部落冲突》《卡通农场》《海岛奇兵》《皇室战争》和《荒野乱斗》等全球热门游戏。——编者注

力地限制了字节跳动的扩张。通过收购，腾讯加强了自己在二次元、女性向等垂直赛道的产品开发能力。

从这个角度看，微软和腾讯占领游戏市场的历程，有那么一点相似。不同的是，微软在国际市场遇到的对手太强劲（尤其是21世纪初如日中天的索尼），在战略层面对游戏内容给予的重视程度又不够（把太多的精力放在了游戏主机平台上），所以发展速度明显较慢，也始终没有像腾讯那样把游戏打造成利润中心。不过，微软反正也不需要游戏充当利润中心，所以能以惊人的耐心，把游戏事业一直进行下去。

那么，除了历史原因和机缘巧合之外，还有什么更深层的原因，决定了平台公司往往不能做好内容吗？有，那就是平台业务和内容业务对管理者的要求完全不同。

历史上最优秀的内容创作者和管理者，往往都是思想激进、性格一根筋、"不疯魔不成活"的人，在文学、电影、音乐、动漫、游戏行业都是如此。具体而言，创作者（小说作者、电影导演、游戏主策划等）需要带着一种"语不惊人死不休"、决不与现实世界妥协的大无畏精神，他们的使命就是给世界带来前所未有的东西；管理者（出版商、电影制片人、游戏制作人等）则需要低调一点，他们在理想和现实之间寻找平衡的同时，还要带有强烈的理想主义色彩。做优质内容，本来就是一件极端的、反人性的、需要痛苦挣扎的事情，不能由思想过于平庸的人去做。

在此援引《最终幻想》系列（很可能是日本乃至全球最成功的游戏IP之一）的配乐作者植松伸夫的一段感人至深的回忆："我还记得，在《最终幻想6》的首发派对上，一贯以吹毛求疵著称的坂口博信先生

（《最终幻想》系列的制作人或执行制作人）发表演讲，'谢谢你们每一个人，我们刚刚做出了全世界最好的游戏！不，是全宇宙最好的游戏！谢谢你们！'我哭了，眼泪从我的脸颊流下。这眼泪让我意识到自己在这个项目里投入了多少精力。我希望《最终幻想》系列永远继续下去，不但为玩家带来快乐，也为研发人员带来快乐。"

这种创造的快乐、力图做到世界第一的野心，不是每个人都能理解的，所以不是每个人都适合做内容。《王者荣耀》的制作人在2017年曾经给玩家写了一封题为《为了爱，为了梦想》的公开信，其中提到自己在游戏上线前夜，翻来覆去地睡不着觉，满脑子只想着一件事情——这次可能又失败了！可是，就算失败了，这位制作人还是会擦干泪水、收拾心情，开始新一次的斗争。这种殚精竭虑、无限自我压榨、不达目的誓不罢休的精神，若能与天才的敏感性结合起来，就能制造出第一流的内容产品。

因此，我们很容易理解，为何Google、Facebook或字节跳动这种"纯粹的平台公司"做不成游戏内容（也做不成任何其他内容）：它们的产品经理抱着数据至上、技术至上的观点，习惯依靠市场调研和A/B-Test[1]解决问题，可是内容产业的问题不能仅靠这类方法解决。例如，一款游戏在内测阶段数据欠佳，这是一般产品经理都能够发现的，但是为什么数据欠佳呢？究竟应该怎么修改，才能让数据变得好看？这就超出绝大部分产品经理的能力范围了。此时最需要的，是针对具体用户的案例分析，以及对产品的深度拆解。

---

[1] A/B-test是为同一个目标制定两个方案，在同一时间维度，分别让组成成分相同（相似）的用户群组随机地使用一个方案，收集各群组的用户体验数据和业务数据，最后根据显著性检验分析评估出最好版本正式采用。——编者注

第 3 章　元宇宙，归根结底是一个娱乐内容概念

此外，最优质的内容产品都需要时间来磨炼，就算是《王者荣耀》，它在上线的前12个月也没有取得什么成就。网易的超级爆款手游《阴阳师》[1]，在研发阶段一直不被看好，只是因为制作人的坚持而避免了被砍掉的命运。严格地说，内容公司不太可能是"快公司"，一味追求快速成功只会南辕北辙，而"纯粹的平台公司"必须是快公司，没有冠军相的产品必须迅速砍掉，资源要集中在刀刃上。可想而知，如果《王者荣耀》《阴阳师》被交到Google、Facebook或字节跳动的手里，它们很可能根本得不到上线的机会。

从这个角度延伸思考，也很容易理解腾讯为何成为了极少数能在平台、内容两大产业取得成功的公司之一——腾讯的"平台业务"其实一直没有像Facebook那样充分展开。在QQ时代，腾讯就以不擅长广告业务、对商务不太敏感著称；在微信时代，张小龙（微信创始人）可能是整个中国最为理想主义的产品经理，以另类的方式做出了一个超级平台。如果腾讯的广告业务像字节跳动一样强大，微视和微信视频号做得比抖音还好呢？那么，我想，腾讯这家公司的整体禀赋就会发生根本性的变化，《王者荣耀》可能根本不会出现。

还记得上文援引的Epic Games创始人斯威尼的言论吗？"元宇宙决不应该是精心修剪、随处插入广告的信息流平台，也就是Facebook那种！"这代表了内容创作者对传统平台唯利是图之举的鄙夷。的确，在移动互联网时代，往往是"精心修剪、随处插入广告的信息流平台"能最大限度地赚钱，而这样的平台又注定做不了内容，从而注定会失去元宇宙最重要的一张门票。

---

[1]　《阴阳师》是中国网易移动游戏公司自主研发的3D日式和风回合制RPG手游。——编者注

平台型公司跨界的唯一道路：
以索尼在游戏市场的成功为例

按照我们上文的结论，平台型公司好像在元宇宙时代只有举手投降这一条路了——元宇宙必然是一门内容生意，而平台型公司很难做好内容生意。难道它们只能安于管道化，就像今天的电信运营商和公用事业企业一样？或者干脆被内容公司淘汰掉？

显然，这样的观点也是过激的。虽说平台型公司做内容九死一生，但仍然存在活下来的案例，而且还活得很好。以游戏行业为例，能够占领市场份额的平台公司除了上文列出的腾讯、微软之外，索尼也可以算一个。虽然现在的索尼的"平台属性"越来越弱了，变成了一个"电子产品+娱乐产品"公司，但是在20世纪90年代，作为家电巨头，它掌握着千家万户的内容渠道，完全符合"前互联网时代"的平台定义。在以前没做过内容的情况下，索尼毅然决定投入游戏主机和游戏内容市场，并迅速取得了市场支配地位。这是一个很值得分析的经典案例。

当索尼于20世纪90年代初开始探索进军游戏行业的可能性时，游戏市场基本是家用游戏主机市场，街机已经衰落了，PC游戏还在初期发展阶段。当时是家用游戏主机的第四世代，日本三巨头任天堂、世嘉与NEC三分天下：

- 任天堂，从20世纪80年代初以来就是游戏主机和内容市场的霸主，在日本市场的统治尤其根深蒂固。在第四世代，它的SFC/SNES（超级任天堂）主机全球销量为4910万台。任天堂的游戏主机在技术上一直没有优势，主要依靠强大的第一方内容，以及对第三方内容的严格掌控而取胜。

- 世嘉，在20世纪80年代后期对任天堂发起了挑战，在方兴未艾的北美市场有一定的基础。在第四世代，它的Genesis/MD主机全球销量为3375万台，对任天堂形成了较大威胁。虽然缺乏任天堂的《超级马里奥》《大金刚》(*Donkey Kong*)这种国民级别的IP，但是世嘉的《刺猬索尼克》(*Sonic the Hedgehog*)也很受欢迎，堪称第一方内容的翘楚。

- NEC（日本电气股份有限公司），作为技术比较领先的电子及电气巨头，于20世纪80年代末加入游戏市场，它的PC Engine主机全球销量为1000万台，主要销售地在日本。NEC的致命弱点在于缺乏第一方内容，也只吸引到了南梦宫[1]、科乐美[2]等少数第三方内容方，所以在日本之外的游戏市场缺乏存在感。

总而言之，当时的战况是：任天堂以绝对的内容优势取胜，世嘉和NEC加起来也仅能与其打成平手，其中世嘉在北美的根基较深，NEC在日本的受众面较大。除此之外，SNK[3]出品的Neo Geo主机、飞利浦出品的CD-i主机也有一定的销量，但是市场份额较小，不足为虑。

进入20世纪90年代，三巨头中的NEC首先出局——它过于急躁地推出了PC Engine SuperGrafx这款次世代主机，可惜由于技术升级幅度太小、游戏内容太少，遭到了商业失败，NEC黯然退出游戏市场。这个失败案例让市场坚信，不懂内容的科技巨头是无法染指游戏市场的，下一世代的赢家恐怕还是任天堂。

索尼一开始也没有妄想过独自进军游戏市场。从1989年到1991年，它一直在与任天堂进行合作谈判，希望在任天堂SFC主机上安装CD-ROM（只读光盘）驱动。结果，任天堂因为害怕索尼获得对内容的掌控权，于1991年叫停了合作。索尼深感被愚弄，又不愿意放弃沉没成本，于是找到任天堂的老对手世嘉谈合作，却又被世嘉毫不犹豫地拒绝。

世嘉拒绝索尼的理由很简单：世嘉打从心眼里认为CD主机真是个

---

[1] NAMCO，是日本的一家知名游戏企业，推出过风靡全球的"吃豆人"。——编者注

[2] KONAMI，日本最具影响力的游戏软件商之一，已成立50余年，对主流游戏类型皆有涉及。——编者注

[3] 《拳皇》（The King of Fighters）的开发商。——编者注

愚蠢的主意；索尼根本不知道怎么做硬件，也不知道怎么做软件。所以根本没必要跟它合作。

三十年前的索尼确实不懂做软件（游戏内容），虽然，在硬件领域，它做过很多家电和消费电子产品，不过确实没有做过游戏硬件。在遭受两次挫败之后，索尼管理层决定亲自上阵做游戏主机，这不仅是为了报一箭之仇，也是因为他们确实看好游戏市场的前景。虽然索尼在这个领域毫无经验，但也面临着一些有利的外部因素：

- 当时的游戏行业，正处于从卡带存储进化到光盘存储、从2D画面进化到3D画面的过渡阶段。任天堂出于自身利益考虑，决定沿用卡带存储，所以在次世代竞争中处于不利地位；至于3D画面的技术实现手段，每家都有不同的考虑。这就给了索尼弯道超车的机会。

- 任天堂对第三方内容厂商的管理过于严格，不但抽取极高的显性和隐性分账，还彻底控制游戏的卡带产量、定价、档期。结果，绝大部分内容方变成了给任天堂打工的角色，任天堂只享受权利而不承担风险，双方的矛盾愈演愈烈。

- 任天堂带有强烈的日本色彩，缺乏全球视野，与北美内容方、零售渠道之间的关系不太好，针对北美市场的本地化也不够。这就是世嘉能够依托其北美公司，在第四世代抗击任天堂取得部分成功的原因。

索尼自主开发的PlayStation主机，在各项技术指标上达到了当时的先进水平，选择的"CD-ROM+3D软件加速"技术路线也具备较高的性价比。然而，索尼深知，在技术上领先不意味着打赢战争——当初NEC和世嘉在技术上都不比任天堂落后，却还是被打得满地找牙。只要任天堂主机能在首发时绑定《超级马里奥》《大金刚》《塞尔达传说》这几个经典IP，竞争对手就难有胜算。为了打破任天堂的"第一方内容墙"，索尼自己必须拥有足够强大的内容。

对此，它采取了兵分两路的方式：第一，与众多不满于任天堂内容政策的游戏开发商秘密接触，向它们承诺在PlayStation平台提供更优厚的合作条款、更高效的开发工具。仅仅在日本，就有超过250个游戏公司、游戏开发团队表示有兴趣为PlayStation开发游戏，其中就包括南梦宫、科乐美这两家曾经为NEC PC Engine开发游戏的大公司。但是，大部分内容方是墙头草，既害怕惹怒任天堂，又怀疑PlayStation的前景，它们的支持究竟靠不靠得住还是未知数。第二，1993年，索尼以4800万美元收购了英国游戏开发商Psygnosis，从而建立了自研游戏业务。这次收购还带来了意外之喜——作为游戏行业的老兵，Psygnosis的管理层为PlayStation主机提出了大量中肯的意见，并且提供了一套良好的游戏开发工具包。截至PlayStation上线前夕，索尼已经拥有了500名游戏开发员工，致力于在欧洲和北美市场推出重量级的首发作品。

索尼的豪赌取得了前所未有的重大胜利：PlayStation的首发游戏《反重力赛车》（*Wipeout*，索尼自研）被称为"决定PlayStation命运的游戏"，在1995年北美的圣诞购物季取得了重大成功。1996年，索尼又推出了自研游戏《古惑狼》（*Crash Bandicoot*），它被称为"PlayStation平台的马里奥"，使得索尼拥有了一个自己的超级内容IP。1997年，由Square Enix开发的第三方游戏《最终幻想7》又同时引爆了日本、北美和欧洲市场，奠定了索尼的游戏主机霸主地位。

PlayStation 5，索尼互动娱乐（SIE）于2020年11月12日上市的家用电子游戏机，是第九世代游戏机之一

在整个第五世代，索尼PlayStation卖出了1.025亿部，比任天堂N64和世嘉Saturn之和的两倍还高。索尼对游戏主机市场的统治持续到现在的第九世代，仅在第七世代被任天堂Wii短暂打断过。在这漫长的历程中，索尼先后收购了至少15家游戏开发商，成立了12个游戏开发工作室；其中一部分已经被关闭，今天仍然有许多正在运营之中。

现在，索尼的自研游戏IP已经多如牛毛：《神秘海域》《最后生还者》《战神》《GT赛车》《纳克大冒险》《地平线》……它们重新定义了当代电子游戏产业的技术和内容标准。现在的索尼，既是游戏行业最大的平台方之一，又是一个非常优秀的内容方，激励着各种各样的后来者尝试进军内容产业。想必，无论是多年前的腾讯，还是现在的字节跳动、bilibili，在对游戏行业下注时，脑海中都出现过索尼的影子。

索尼的成功，既有不可复制的因素，也有可复制的因素。我们先说不可复制的因素：

- 20世纪90年代是游戏产业技术变革最剧烈的年代，任天堂连续犯了两个不可饶恕的错误——先是保守地拒绝采用CD存储技术，后来又激进地采用3D硬件加速技术。而索尼幸运地两次站在正确的一边，虽然PlayStation主机的3D性能落后于任天堂N64，但索尼能够提供性价比较高的解决方案。从那以后至今近三十年，游戏产业再也没有出现过如此翻天覆地的技术变革。哪怕是最近被炒得火热的云游戏、全局光照技术，也达不到当年的革命性效果。既然没有革命，那就没有弯道超车的机会了。

- 任天堂作为一家日本公司，坚持对第三方内容采取封建家长制的管理体制，不但让欧美游戏开发商厌恶，也让日本开发商叫苦不迭。索尼虽然也是日本公司，却果断为第三方提供了更科学、更宽厚的条件，使它们在1994年至1997年之间纷纷"叛逃"。如果不是任天堂屡出昏招，索尼要想一举击垮它的统治地位，无异于痴人说梦。

再来说可复制的因素。其实，要复制这些因素也很困难：

- 索尼管理层对PlayStation高度重视，从集团层面倾注资源解决了很多问题。1993年，它专门成立了索尼电脑娱乐公司（SCE），在全世界尤其是北美建立了庞大的研发、销售和技术支持体系。为了说服日本和美国的游戏开发商支持PlayStation，索尼动用了大量的社会关系和资源。最后在上市阶段，索尼的营销投入更是堪称丧心病狂，甚至把广告打到了夜总会里。从1991年立项到1995年全球发行，PlaySation都是索尼的"一号工程"，获得了无微不至的关怀。如果你认为Google、Amazon、字节跳动或bilibili很重视游戏业务，那么请记住，当年的索尼管理层可是把自己的全部身家都押在了PlayStation上面。

- 索尼通过并购Psygnosis，迅速建立了庞大的自研游戏团队，而且赋予其巨大的独立性。Psygnosis的创始人直言不讳地指出，PlayStation的开发没有走上正轨，而索尼竟然根据他的意见进行了大幅度修正。对内容产业的后来者而言，砸钱往往不是难事，它们最不缺的就是钱，虚心听从专业内容开发者的意见才是难事。根据当事人的回忆，索尼集团和自研游戏部门的高层几乎是不停地、毫不留情地在争吵，而且前者敢于让步，因为他们承认后者是对的。

- 在取得初期的成功之后，索尼还在不断扩充自研游戏团队，保持着每2～3年收购一个游戏公司的节奏。许多独立游戏公司在PlayStation平台发布了成功的作品之后，就被索尼以优厚的条件收购，而且保持着完整性。从2005年开始，索尼的游戏自研工作室群成为了一个独立的业务部门。在每一个游戏主机世代的开始阶段，索尼平台的爆款内容大部分都是自研内容，这个传统一直持续到2020年发布的PlayStation 5。

管理层的高度重视、不计代价的收购、对内容开发独立性的尊重、持续的内容投入……听起来简单，做起来很难。这就好比医生总是说，一个人要拥有健康的体格，只需要按时摄入健康的食物，保持规律的作息，经常进行体育锻炼，避免过度的情绪波动即可。很显然，就像我们当中的大部分人都做不到谨遵医嘱，所以绝大部分平台型公司都做不到沿着索尼的脚步前进。

恰恰相反，我们经常看到的是：平台型公司派出一个不懂内容的人去做内容业务的主管，他又带去了一大群不懂内容的中层管理者。这些管理者，大多都带着"流量思维"或"平台思维"，恨不得每天24小时盯着用户和收入数据，依靠A/B-Test解决一切问题，却从来不愿意赋予专业内容开发者任何自由。他们往往不在乎内容质量，认为一切内容的成功都是流量和营销的结果。当他们遭遇不可避免的失败时，只会抱怨时运不济，或是竞争对手太狡猾。

如果这些人痛改前非，愿意按照正确的道路进军内容产业的话会怎样呢？那腾讯、网易、米哈游、Epic Games、Take-Two恐怕就有大麻烦了，因为在进军元宇宙的道路上，多了一群异常凶恶的竞争对手。那些"纯粹的"平台型公司，本来就握有基础设施、用户和资源方面的优势，如果再在内容方面开窍，无异于"流氓会武术"，可以肆意占领元宇宙这个方兴未艾的处女地。届时，除了腾讯还能有还手之力，其他公司恐怕难以抵御。

幸运或不幸的是，这种情况基本不会发生。

第 4 章

阻碍元宇宙实现的障碍：不仅仅是技术，也不仅仅是监管

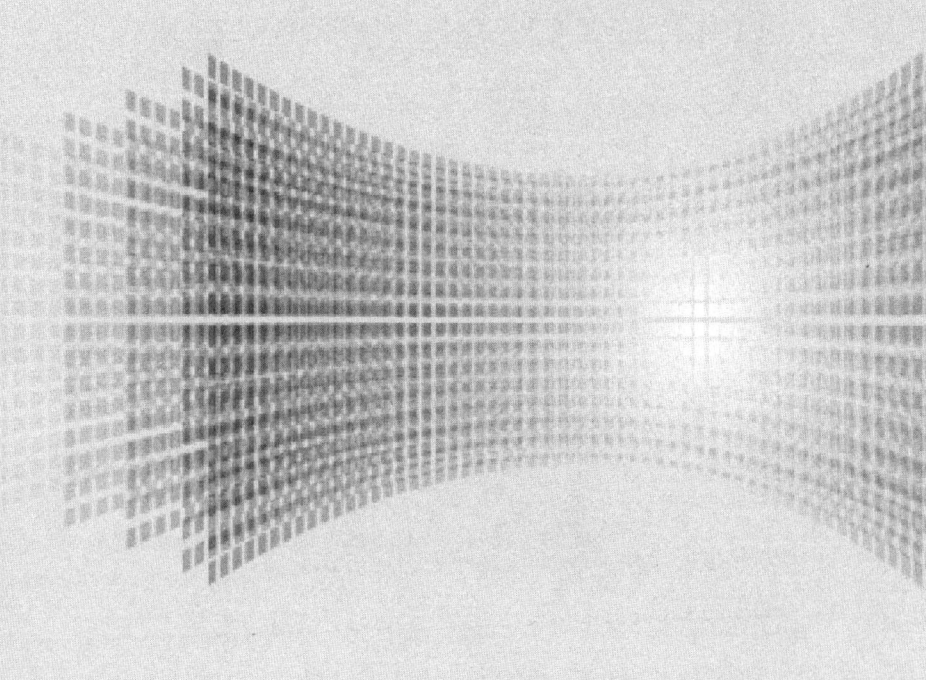

实现元宇宙的难点：内容问题、技术问题、监管问题。

第三方内容是元宇宙的最大瓶颈：只依靠第一方内容是没有前途的，但第三方内容的沉浸感与开放性是天然矛盾的，且牵扯到复杂的利益分配。

VR、边缘计算、区块链：关于元宇宙的技术问题，市场几乎只关注区块链，却普遍忽略了VR技术的不成熟，以及边缘计算的极端重要性。

游戏行业监管已经如此严格，何况是元宇宙？元宇宙一旦发展起来，引发的青少年保护、内容尺度乃至生育率问题，均将引起各国监管部门的高度重视。

第三方内容生态是元宇宙的最大瓶颈

很显然，我们目前还没看到真正的"元宇宙"产品，在3到5年内也多半无法看到这样的产品。按照米哈游CEO蔡浩宇的说法，到2030年，希望建成一个"全球十亿人愿意生活在其中的虚拟世界"，那也是近十年以后的事情了。那么，到底是什么阻止了元宇宙在短期内成为现实呢？我们为什么不能马上就畅游在元宇宙的美丽新世界里呢？

绝大多数人会立刻回答："因为技术不成熟！"没错，目前元宇宙所依赖的基础科技——包括但不限于VR技术——确实还不够成熟。但这不是阻碍元宇宙最首要的问题，我们会在后续章节谈到。

还有很多人会回答："监管问题解决不了！"币圈人士应该会更倾向于这种回答。毕竟，最近几年，世界各国政府严打违法炒币行为，而元宇宙恰好要用到与炒币息息相关的区块链技术，所以元宇宙必然是各国政府的严密监管对象。监管问题当然值得讨论，但也不是最首要的问题。

还有人会提到"价格太贵""用户习惯尚未养成"等等——这些都是伪命题。哪怕只有少数人习惯了元宇宙，这股潮流都会在短期内席卷全世界，相关的例子请参见当年的智能手机。只要全世界主流消费者都接受了元宇宙，现代化的工业生产就会把元宇宙相关设备的价格降低到人们可以接受的水平。所以这些问题都没有什么讨论价值。

阻碍元宇宙成为现实的最大瓶颈，是第三方内容生态。其实，早在元宇宙概念诞生之前，这个问题便已经困扰游戏行业十几年之久了。元宇宙的发展，把这个问题进一步放大了，让它成为了生死攸关的难题。

现在让我们先讨论一个简单的问题：假如你玩单机游戏，无论是三十年前的《魂斗罗》《赤色要塞》，还是二十年前的《红色警戒2》[1]，又或是五年前的《塞尔达传说：旷野之息》，你会把这个游戏玩上无数次吗？

你当然不会。在娱乐方式匮乏的年代，你有可能会把《魂斗罗》通关几十次，但总归也会腻味的，这也是你幼年时会跟小朋友交换游戏卡带的原因。在娱乐方式极为丰富的互联网时代，能把一款游戏通关两次就可以说长情了，哪怕是"发烧友"，也不会一天到晚反复通关。

继续下一个问题：那么，为什么你会反复玩《魔兽世界》《部落冲突》《王者荣耀》《原神》这样的网络游戏呢？这些游戏的死忠粉丝，真的可以"锁死"一个游戏，玩到死也不换的，就算暂时退游，几

---

[1] 《魂斗罗》是科乐美公司在1987年推出的；《赤色要塞》也是由科乐美公司研发的游戏，1988年在中国大陆发售；《红色警戒2》则是美国游戏开发商Westwood Studios制作，EA发行的军事题材游戏，于2000年发行。——编者注

第 4 章　阻碍元宇宙实现的障碍：不仅仅是技术，也不仅仅是监管　　145

个月或几年后也还是会回来。

答案有两个：第一，这些游戏一直在更新内容。对《魔兽世界》这种MMORPG而言，每次的版本更新都会带来一批回流玩家。热门网游产品，无论什么品类，至少需要每年一次大规模更新，它们中比较勤奋的干脆每个季度更新一次。《最终幻想14》的制作人表示，这款MMO的每一次更新，新内容都相当于一款单机RPG的体量。玩家看似在反复玩一款老游戏，其实玩的全是新内容。

网络游戏开始的"定期更新"的风气，也蔓延到了单机游戏领域。例如，《塞尔达传说：旷野之息》近几年发布了多个DLC（可下载扩展内容），所以在首次发布近五年之后仍有玩家沉浸其中、不断探索。2016年上线的单机RPG《最终幻想15》，经过两年多的更新，到2018年底才完成了全部内容，即便是这样，还被很多老玩家认为"虎头蛇尾"。

第二，网络游戏，尤其是电竞游戏，内容是由玩家自身创造的。最典型的例子就是《王者荣耀》这样的MOBA游戏，每一场对局都是新的，不可能有两局完全一样的游戏。所以，有人把游戏产品分为"内容驱动型"和"规则驱动型"，电竞游戏跟传统的棋牌一样，属于"规则驱动型"，只要维持一个公平的竞技环境，理论上人们可以百玩不厌。

请注意，在现实中，人们对"规则驱动型"游戏还是会玩腻的，因为任何规则都有被人琢磨透彻的时候。所以，哪怕是电竞游戏，也要定期进行更新，加入新规则、新角色等——如果你是《王者荣耀》《和平精英》的爱好者，应该对此深有体会。当然，电竞游戏对内容更新的要求低于RPG这样的非电竞游戏，就算半年到一年的时间里没有实质性的更新，玩家可能也不会特别在意。

从这里便引出了下一个关键问题：在元宇宙世界里，用户是否也会要求较高的内容更新频率？元宇宙的内容更新，会不会导致极高的开发成本，使得运营商不堪重负？

要知道，自从游戏行业进入3D技术时代以来，"高成本"就成了游戏公司挥之不去的噩梦。近年来公认的全球游戏技术天花板《荒野大镖客2》，开发团队规模高达1185人，其中尚不包括短期外包人员；《原神》上线之前，开发团队就有400多人，此后迅速膨胀到700多人，目前可能已经超过1000人。在这种情况下，许多玩家还是觉得《原神》的内容更新频率太慢，呼唤着早日开放更大的世界、更新更多的任务。

在元宇宙的环境里，用户接触的不是"传统3D画面"，而是"360度无死角的沉浸式VR画面"；不是单纯的游戏内容，而是包括游戏、影视、动漫、音乐、体育、文学等不同元素在内的多元化娱乐内容。谁有能力承担如此巨大的内容更新任务呢？哪怕是腾讯、任天堂、Take-Two这种体量的游戏公司，把全部研发人员集中到一个元宇宙产品上，也很难满足要求。

更何况，元宇宙的用户规模会远远超过传统游戏。2020年，《王者荣耀》的日活用户超过1亿，已经让很多人惊叹不已；2021年第一季度，《罗布乐思》的日活用户达到4210万，便已经堪称整个北美市场最流行的游戏之一。而元宇宙今后可能会成为全人类的"第二人生"，哪怕考虑到可能存在好几个互相竞争的元宇宙平台存在的局面，每个平台的日活用户也会直奔10亿而去。众口难调，要让10亿人全部满意、全部选择留在元宇宙内部，对内容创作者提出的要求其深度和难度可算是"地狱"级的。

第 4 章 阻碍元宇宙实现的障碍：不仅仅是技术，也不仅仅是监管

毫无疑问，在任何元宇宙平台，大部分内容更新任务只能交给第三方去做。这就是《罗布乐思》和 GTA5 被称为"元宇宙雏形"的原因——前者有数百万用户自发创作内容，后者则拥有全世界最强大的 MOD 生态。有人乐观地认为，只要把《罗布乐思》的经验照搬过来，就能创造一个包罗万象、生生不息的元宇宙内容生态。可惜，这是错误的！

不知道你喜不喜欢短视频，有没有亲手做过短视频？如果做过，那你应该很容易理解下列事实：

- 在抖音、快手这样以1分钟以下小视频为主的平台，做内容是最容易的。你只要使用剪映、快剪这样的手机剪辑软件，搭配一些表情包和背景音乐，就可以轻松发布自己的日常VLOG（记录性视频）。所以，抖音、快手的创作者群体最庞大，可能已经达到上亿人。

- 在bilibili、西瓜视频这种以5分钟左右的"中视频"为主的平台，做内容的难度要高一点，观众对工业标准的要求也更高。你可能需要学习如何使用Adobe Premiere、Apple Final Cut Pro X这类的专业剪辑软件，还需搭配Adobe After Effects等专业特效软件，才能做出高于平均水平的内容。因此，这些平台的创作者群体明显较小，可能只有几百万人。

- 在爱奇艺、腾讯视频这样的专业长视频平台，做内容的门槛更是大幅提高，导致业余创作者几乎没有容身之地。专业长视频内容的高成本不仅来自演职人员，也来自拍摄器材、美术、服化道和后期制作。别

的不说，对长视频进行剪辑所使用的专业工作站，其成本就不是一般人可以承担的。

- 对视频的工业水平要求最高的，当然是电影院。许多在小屏幕上看着毫无问题的内容，放到大屏幕上就会漏洞百出。如果要在IMAX这种高端影厅播放，则需要在拍摄环节就增加人员和器材，或者付出一笔高昂的转制成本。所以，在任何国家、任何时代，能做商业级电影的创作者，永远凤毛麟角。

在不远的将来，元宇宙对内容提出的工业标准要求，可能远远超出当前最高端的IMAX电影——至少后者不需要用360度即时演算的全3D效果。放眼全世界，有多少创作者（无论是专业的还是业余的）能满足这样的条件？结论无非是以下两种之一：

要么，把元宇宙内容开发的重任，交到一小部分有足够实力、足够资源的开发商手中。或许在整个元宇宙世界，只存在两三个平台运营商、二三十个内容开发商，生产的都是水平很高的精品内容，但是数量极少、更新频率极慢。就像国家级演出团体，每年就排练那么几个节目，观众每个演出季也只需来看一次。

要么，设计一套"傻瓜式"的内容开发接口，实现内容开发的标准化、流水线化，从而减轻创作者的工作量。创作者不用与大量的模型、素材打交道，只需要聚焦在创意方面，把底层的重复劳动交给系统去做。例如，一位服装设计师想在元宇宙里创作一件衣服，完全可以把设计图画好之后，让人工智能自动转换为游戏内部的产品，而不是自己包办一切。

从过去五十年的经验看，计算机技术的进步使得内容创作的难度

第 4 章 阻碍元宇宙实现的障碍：不仅仅是技术，也不仅仅是监管

不断降低。20世纪80年代，文字处理是一门技术活，"所见即所得"对文字工作者而言还是一个难以实现的梦想；20世纪90年代，计算机绘图还较为困难，电脑辅助设计尚未走进千家万户；到了21世纪初，在数字环境下进行影视剪辑仍是一个比较新鲜的事物。到了现在，上述内容的编辑技术已经高度自动化，创作者可以把精力集中在内容本身。我们能否可以乐观地判断，随着时间推移，对元宇宙内容的开发也可以标准化、自动化，它将不再是一项高成本的活动？

一切皆有可能。有趣的是，2021年，全球游戏产业的两个主流开发引擎——虚幻（Unreal）和Unity（实时3D互动内容创作和运营平台），不约而同地进行了面向元宇宙内容开发的改良。虚幻引擎是由Epic Games开发的，2021年4月Epic的10亿美元融资中的一部分就将用于虚幻引擎。2021年8月，法拉利在Epic旗下的《堡垒之夜》游戏中，推出了法拉利296 GTB跑车的数字版，据说在数字化的各个环节都用到了虚幻引擎技术。Unity则于2021年11月宣布收购了数字特效公司Weta Digital（维塔数码），该公司曾经数次获得奥斯卡最佳视觉效果奖，参与过《指环王》《金刚》《阿凡达》《猩球崛起》等好莱坞大片的特效制作。

用Weta Digital联合创始人彼得·杰克逊（Peter Jackson）的话来说："Weta Digital工具创造了无限的可能性，让我们能将原本仅存在于想象中的奇妙世界，展现到人们眼前。"他认为，Weta Digital与Unity的合并，能够"让所有行业的美术人员利用强大的创意工具完成创作"——即元宇宙内容肯定会在未来的奇妙世界中占据非常重要的一席之地。

然而，就算最乐观的人，也必须承认：元宇宙的内容开发门槛不

太可能在短短几年内降低到大部分人能够接受的水平。何况，任何新兴产业的技术标准在早期都会剧烈变动，谁能保证今天的通用开发工具在明天还会是主流呢？对中小公司和独立创作者而言，学习在元宇宙环境下的内容创作，还是要花费大量时间且面临巨大的不确定性，而收益前景又很不明朗。所以他们可能会不禁自问为什么要这样做呢。

由此会产生一个与"先有鸡还是先有蛋"相似的死循环：如果元宇宙平台不能形成一种丰富的内容生态，就不可能对用户产生足够的吸引力；如果它不能聚集巨大的用户群，就更加不能吸引内容创作者加入。要打破这个死循环，只有一条路——元宇宙平台运营商必须以身作则，开发一些质量过硬的"标杆内容"，作为整个内容生态创作的基础。

以 *GTA5* 这个接近元宇宙雏形的大型游戏为例，现在绝大多数玩家都在尝试各种各样的MOD，但原版玩法还是很有吸引力。新来的玩家还是会从原版剧情、原版场景玩起。而且，所有MOD归根结底还是建立在原版玩法之上的，没有对游戏的基本运行方式进行伤筋动骨的改变。我们很难想象，如果Take-Two开发的原版玩法不具备巨大的吸引力，怎么可能有大批创作者去给它开发千奇百怪的MOD呢？

因此，我们可以推断：在元宇宙发展的初期（也就是未来5～10年），元宇宙平台的运营商必须具备很强的自研内容实力。它必须提供一套有吸引力的核心玩法，以及庞大而丰富的原生场景、原生素材，以此吸引"种子用户"。等到这个初期元宇宙世界的用户达到几百万、几千万级别之后，第三方开发者自然会进入，UGC模式也会逐渐形成。就像一家地产开发商买下了一片庞大的未开发土地，它必须先自行开发一个"标杆项目"，才能把后续的开发工作委托给合作伙伴，或者转售给第三方。

这个过程说起来很容易,做起来很难。最难的地方不在于如何为第三方提供开发工具和平台,而在于如何开发出足够吸引几千万人的"标杆项目"。只有最顶尖、最具想象力的游戏公司,才有这样的能力。我们由此可以得出一个很重要的推论:元宇宙将是游戏行业的一个自然延伸,在早期取得成功的元宇宙公司大部分将是游戏公司。

现在的主流VR技术，离元宇宙还有多遥远？

要实现真正意义上的元宇宙，VR当然是不可或缺的。然而，当前VR技术的最大缺陷，并不在于系统算力[1]。如果你试用过Oculus或HTC Vive（HTC与Valve联合开发的VR头显产品）的最新一代设备，就会意识到，它们的算力已经非常强大，足以展现沉浸式内容。Oculus的目标是到2022年推出超出视网膜分辨率的VR设备，即"视网膜屏"的VR版——那时，算力就完全不是阻碍元宇宙达成的瓶颈了。

关键的问题在于人类的感官特性。我们都知道，正常人拥有五种感觉：视觉、听觉、嗅觉、味觉、触觉。其中：

- 视觉已经可以被VR设备完美模拟。我们完全可以期待，在2025年之

---

[1] 即计算力，指手机、电脑等各种硬件设备的数据处理能力。——编者注

第 4 章　阻碍元宇宙实现的障碍：不仅仅是技术，也不仅仅是监管　　153

前，从VR头盔里看到的世界，将与真实世界别无二致。

- 听觉也可以被比较良好地模拟。要完美地模拟自然声音，需要用到昂贵的全景声设备，但我们平时不需要这般完美的模拟，基本的立体声就够了。

- 嗅觉暂时未被纳入模拟范围，但想要模拟也不难。常见的解决方案是事先准备一组化学物质，在电脑操纵之下形成各种各样的气味。虽然初期成本可能比较高，但长期使用能做到成本可控。

- 味觉在理论上可以模拟，但没有必要。因为在大部分虚拟场景，我们并不需要使用味觉。在未来10~20年间，这个方向不会引发太多关注。

- 触觉是最棘手的，它必须通过物理方法模拟。目前，绝大部分线下VR场馆也无法模拟触觉。有些VR场馆运营方提出的解决方案是使用真人NPC，即让工作人员向玩家提供物理道具、移动墙壁等物理障碍。这种解决方案显然不可能在家庭场景使用。

- 还有一种在五感之外，但是对人来说影响很大的感觉——空间感。人们在家里使用VR设备时，视觉好像移动了很长距离，实际上身体并未移动，由此导致空间感不协调，这就是容易产生"VR眩晕感"的根本原因。在线下VR场馆，人们有较大的自由活动空间，就不容易眩晕。那么，如何解决家庭场景的空间感问题呢？目前尚无成熟的方案。

可以看到，阻止VR技术完美复刻现实世界的因素，主要在于触觉和空间感，而这两个问题无法单纯通过电子或信息技术的进步去解决。可是，不解决这两个问题，就谈不上百分百的"沉浸感"，更谈不上用元宇宙取代现实世界。从务实的角度看，在可见的未来，有没有可行的解决方案呢？还是有的。

第一个方案是最简单的：不要寄希望于在家庭场景解决一切问题，让线下场景多承担一些使命。用户在家里使用VR设备满足于基本的视听感觉模拟，或许未来还可以通过全息投影技术，逐渐摆脱VR头盔；如果他们需要模拟触觉和空间感、实现百分百的沉浸式模拟，可以到附近的线下VR场馆去。到了那时，VR场馆可能比今天的餐馆、电影院还要普及，成为人们日常娱乐方式的首选，贡献几千亿乃至几万亿的GDP。

部分人肯定要质疑："这叫什么元宇宙啊！你不能随时随地沉浸于虚拟世界，还必须跑到一个专门的场馆去，这种模式的用户体验不会太好吧？"如果VR场馆的密度大幅提高呢？例如，如果每个住宅小区、甚至每个居民楼都有一个专属VR场馆，露天体育场地也具备了VR活动的功能呢？届时，人们只要拿着智能设备或身份证件，就可以用自己的虚拟身份登录，从而享受涵盖一切感觉的VR体验，这听起来也不算太差吧？

别误会，这个方案只是过渡性的，不会成为一个长期解决方案。就像影视、游戏等传统娱乐形式，都经历了从"专业场景为主"向"家庭场景为主"的过渡。真正的问题在于，这个过渡期会不会很长呢？在元宇宙发展的前十年，乃至前二十年、三十年，我们会不会都以线下VR场馆为主要的使用场景呢？这种情况是完全有可能的。最近几年，

第4章 阻碍元宇宙实现的障碍：不仅仅是技术，也不仅仅是监管

在全国如雨后春笋一般涌现出来的VR场馆就是一个征兆。或许再过五年，线下VR产业的规模就会超过电影院，成为规模最大的"出门娱乐形式"。

第二个方案是使用运动装备和体感设备，最大限度地在家庭场景模拟触觉和空间感。在欧美市场，已经出现过一些以跑步机或椭圆机去模拟空间移动的VR设备——用户戴着头盔，站在椭圆机上移动，他的身体感觉自己在移动，实际上却在原地踏步。如果再搭配计步器和红外线定位装置，就可以比较精确地模拟人们在开放空间的运动。在国内，也有部分厂商正在研发这样的设备，未来几年内很可能向市场推出。

至于触觉，则可以由智能面板或机械手臂去模拟。例如，在椭圆机上安装一个可以升降的智能面板，当用户需要在VR世界里触碰某个平面时，就让面板升起到特定位置；还可以附加一个可编程的机械手臂，模拟游戏中的队友、NPC或敌人。这种模拟方式，当然是比较笨拙、昂贵的，但总比没有要好。经过一段时间的发展，或许还会诞生"元宇宙专供"的智能机器人，帮助用户实现更好的元宇宙体验。只要成本降到可控水平，"元宇宙机器人"完全可以像现在的扫地机器人一样常见。

这个方案的最大问题是：执行难度太大，缺乏成功先例。在欧美地区已经发布的基于"跑步机"或"椭圆机"的VR设备，无一例外地没有在市场上取得成功，因为用户体验太差。归根结底，如何精准模拟触觉和空间感是一个人体工学和运动学问题，需要跨行业、跨专业的复杂合作。如果用户花了一大笔钱购买了一套沉重的设备，却不能得到革命性的体验提升，那他们的反馈肯定会是灾难性的差评。这样的设备能否在未来十年内走向成熟，还真不好说。

第三个方案就是科幻小说和科幻电影里常见的"脑机互联",我们在《雪崩》《黑客帝国》《头号玩家》《失控玩家》(2021年肖恩·利维执导的科幻电影)里面已经反复体会过了。说实话,我们甚至无法判断"脑机互联"能否在这一代人的有生之年实现,因为它需要人类彻底理解"意识"的本质,把人类的大脑和神经系统完全研究清楚。"脑机互联"本质上是一种脑科学概念,不可能仅凭借互联网公司或科技公司来解决。

当然,按照弗诺·文奇(Vernor Vinge)[1]和雷·库兹韦尔(Ray Kurzweil)[2]等未来学家的观点,科学技术加速进步,终究会在某一天达到"技术奇点"[3],突破环境限制和物质限制,从而彻底改变人类的生活方式。到21世纪中后期(大约五十年后),人类可能就发明出了"意识上传"这样的"黑科技",从而彻底摆脱肉体的束缚——假设这种猜想正确,那么元宇宙必将在本世纪之内实现。可是,这对于我们现在对元宇宙的研究并无裨益——我们总不能坐等到四五十年后,"技术奇点"实现了,再去使用"意识上传"技术实现元宇宙吧?有理想是好事,但若是理想过于遥远,那只能说是好高骛远、脱离实际。

看样子,我们遇到了一个技术上的死胡同:**解决不了触觉和空间感的问题,就不能实现彻底的沉浸感,就只能做出半吊子的"残废元宇宙"**。能不能换一个角度去思考呢?有没有可能在只模拟视觉、听觉

---

[1] 弗诺·文奇,美国最优秀的科幻作家之一,多次获得雨果奖。——编者注
[2] 雷·库兹韦尔,谷歌技术总监,曾发明了盲人阅读机、音乐合成器和语音识别系统。——编者注
[3] Technological singularity,技术奇点是一个根据技术发展史总结出的观点,它认为未来将要发生一件不可避免的事件:技术发展将会在很短的时间内发生极大的接近于无限的进步。——编者注

第 4 章　阻碍元宇宙实现的障碍：不仅仅是技术，也不仅仅是监管

（如果你乐意，还可以加上嗅觉）的情况下，做出沉浸感极高、让用户乐此不疲的元宇宙内容？

其实也可以，而且很简单。

用户为什么需要空间感？因为会眩晕。为什么会眩晕？因为在视觉上大幅运动了，如果身体没有跟着运动，就会引发脑垂体的不良反应，造成平衡感丧失。那么，我们尽量减少用户的视觉运动，不做那些大起大落、频繁加速减速的内容，不就可以了吗？

用户为什么需要触觉？因为要在虚拟空间当中穿梭，与环境频繁互动，如果没有真实触感就很容易"出戏"（例如穿墙、高空坠落却没有事）。那么，我们尽量减少用户与环境的互动，或者只做视听互动、不做肢体互动，不就可以了吗？

看到这里，大部分读者可能会摇头：这不是无稽之谈嘛！人类的娱乐活动怎么可能离开高速运动和肢体互动？去任何一家游乐园看看就知道，最受人们欢迎的娱乐项目，其形式要么是大起大落，要么是原地打转，要么是大起大落加上原地打转。在国内线下VR场馆，最热门的项目要么是密室逃脱，要么是多人枪战，它们都需要在几百平方米的空间里尽可能营造出宏大空间的运动质感。脱离了空间感和触觉，我们还能拿出什么其他"杀手级"的内容吗？

还真拿得出！你有没有看过张艺谋的"印象系列"大型实景演出，或者主题乐园的类似演出？在这些演出当中，自然实景、剧场环境、演出人员、舞台布景和声光电效果，构成了一个完美的闭环，让你沉浸其中。由于舞台条件的限制，这种实景演出一般不会包含剧烈的空间变动，更不会让观众"动起来"（最多只会制造一些视觉错觉）。你能说这样的演出不具备吸引力吗？

哪怕你没看过或不喜欢大型实景演出，至少会在手机上浏览短视频时看到迪士尼乐园的花车游行，尤其是迪士尼晚上闭园之前的花车游行，往往与焰火、城堡灯光秀或是其他演出一起举行，扮演各种卡通人物的玩偶与观众遥相互动，一贯是迪士尼乐园最吸引人、最令游客回味的环节。花车游行不涉及任何剧烈的空间变动，因为花车前行的速度只有每小时几公里；也不涉及什么触觉要素，因为大部分卡通人物是限制观众触碰的。花车游行能够给游客（尤其是未成年和合家欢游客）带来梦幻般的沉浸感，这是由实景、演出人员、布景、道具等多种复杂的因素共同导致的。

元宇宙厂商能不能仿效上述的实景演出，通过VR技术搭建一批不依赖空间感和触觉的沉浸式内容？其实，电影界人士早就开始这方面的尝试了。作为全球历史最悠久、影响力最大的电影节之一，威尼斯电影节在2021年的活动中专门设置了VR单元，包括23部作品。其中最有趣的可能是以下作品：

- 《阿姆斯特丹的天使》：带你回到17世纪阿姆斯特丹街头的咖啡馆。你会看到四位从外地来到阿姆斯特丹打拼的年轻女子，她们会对你的目光做出反应，并用歌曲、舞蹈等方式对你进行反馈。你可以在大约30分钟内了解她们每个人的故事。

- 《调皮的编舞家》：法国少女阿黛尔的父母为她在巴黎举行了一场盛大的舞会。观众可以扮演阿黛尔，挑选服装、参加舞会，并在舞会上开始一段爱情故事。在大约35分钟的剧情中，观众可以在三个场景之间自由移动。

- 《太空探索家：国际空间站体验》：长达2小时的沉浸式纪录片，目前只完成了前半部分，大约55分钟。观众将身临其境地拜访国际空间站，与8名宇航员一起执行任务。这部作品基本没有互动环节，它的主要卖点在于模拟太空中的恢宏体验。

- 《最后的工人》：沉浸式剧情冒险游戏，设定是在一个"反乌托邦"的自动化地下工厂，玩家扮演一个普通员工，被迫做出一个又一个选择。这是一款结合了模拟经营和潜行要素的游戏，不过流程较短，仅有30分钟左右。

事实上，最近几年，主流国际电影节普遍设立了VR专场，有些电影节的主办方还对制作中的VR项目予以资助和技术指导。上文提到的威尼斯电影节VR单元，观众既可以选择到线下指定场地使用官方设备体验，也可以登录线上入口，使用自己的设备体验。上面的四部作品，都巧妙地回避了高速空间运动，也不涉及物理接触，从而"扬长避短"，以最高的性价比为观众实现了沉浸式体验。不过，它们的缺点也很明显：流程普遍不长，最长的也只有一个小时左右。但是，顺着这条道路走下去，或许能通向一条正确的元宇宙内容发展路径。

熟悉和爱好戏剧演出的读者，脑海中可能已经出现了一个词语——"残酷剧场"。这是法国剧作家、诗人翁托南·阿铎（Antonin Artaud）于20世纪30年代，距今快一个世纪以前提出的戏剧理论。阿铎认为，当时的戏剧实践已经走入了死胡同，过于保守和写实，从而失去了对观众的感染力。真正的戏剧应该"创造神话"，让观众"经历一种极限经验、一种精神启蒙"，就像参加一场大型神话仪式。

剧场及其复象

[法] 翁托南·阿铎 著　刘俐 译注

上书是残酷戏剧的首倡人阿铎的代表作，它不是理论著述，也不是一本剧场实践手册，而是一种生命宣言，一部投向西方传统文化的挑战书

所谓"残酷剧场"，并不是指题材的残酷。在阿铎看来，残酷就是想象力、生命力，是对观众的感官和思想的全面净化，能够唤起观众的"意志自觉"。残酷剧场的舞台，不是一个封闭的空间，而是一种"空间的诗歌"。我们来看看他在书中的具体描述：

将观众实实在在地包围起来，让他们始终沉浸在灯光、影像、动作、声音之中。布景由人物本身构成（放大到巨型木偶的尺寸），或由光线流动的风景构成，照射在不断移动的物体和面具之上。剧场中不容停顿，空间中没有死角。同样地，在观众的知性和感性中也没有停顿、没有空白,也就是说,在人生和剧场之间,没有清楚的界限,而是连续一致的。[1]

这种"没有死角、没有停顿、没有清楚界限"的剧场,不就是元宇宙吗?真是神奇,接近一百年前的先锋戏剧理论,在当时因为过于超前、成本太高,没能实现过,现在却与元宇宙的概念不谋而合。在高科技的帮助下,"残酷剧场"所需要的舞台、灯光、特效已经不成问题了。那么,如果阿铎活在今天,他会为元宇宙用户奉献一出什么样的戏剧呢?

其实,阿铎已经把自己的详细想法写在戏剧理论文集《剧场及其复象》里面了,这部戏剧的名字叫《征服墨西哥》:

- 这部戏剧将全面表现16世纪的欧洲殖民者如何野蛮地征服阿兹特克帝国(今天的墨西哥)——文明的冲突、信仰的冲突、战场上的冲突,等等。戏剧场景将远远超出美洲大陆,直达欧洲各国的宫廷,展现幕后的阴谋和宏大战略。

- 在第一幕,会出现庞大的阿兹特克城市,包括神庙、宫殿以及玛雅文化的废墟。这些城市和自然景观将通过灯光达到"若隐若现"的效果,让观众感觉亦幻亦真。在阿兹特克城市里翩翩起舞的土著人,也应该自带"迷雾和流星一般的"视觉特效,因为对普通观众而言,他们本来就好像神话中的人物。

---

[1] [法]翁托南·阿铎:《剧场及其复象》,浙江大学出版社,2010,第149页。——编者注

- 接下来，会展现一些宏大的场景，例如阿兹特克末代君主蒙特祖玛二世与大臣们商讨如何抵抗西班牙殖民者，阿兹特克人民围绕着要不要抵抗而产生的纷争，以及围绕入侵者产生的种种自然奇观、不祥之兆。西班牙军队乘坐战舰，在海浪之中出现。

- 在第二幕，西班牙殖民者跨越千山万水，征服了各种自然障碍，通过各种阴谋哄骗阿兹特克人，终于把数百人的军队带到阿兹特克首都城外。经过激烈的争吵与谋划，蒙特祖玛二世意识到首都很可能沦陷，决定独自冲向西班牙人的队伍。

- 第三幕和第四幕描绘了阿兹特克人与西班牙人的大决战，蒙特祖玛二世竭力抵抗历史宿命，西班牙人毫无顾忌地烧杀抢掠，美丽的世界奇迹在大火之中化为废墟。最后，野蛮的殖民者迫使阿兹特克人放下武器。全剧的结尾是蒙特祖玛二世的葬礼，这代表了整个阿兹特克文明的命运。古老的遗迹上沾满了鲜血，在鲜血之上又长出了青苔……

它的情节看起来像不像一部好莱坞大片？资深影迷可能会想到《角斗士》《天国王朝》《宾虚》等战争历史题材的经典电影。然而，阿铎在世的时候很不欣赏电影（虽然他本人演过很多电影），因为电影是平面的，而且无法与观众产生互动。他有一句名言："在胶片上，一切有活力和有生命力的东西都永远地丧失了。"这就是他一定要改造剧场、用剧场去征服观众的原因。现在，电影技术进步了很多，可以实现3D画面，IMAX巨幕和杜比全景声可以将观众置于光影声剑之中，但终究那只是通过一块银幕进行的，与阿铎的愿景相距甚远。

第 4 章 阻碍元宇宙实现的障碍：不仅仅是技术，也不仅仅是监管

当前的家用VR技术，则完全可以实现阿铎的"残酷剧场"：观众坐在一个虚拟剧场的中央，看着戏剧冲突在周围发生，令人眼花缭乱的灯光、精美复杂的布景、数量庞大的人物、出人意料的声音特效，再加上一些轻微的运动，就可以营造出无与伦比的沉浸感。阿铎认为，戏剧最大的魅力不在于语言，也不在于狭义的"剧情"，它们都只是征服观众心灵的手段；戏剧的魅力在于多种表达方式的融合，就像一颗复合穿甲弹药，能够击碎观众的心灵防线，从而掀起最大限度的感动。

因此，我们不妨大胆预言：在未来十几二十年内，阿铎的"残酷剧场"可能成为元宇宙内容开发最重要的理论依据之一。这也给传统戏剧、影视行业从业人员带来了方向：他们可以把成熟的叙事手段和工业技法与VR技术结合，创造更具沉浸感的立体体验，从而征服元宇宙用户。在这个阶段，VR设备无法模拟空间感和触觉的缺陷，是可以忍受、可以忽略的，只要在内容当中避免太激烈的空间转换即可。

有必要补充一下，即使"残酷剧场"理论得到广泛运用，导致影视专业人士大举渗透到元宇宙，也不意味着电影行业能够取代游戏行业成为元宇宙的主导者。在前面的章节，我们已经论证过，元宇宙的本质是"大型开放世界游戏"，用户通过这个游戏平台来接触各种各样的内容。经过改良的沉浸式VR电影、VR交互视频，虽很有可能成为元宇宙世界里十分热门的内容，但电影公司毕竟只是内容提供方，不负责运营平台。我们坚定地认为，游戏公司在短期和长期的未来，都将是元宇宙产业的领导者和最大受益者。经过一段时间的发展，影视行业可能逐渐被吸收合并到游戏行业中，形成一个崭新的"元宇宙内容行业"，而不是相反的。

云计算与边缘计算：容易被人忽视的技术瓶颈

2019年11月，谷歌旗下的Stadia云游戏平台正式开始运营，在A股市场掀起了一波"云游戏风暴"。凡是沾上"云游戏"概念的公司，无论是通信设备公司、软件公司还是游戏公司，都会受到投资人的追捧。A股市场认为，云游戏的革命性意义，比十年前的手机游戏还大——它会拓宽游戏的受众面，使得用户可以脱离硬件限制，随时随地玩任何大型游戏。难道这还不值得激动吗？

遗憾的是，在不到两年后，Google Stadia便走到了难以为继的地步：2021年2月，谷歌关闭了专门为Stadia研发游戏的工作室，从此放弃了自研内容路线；5月，包括Stadia副总裁、总经理、发行总监在内的六位管理层离职，Stadia的市场推广活动也明显下了一个台阶。虽然谷歌至今还声称Stadia"活得很好"，接下来还有大规模扩张的计划，可是明眼人都能看得出来，这个平台就算不关掉，今后几年的日子也不

第 4 章 阻碍元宇宙实现的障碍：不仅仅是技术，也不仅仅是监管

会太好过。

Google Stadia的命运，只是云游戏行业整体"高开低走"的一个缩影。自从2004年以来，至少有三十家公司开展过大规模的云游戏商业运营，其中绝大多数都已关闭或破产。现在，在全世界范围内，只有五六家平台的云游戏服务还算经营得下去：

- 英伟达旗下的GeForce Now从2013年即开始内测，2017年开始小范围公测，直至2020年初才开始商业运营，是目前口碑最好的云游戏平台之一。英伟达既不做游戏平台也不做游戏内容，做云游戏更多的是想发挥自己在芯片技术上的优势。

- 索尼旗下的PlayStation Now从2014年开始商业运营，是目前持续运营时间最长、用户数量最多的云游戏服务。作为全球三大游戏主机厂商之一，索尼对云游戏寄予厚望，认为它将成为与实体光盘、数字下载一样重要的游戏分发形式。

- 微软旗下的Xbox Cloud Gaming从2019年开始商业运营，2021年9月正式上线。微软也是三大游戏主机厂商之一，它希望以云游戏为基础，打通各类硬件平台，实现它梦寐以求的"占领消费者客厅"的目标。

- 亚马逊旗下的Amazon Luna从2020年开始在美国的商业运营，尚未拓展到其他国家。虽然亚马逊在游戏平台和游戏内容方面都很孱弱，但它的强项在于AWS（Amazon Web Services）的云计算，以及与Twitch直播平台的融合。此外，Amazon Luna的价格也非常低廉。

- 中国移动旗下的咪咕快游云游戏平台也取得了一定的成果，或许可以算作国内唯一已经初具规模的云游戏服务。作为电信运营商，中国移动在带宽[1]、算力等方面具备独特的优势。

- 相比之下，Google Stadia反而是其中最缺乏特色的云游戏平台。除了会砸钱之外，它确实没有多少竞争力，何况现在还没有多少钱可砸了。

请注意，上述所有云游戏服务，它们覆盖的人群都还很小，都还远远谈不上"出圈"。截至2021年一季度，PlayStation Now拥有320万用户，这个数字高于任何竞争对手。也就是说，全球主流云游戏平台加起来，可能仅仅覆盖了1000万左右的用户，对全球游戏玩家的渗透率还不到0.5%。果然，理想是光明的，道路是曲折的。现在，哪怕是最喜欢炒概念的A股市场，对云游戏也产生了免疫力，很少再有公司自称云游戏概念股了。

为什么云游戏的发展速度大幅度落后于资本市场的预期呢？原因无非是两个：用户体验差、成本高，它们其实是同一个问题。

Google Stadia平台推出前，自称可以达到"4K分辨率+每秒60帧"的流畅运营。然而，根据媒体测试，Stadia平台首发的《命运2》等3A大作，只能达到1080P或1440P的分辨率，帧速也只能在30帧到60帧之间波动。在这种情况下，Stadia仍然会带来70毫秒左右的通信延

---

[1] 网络带宽是指在单位时间（一般指的是1秒钟）内能传输的数据量。——编者注

第 4 章　阻碍元宇宙实现的障碍：不仅仅是技术，也不仅仅是监管

迟，这对许多电竞游戏而言，可能是致命的。

在玩《王者荣耀》时，我们通常会很在意右上角出现的通信延迟数据：一般 50 毫秒以下算是非常优秀，50～100 毫秒只能说马马虎虎，100 毫秒以上就可能影响游戏体验，200 毫秒以上就基本没法玩了。假设通信延迟为 100 毫秒，这就意味着从你输入指令，到服务器接到指令、计算指令、把结果返回你的手机，至少会有 0.1 秒（1 秒 = 1000 毫秒）的差距。此外，我们还需要考虑到手机触摸屏和处理器还会产生一些本地延迟，一般在几十到一百毫秒以内。

游戏玩家究竟能忍受多高的延迟？根据《欧洲玩家》杂志的调查，如果总延迟超过 200 毫秒，玩家体验就会严重下降；133 毫秒是一个比较合理的延迟数值，而射击、格斗、MOBA 等电竞游戏可能需要 67 毫秒以下的延迟。这就是大型电竞赛事总是在专业场馆举行的原因之一——现场比赛可以最大限度地降低双方的通信延迟。

根据部分媒体的测试，Google Stadia 在运行《命运 2》等电竞游戏时，会额外产生 70 毫秒的延迟。也就是说，如果玩家通过本地电脑启动《命运 2》的延迟时间为 100 毫秒，那么通过 Stadia 平台运行的延迟时间就是 170 毫秒——这足以毁掉游戏体验。但是，谷歌官方并不赞成这个测试结果，认为 Stadia 的实际延迟没那么高。此外，谷歌有信心在两年内，把云游戏的延迟降低到可以忽略不计，甚至比本地计算还要低！

这听起来似乎不可思议，但其实是可以做到的：如果谷歌的云游戏服务器算力足够强大，网络速度足够快，就完全可以做到"负延迟"——在服务器端进行计算然后传回玩家屏幕的速度，比玩家本地计算的速度还要快。2019 年 10 月，谷歌预测可以在两年内做到"负延迟"，从而让云游戏的用户体验彻底超越传统游戏；现在，已经过去了

两年多的时间，谷歌并没有实现自己夸下的海口。因为提升服务器算力、提升网速都需要砸钱，而谷歌没那么多钱可砸……

云游戏概念的高开低走，对元宇宙而言，是一个不祥之兆。为了向用户提供庞大、丰富、沉浸感极强的内容，元宇宙平台占据的存储空间肯定非常大，对硬件计算能力的要求非常高。因此，元宇宙平台的主体只可能在云端运行，用户以使用类似云游戏服务的方式接入。在现有的技术条件下，这该产生多么久的延迟？

试想一下，现在的主流云游戏服务，在运行《荒野大镖客2》《命运2》这样总容量上百GB的游戏时，都会出现难以忍受的延迟，何况是运行总容量几百TB，甚至几个PB（1PB=1024TB）的元宇宙内容呢？高沉浸感的VR内容可能需要每秒几百MB至几个GB的传输速度，目前全世界大部分地区的电信基础设施还不足以满足这个要求。有人天真地认为，5G的普及可以解决云游戏的带宽问题。他们没有想到的是，5G只能解决"最后一公里"，除非对整个电信主干网络进行大规模升级，否则还是无法满足元宇宙的要求啊！此外，如果元宇宙走进千家万户，导致大批用户每分每秒都在进行百兆级别的传输，5G网络在"最后一公里"也未必撑得住。

更糟糕的是，用户对VR内容的延迟其容忍度多半很低。还记得为什么我们会有"VR眩晕"吗？那是由视觉与肢体空间感的不平衡导致的。我们在线下VR场馆没有很强的眩晕感，那是因为计算是在本地完成的，延迟能控制在几十毫秒以内。如果在元宇宙时代，每一个动作都会导致100毫秒到200毫秒的延迟，那就会严重加剧眩晕感，就连一个简单的打招呼也有可能引发恶心、呕吐。这还怎么玩转元宇宙？

有人会说：让我们购买超大容量的本地存储器，把元宇宙的大部

第 4 章 阻碍元宇宙实现的障碍：不仅仅是技术，也不仅仅是监管

分内容提前下载到本地不就可以了？且不说几百TB乃至PB级别的存储器有没有可能普及、普及的成本又会有多高，就算它普及了，也只能解决小部分问题。我们在元宇宙世界里，需要社交、需要与各种各样的人互动，这些人可能来自世界的每一个角落。假如我们每次的互动必然伴随着剧烈的延迟，谁还会对互动感兴趣呢？难道，我们能彻底放弃元宇宙的社交属性，只跟NPC互动吗？

要解决元宇宙（以及一切云游戏服务）的延迟问题，归根结底还是要依靠边缘计算。这是从云计算派生出来的新概念，更准确地说，云游戏其实是一个"边缘计算"应用，而不是一个"云计算"应用。这些概念有些晦涩，让我们对此加以解释：

- **传统"云计算"的思路就是"云+管+端"**：海量数据存储在大型数据中心（云），通过高速宽带网络（管），传输到用户本地设备（端）。随着数据中心的不断进化、电信带宽的不断提升，越来越多的计算任务从本地设备转移到数据中心。在理想状态下，用户只需要向数据中心发送请求，用本地设备接收计算结果即可。

- **我们可以把"云计算"模式想象为用一个大型自来水厂给城市供水**。每家每户不用再保留自己的蓄水池，更不需要自己打井、自己过滤水源，只需要保证从自己家到自来水厂的水管线路畅通即可。但是，这个模式很不稳定，容错率极低，容易受到各种天灾人祸的影响。更重要的是，水的流动需要时间，那些住在离自来水厂五十公里之外的住宅区，得到的自来水供应肯定不怎么稳定，他们若发现水质下降也不知道是哪个环节出了问题。

- **为了解决上述问题，有必要加入一些"边缘枢纽"**。自来水厂不再直接给居民供水，而是把水输送到每个区域的供水站，它们一方面承担蓄水缓冲的使命，一方面也可以调节水质。任何用户离供水站的距离都不会超过5公里，一旦用户反映供水出现问题，首先排查从供水站到小区的管线，然后是供水站，最后才排查主干管线。

- **这种加入了"供水站"的模式，就是边缘计算**。你可以认为，边缘计算仍然是"云+管+端"，但是"云"不再是几百公里外的大型数据中心，而是几公里甚至几百米外的本地数据中心。用户提出的任何需求，首先由本地数据中心满足，实在满足不了的那些再上升到更高层次的"云"。

内容分发网络（CDN）就是一种早期的边缘计算应用。我们能够在爱奇艺、腾讯视频等视频平台以极低的延迟率看到高清画质的视频内容，便是因为视频平台建立了一个"中心-边缘"结构的CDN，中心节点负责全局控制，边缘节点的缓存设备负责向用户分发内容。当用户发出的内容请求在边缘节点找不到时，才会被发送到中心节点；如果在中心节点还是没有副本，就要直接向主站发起请求（这种情况极为罕见）。

过去多年，CDN承担的主要使命是"存储"和"传输"：用户想看的文字、图片和视频等内容，被存储在各个节点上，需要的时候传输过去即可，所以，用户的本地设备还是需要一定的计算能力。举个例子，现在大部分智能电视自带蓝牙投屏功能，但是显示器往往不带，这是因为前者一般内置解码器，而后者没有本地解码能力。来自任何信号源的视频数据，毕竟还是需要本地解码，才能让用户流畅观看。

如果在此基础之上更进一步呢？如果为边缘节点增加强大的计算能力呢？那就是典型的"边缘计算"了。在不太遥远的未来，视频转码的使命可能完全由CDN承担，边缘节点发到本地设备的是已经完成解码的图像和音频信息，届时你的设备可以不用任何算力，只要有一块显示屏即可。最奇妙的是，这个边缘节点可能就在你住的小区大门外几百米的一个地下室里，通信延迟极低。这就相当于把存储和计算能力同时搬到了离你最近，但又不用占用你日常生活空间的地方！

在元宇宙概念诞生前，边缘计算最重要的应用领域是物联网（Internet of Things）。所谓物联网，就是给一切物理设施装上传感器，把它们的实时状态转化为数据信息。这些物理设施，显然不可能具备太强的计算能力，甚至可能完全没有计算能力——有人畅想着今后可以给每一块镜子、每一只杯子、每一个枕头都装上CPU，但这么做会造成巨大的浪费，根本没有人需要如此。

正确的方法是只让物理设施收集数据，然后上传到边缘计算设备完成数据处理。其实，你自己的电脑也能作为一个边缘计算设备，它可以不间断地从你家的温度计、湿度计等器具中收集环境信息，然后得出开启或关闭空调的指令。目前，很多家庭的门禁系统其实就是对边缘计算的应用，来自家中所有摄像头的信息被汇总到一个专用电脑（或是智能家居App），人们可以随时查看和分析。

在元宇宙时代，我们能想象的数据存储和计算能力分布，大致是这样的：

- **本地设备，例如电脑、游戏主机或VR一体机**，存储一个最基本的客户端，其大小不会超过目前大型游戏的水平（30～100GB）。在目前的技术条件下，客户端仍然是不可或缺的，一方面客户端可以负责比较初级的运算、判定，一方面它也能在网络条件不好时给用户一些缓冲。如果用户乐意，他们也可以在读取大型场景的等待期，玩一些单人游戏，或浏览本地存储的视频。随着技术的不断进步，本地设备的算力要求持续下降，客户端也越来越小，若干年后可以完全消失。

- **边缘计算节点，就是社区乃至小区级的服务器**，负责存储常用的、近期热门的，或者本地属性比较强的内容，并顺带进行计算。例如，各地高星级酒店自带的边缘节点，可能存储了大量本地旅游、交通和商务的相关信息；年轻人聚居的小区附近的边缘节点，则可能存储很多与时尚潮流相关的信息。边缘节点的数量应该非常大，甚至比现在的移动基站密度还要大。到了那时，人们所谓的"信号不好"，可能就不是指移动网络信号不好，而是指自己离边缘节点太远。

- **地区级计算节点，可能存在多个级别**，从区县级、市级、省级到国家级，直到大洲级。每个级别的节点，都要承担大数据分析、智能调度的使命——例如观察到某个主题、人物或事件的热度突然上升，就要立即把相关内容调度到本地的各个边缘节点。任何边缘节点出现问题，首先要由最近一级的地区级节点调查、解决，尽量把问题留在本地。随着通信技术的进步，宽带传输速率上升、稳定性提高，计算节点的级别也可以逐渐缩减，未来可能只剩下2～3个主要级别。

- **中央节点**，直接与元宇宙平台方的数据中心对接，只承担核心的调度

第 4 章　阻碍元宇宙实现的障碍：不仅仅是技术，也不仅仅是监管　　173

和内容管理任务。当然，在区块链和分布式计算成熟之后，完全可以取消"中央节点"，由大批的区域级或国家级节点共同承担任务，从而达到彻底的"去中心化"。在技术上，这样做的难度不大，主要的难题在于监管，我们在后文还会展开讨论。

上述愿景，最需要的是钱，需要很多的钱，很多、很多的钱。若想建设这样一个庞大而先进的边缘计算网络，投入的成本可能比建立一个电信主干网还要高。你可能会觉得亚马逊AWS、阿里云、腾讯云这样的公有云体系就够烧钱的了，可是元宇宙需要的边缘计算体系可能比它们加起来还要烧钱。这样的基础设施，不一定每个元宇宙平台都需要建立，完全可以大家合用，就像现在腾讯、阿里、字节跳动、百度旗下的应用可以使用同一个电信网络一样。问题在于，必须有人先做一个边缘计算网络出来啊。那到底由谁来做呢？

无论由谁来做——电信运营商、公有云厂商或是新兴公司，掏钱的人必须是元宇宙平台运营商。所以，元宇宙行业再次面临着一个"先有鸡还是先有蛋"的问题：要等待行业慢慢成熟、产生收入和利润，再用利润去支付基础设施建设成本，那实在是太慢了；要迫不及待地展开基础设施建设，需要前期投入的钱又实在太多，谁敢承担这样巨大的风险？

巨大的基础设施所需的巨大资金投入，为元宇宙的市场竞争增添了一种巨大的不确定性。我们在上文指出过，像Meta、Google这类"纯粹的平台公司"，并不具备自研内容的实力，所以它们很难成为元宇宙初期的开山鼻祖。游戏公司，尤其是那些创新型的自研公司，可以凭借"杀手级"的内容，抢占元宇宙时代的统治地位。可是，平台公司的资源（包括但不限于财力）还是比游戏公司要大一些的。Take-Two的市值约为200亿美元（2022年1月数据），Epic Games最近一期融资的估值为287亿美元，它们加起来也只有Meta市值的二十分之一。平台公司能否通过纯粹的资源碾压，率先建立一个良好的边缘计算体系，从而把主动权从游戏公司手中夺回来呢？

　　这个问题我们还无法回答，没有人能未卜先知。无论上述场景会不会成为现实，但有一点是可以肯定的：像是腾讯、微软、任天堂、索尼这样的同时拥有强大的内容及平台业务的公司，在元宇宙时代初期会有一个极好的出发点。因为它们同时具备内容方和平台方的优点，又能避免双方的大部分缺点。我们在后续章节还会讨论这个话题。

由区块链引发的监管问题：不仅仅是加密货币！

读者此时应该注意到了，直到这里（本书内容过半），我们还没有集中讨论市场最喜闻乐见的区块链问题。虽然我们在前文也提到了加密货币和NFT对元宇宙经济体系的重要意义，但是并没有展开太多。这是不是意味着，我们认为区块链对元宇宙并不重要呢？

恰恰相反。区块链对元宇宙而言，是一项非常重要的底层技术，其重要性可以与VR/AR、边缘计算相提并论。然而，区块链并不等于加密货币，更不等于炒币。在这里，我们明确反对对区块链技术的庸俗化解读。因为对元宇宙而言，区块链至少具备如下意义：

- **通过NFT商品的创造和交易，解决元宇宙用户的生计问题。** 在元宇宙内部，人们既不能直接生产实体商品，也不能使用实体商品。那么，如果一个人要在元宇宙世界通过劳动实现自给自足，他应该怎么做呢？最佳方式是进行NFT艺术品的创作，然后通过公开场所拍卖，或者私下卖给自己信任的人。每件NFT艺术品都是独一无二的，既能避免被偷窃，也能防止盗版滋生。某些艺术家甚至能在元宇宙世界里赚到比现实世界更多的钱。

- **通过数字加密货币，提高元宇宙经济系统的稳定性和公信力**。目前的各种"元宇宙"雏形平台，大多只存在与现实货币挂钩的虚拟货币（如QQ的Q币、Roblox的Robux等），不存在独立的加密货币系统。若要说服人们以元宇宙为主要的工作和生活场所，就必须打造出一个不可摧毁、人人信服的经济系统，这种经济系统只可能建立在加密货币之上。元宇宙平台可以直接采用比特币、以太币（ETH）[1]等成熟加密货币，也可以发行自己的加密货币。但是，元宇宙平台的加密货币其价值必须稳定，不能大起大落，否则就不能成为经济系统的支柱了。那些想去元宇宙世界"炒币"的人，恐怕注定要失望。

- **利用区块链的可追溯性、不可篡改性，建立一套安全的虚拟身份系统**。在互联网时代，我们一般是通过邮箱、手机号、社交网络账号来登录各种应用。虽然这些账号背后往往绑定了身份信息，但还是不够安全，从而为"互联网黑产"[2]提供了生存土壤。元宇宙很可能成为我们每个人的"第二人生"，所以身份认证系统一定要非常完善，

---

[1] 以太币是以太坊（Ethereum）的一种数字代币，被视为"比特币2.0版"。——编者注

[2] 互联网黑产指以互联网为媒介，以网络技术为主要手段，为计算机信息系统安全和网络空间管理秩序，甚至国家安全、社会政治稳定带来潜在威胁（重大安全隐患）的非法行为。——编者注

第 4 章 阻碍元宇宙实现的障碍：不仅仅是技术，也不仅仅是监管

甚至比现实中的生物识别还要强大。唯有区块链技术能满足这一要求——即便是元宇宙平台出现了"内鬼"，其也很难篡改或盗用用户的身份信息。

- **借助区块链的"去中心化"本质，实现元宇宙平台的社区自治**。谷歌前CEO施密特对元宇宙提出的最强有力的质疑就是："元宇宙需要规则，可谁来制定规则？"理想情况是大家一起来制定，但元宇宙平台很可能垄断一切权力，而在平台上运行的人工智能则有可能最终篡夺一切权力，形成施密特所谓的"伪神"。如何保证每个人都有制定规则的话语权呢？只能依靠区块链。我们完全可以要求，一切元宇宙平台在上线之初就制定好基本规则，由广大用户集体决定社区大政方针，而用户信息是通过区块链存储的，所以不可能被篡改；而且，平台规则本身也可以用区块链撰写，不能以自上而下的方式进行修改，只能由用户的多数意见修改。这样，元宇宙平台的用户便自然地成为了"主人翁"，能够自己决定自己的命运。

设想一下，几十年以后，大部分人类可能一出生就进入了元宇宙，拥有一个不会重复、不可消灭、终身不变的区块链身份证。他们的姓名、年龄、个人信息、财产、学历、经历，全部记录在区块链上，即便是《黑客帝国》中那般强大的人工智能也很难将其篡改。在那时，一个人成年之后，可以从事以区块链为基础的NFT艺术品创作，换来以区块链为基础的加密货币。元宇宙社区内的大小事务，不论是本地事务还是全球性事务，都能以区块链的方式进行讨论或投票。元宇宙内部的一切规章制度，只能在多数人通过身份验证表示赞成的情况下，才能修

改。这是不是人类从古代开始便孜孜以求的"大同世界"呢？

NBA球星斯蒂芬·库里花费55个以太币（价值约为18万美元）购买了NFT头像

是不是"大同世界"尚不得知，但各国政府和监管部门肯定会对此高度警惕。从诞生之日起，区块链就因为其绝对的"去中心化"特征，引发了无穷无尽的监管争议。币圈人士往往会争辩说，"去中心化"是人类进步的象征，是最大限度地实现个体自由的表现，也是现代市场经济的精髓所在。然而，要反驳上述观点也是很容易的——"去中心化"总得有一个限度，绝对的"去中心化"不就是无政府主义吗？在这种情况下，不可能实现真正的个体自由，反而会导致所有人相互对抗，恶行不断，无法无天，没有人能安然处之。

我们身处的现代社会的管理方式，其根源可以追溯到卢梭的《社

第4章 阻碍元宇宙实现的障碍：不仅仅是技术，也不仅仅是监管

会契约论》：每个人让渡一部分自己的自由，形成一个"中心化"的权威，它既是个体的管理者，又要向全体负责。只有最极端的无政府主义者，才会鼓吹"取消中心"，让每个人只对自己负责。元宇宙作为一种高度复杂、科技含量很高的社会组织形式，难道真的要回到原始社会，以百分百的"去中心化"方式实现自我管理吗？这种逆历史潮流而动、过于惊世骇俗的行为，我们有理由对此表示怀疑。

话说回来，因为元宇宙目前尚处于发展早期，离"无政府主义"状态差得还很远，所以各国监管部门对元宇宙的打击力度暂时还很小，目前主要集中在两个方面：**税务问题，以及对金融体系的破坏。**

数字加密货币的交易行为，可以完全绕过任何银行、中介机构和监管机构，实现数字钱包之间的"点对点交易"，因此很可能引发严重的偷税漏税问题。作为全世界管得最宽、执法能力最强的税务监管机构，美国国家税务局（Internal Revenue Service, IRS）早在2014年就签发了《2014-21号备忘录》，对以上问题进行了规定：

在联邦税务层面，虚拟货币应该被视为一种财产。财产交易所涉及的税务规则，同样适用于虚拟货币交易。为了缴税，虚拟货币应该以买入或卖出时点的美元汇率定价。当一位纳税人以"挖矿"方式获得虚拟货币时，他必须按照当时的美元汇率缴税。任何纳税人，只要在一个纳税年度内使用价值600美元以上的虚拟货币进行支付，就必须向国税总局报税。

任何币圈人士在看完上述规定后，肯定会先大吃一惊，然后予以痛斥——因为这实在是太苛刻了！只要在一年之内支付或收到超过价值

600美元的加密货币，就需要报税，自己"挖矿"也不例外，那么，炒币时的赢利或亏损也必须照章纳税。关键在于，美国国税局不承认加密货币是一种货币，而认为它是一种资产。任何加密货币交易，无论是通过交易所进行还是私下进行，都必须按照房地产、股票或基金的交易规则进行报税。请注意，这只是联邦层面的税收要求，美国各州可以推出更详细、更苛刻的要求。

只不过，鉴于加密货币的去中心化特性，只要交易双方决定保守秘密并做好相应准备，完全可以做到来无影去无踪，让税务部门无从查起。在具体实践中，各国监管部门一般采取的措施是严管"从加密货币到法币"的环节，因为加密货币难以直接消费，大部分投资人还是会换成本国的法定货币。这样，监管者就能从法币银行账号，追溯到加密货币的交易行为，从而对其征税或施加更严厉的监管措施。如果投资人意识到早晚有一天会被课税（甚至会因为偷税漏税而被处罚），便会倾向于在交易加密货币的同时，及时照章纳税。

那么问题又来了：如果投资人不需要把加密货币换成法币了呢？从2020年10月开始，全球最大的第三方支付平台PayPal已经接受了比特币的支付和存储；2021年上半年，特斯拉曾经短暂地接受比特币作为一项支付手段；2021年10月，瑞士的楚格州甚至开始接受用比特币缴税。这样的例子会越来越多，今后，在元宇宙世界，用户完全可以赚加密货币、花加密货币，几乎不需要与法定货币打交道。那么，现实中的税务部门还有权利对元宇宙用户征税吗？请相信，这个问题很快就会提上各国政府的议事日程。

与税务问题同样重要的，是加密货币的投机性和可操纵性。无论加密货币是否代表了人类的未来，它的价格波动幅度显然大于绝大部分

第4章 阻碍元宇宙实现的障碍：不仅仅是技术，也不仅仅是监管

法定货币，而且非常容易被操纵。在这方面，前世界首富埃隆·马斯克[1]（Elon Musk）大概最有发言权：

- 2021年1月29日，马斯克通过推特宣布"它（比特币）是不可避免的趋势"，导致比特币价格在一小时之内上涨了18%。

- 2021年2月4日，马斯克在自己的推特账号反复提到"狗狗币"（Dogecoin），导致这种本来很少有人关注的加密货币价格大涨。4月15日，马斯克又用推特发表了与狗狗币相关的图片，导致它的价格翻倍。2021年5月10日，马斯克宣布Space X将发起一次完全由狗狗币提供融资的登月任务。

- 2021年2月8日，马斯克创立的特斯拉宣布将接受比特币作为支付手段，由此引发比特币价格的新一轮大涨。然而，5月12日，特斯拉又宣布终止接受比特币，因为"挖矿的过程会消耗化石燃料，从而加剧气候变化"。

- 2021年6月，马斯克又宣布，如果比特币"挖矿"人士能够改用可再生能源，让绿色能源消耗占比超过50%的话，特斯拉可以考虑再次接受比特币支付。话音刚落，比特币价格再次大涨。[2]

---

[1] 2020年底，埃隆·马斯克的净资产达到了1948亿美元，成为世界首富。目前马斯克的排名有所滑落。——编者注

[2] 2021年7月22日，马斯克在一次会议中透露：一旦比特币挖矿对环境造成的负担减少，特斯拉很可能会恢复比特币购买；2021年12月14日，马斯克发推特称将以测试的形式接受狗狗币作为支付手段，狗狗币的市值应声上涨。——编者注

作为一种总市值接近1万亿美元（2022年1月数据）、全世界流动性最高的加密货币，比特币竟然可以随着马斯克的几句话便暴涨暴跌。此外，按照创造者自己的说法，狗狗币本来是"一个笑话""一种搞笑而友好的互联网货币"，却在马斯克如同玩笑一般的鼓吹下，总市值突破1000亿美元（已下跌）。很多人怀疑，马斯克是在给自己或自己旗下的公司坐庄，美国证交会等监管机构也不止一次表达过对操纵加密货币行为的关切——但也仅此而已。就算马斯克真的坐庄了，在现行法律框架下也很难对他进行实质性处分。

由此引发了一个悖论：基于区块链的加密货币，在理论上"去中心化"，它理应是无法控制、难以操纵的。可是，像马斯克这样具备较强市场号召力的"名流"，却能够因为自身的言论，轻易让比特币或狗狗币的价格暴涨暴跌。在国内，币圈大佬吹捧某些流动性很低的加密货币，从而哄抬价格的"割韭菜"的行为，更是屡见不鲜。在一个正常的资本市场，这种明目张胆的操纵行为必然会在第一时间受到监管部门的调查；但是在加密货币市场，监管部门既没有足够的权威也没有足够的技术手段来展开调查。马斯克等超级富豪只在币圈呼风唤雨，却很少尝试操纵真实的股票、债券、期货或外汇市场，原因很好理解——柿子拣软的捏。

在现实社会里，加密货币尚未成为人们的主要支付手段，币值大起大落的影响有限。可是在元宇宙世界，加密货币很可能构成整个社会的经济基础，任何大幅波动都可能是致命的。试想一下，如果你今天早上收到的工资，在晚上立即贬值了20%，明天早上又升值了30%，那么你的生活还能如常地继续下去吗？币值的大幅波动，将严重削弱人们进行生产劳动的积极性，大部分人将要么加入炒币大军，要么放弃元宇宙转而回到现实世界。

届时，元宇宙平台的运营商不得不面临一个艰难的抉择：要不要限制"炒币"，甚至限制一切投机性的加密货币交易行为？严格地说，平台运营商可能做不到这一点，炒币的人完全可以在第三方平台上进行交易。如果元宇宙平台想对此予以控制，就必须与各国政府协同，建立完善的加密货币市场监管机制。这样，元宇宙的"去中心化"就得打上一个巨大的问号，因为它可能必须依靠政府的"中心化"监管才能正常运营。

除了加密货币这个因素之外，在元宇宙内部，还存在其他诸多因素，导致"去中心化"的管理体制很难彻底执行：

首先，人类的个体能力千差万别，能力比他人强的人，往往能聚集更多的财富和权力。在私有制下，财富的聚集最终将导致"财阀"或"世家大族"的出现，一般人只能依附在"财阀"之下以求糊口。在现实中，财富的二次分配是由中心化的监管部门主导的，那么在元宇宙世界，如果不存在这样的监管部门，财富会不会无限制地集中？

其次，在任何一个社会，只要存在规则，就会存在违反规则的人。在现实社会，执法部门和司法机关都具备"中心化"权威，其强制力得到了全社会的认同，所以可以除暴安良、维护社会秩序。那么在元宇宙世界，如果不存在"中心化"权威，也就不存在执法和司法部门，又该由谁来维护社会秩序？

再次，上文提到，元宇宙社区可以在后台写入规则，让全体用户以"少数服从多数"的方式决定社区事务——这种决策流程看起来是"去中心化"的。然而，每个用户都有可能受到威逼利诱，从而做出违背自己本意的选择。在现实中，这可能涉及贿选或干扰选举之罪，在元宇宙中，如果不存在"中心化"权威，便不会有这样的罪名。结果，所谓"少数服从多数"很可能沦为一纸空文，实际是由少数贿选者决定一切。

现在我们就可以想象到，一个市场操纵者如何在元宇宙世界里通过符合平台规则的方式对平台秩序构成严重威胁，甚至夺取大权：

- 会有人像马斯克那样，通过操纵元宇宙平台的加密货币，赚取巨额资本。对那些在现实中就很有影响力的"名流"而言，这种事情一点也不困难。

- 加密货币不是完全不可操纵的。理论上，如果一种加密货币的51%以上的份额被同一个人掌控，就可能被操纵、篡改（即所谓"51%哈希攻击"[1]）。在历史上，至少有三种加密货币遭受过这样的攻击。在元宇宙世界，这种情况完全可能出现。

- 如果元宇宙平台不存在"中心化"权威，平台运营商只是一个管理者，不具备强制执法权，那么野心家在控制这个平台的加密货币之后，就没有力量能管束他了。他甚至不用使用暴力，只需要用经济资源收买一切反对者即可。

---

[1] 51%攻击（双花攻击），整个网络中有人的算力超过了全网的51%，破坏了区块链去中心化的特性，也让网络处于被攻击的危险中。其目的是攻击某个区块链网路，破坏它的安全性，让它失去人们的信任。——编者注

- 元宇宙平台的身份机制、投票机制，同样也可以通过经济收买去打破。试想一下，一个人若拥有了全世界半数以上的财富，还有什么投票是他操纵不了的呢？

归根结底，元宇宙世界可能比现实社会还要脆弱。毕竟元宇宙的规则是由人制定的，是有限的，不可能像现实世界的物理规则那么复杂且自洽。无论多么强大的元宇宙平台，背后也只是运行在服务器上的一连串代码。对这种人造社会的管理，如果采用"去中心化"的方式，结局很可能就像上文提到的那样，形成自然垄断，被某个野心家（或野心团体）操纵。如果采用"中心化"的方式，结局可能就像施密特的预言所述，最终由某个无所不能的人工智能去决定一切，人类只能屈服在这个"伪神"的淫威之下。

幸运的是，我们离元宇宙的成熟，至少还有几十年。也就是说，人类还有足够的时间去预测在元宇宙世界可能遇到的种种问题，各国监管部门也还有足够的时间对定将到来的元宇宙进行评估、拿出预案。无论如何，在迈进元宇宙时代的门槛之后，人类将有必要对自身的社会组织方式进行一次抉择，那可能是进入工业时代以来最重要的一次抉择。本书的读者，只要运气不差，应该都能够赶上这次抉择——届时我们会看到全人类做出什么样的回答。

元宇宙的"幻灭低谷期"将在何时到来?

信息科技产业最著名的咨询公司Gartner(Gartner Group,第一家信息技术研究和分析的公司)提出了"炒作周期"(Hype Cycles),又称"技术成熟度曲线"。指任何新技术,以及基于技术的商业模式,都会经历以下五个阶段:

1. **创新萌发期**:在技术研发产生初步成果后,第一批创业公司拿到风险投资,然后产生了第一批产品——这些产品往往价格很高、制作很不成熟。早期客户开始评估采纳这种技术的可行性,其他行业的公司也开始考虑跨界进入这一领域。

2. **期望顶峰期**:大众媒体开始鼓吹这种技术,大批创业公司乃至成熟公司纷纷入行。基于该技术的产品数量增加、应用面拓宽，投资者产生了不切实际的乐观情绪，投资泡沫涌现。在期望值的顶峰，负面媒体报道开始出现。

3. **幻灭低谷期**：该领域的公司开始破产或重组，残存的少量公司拿到了第二、第三轮风险投资。在此过程中，该项技术的成果获得了少量客户的全面采纳，产生了实际经济价值。比较成熟的换代产品开始出现，配套服务也日益完善。

4. **复苏爬升期**：现在，这个领域细分市场的需求正在增加，但供给者的数量不再增加（甚至还在持续减少）。大部分公司能够赚到合理利润，开始总结方法论、提高生产效率。在此基础上出现了更成熟的产品，甚至有使用门槛很低的产品套装。

5. **成熟稳定期**：真正的高增长时期开始了。在所有潜在用户当中，有20%～30%的人已经使用了这项创新技术成果，而剩下70%～80%的人要留待此后的漫长岁月去开发。围绕这项技术的风险投资黄金时期结束，公司上市的热潮才刚刚开始。

炒作周期曲线：

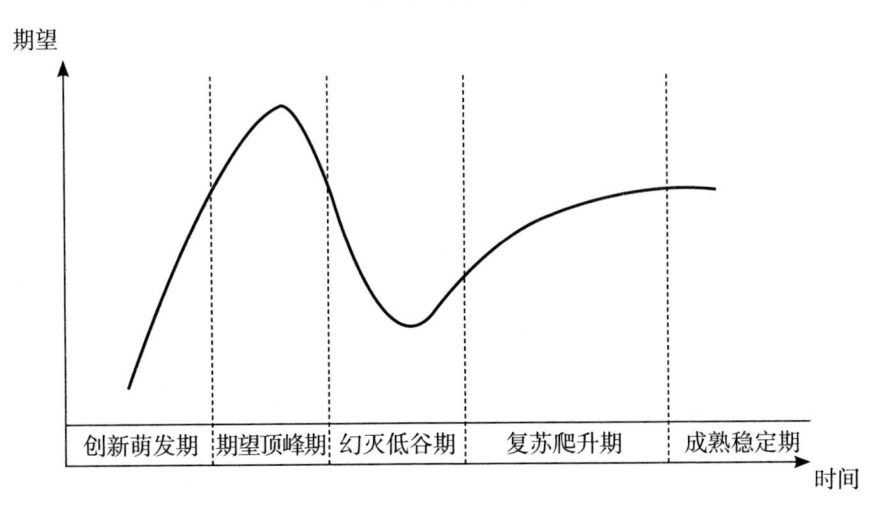

期望 ↑

创新萌发期 | 期望顶峰期 | 幻灭低谷期 | 复苏爬升期 | 成熟稳定期 → 时间

如果把元宇宙视为一个完整的技术概念，它现在处于哪个阶段？显然，它应该在"期望顶峰期"。尤其在2021年，随着Epic的融资、Roblox的上市、Facebook的改名，整个互联网和科技行业几乎人人都在讨论元宇宙。从技术公司到内容公司，只要能把自己与元宇宙概念挂钩，就不难拿到投资。现在的媒体上充斥着对元宇宙的美好憧憬，却很少有负面的报道。令人哭笑不得的是，"第一批元宇宙产品"甚至尚未出现，我们迄今看到的只是各种各样的元宇宙的雏形而已。

只要历史规律没有改变，在未来不长的时间内，我们一定会看到元宇宙在国内外的"幻灭低谷期"。六七年前，元宇宙的先驱——VR技术，也经历过这么一次大起大落：

2015年上半年，暴风影音的母公司暴风集团在A股上市，创下了连续37个涨停板的神话。为了维持高昂的估值，暴风集团全力拥抱VR概

第 4 章 阻碍元宇宙实现的障碍：不仅仅是技术，也不仅仅是监管

念，将暴风魔镜（暴风影音发布的VR头显）鼓吹为自己的VR硬件拳头产品。其实，暴风魔镜只是最低层次的"VR手机架"，根本不能提供沉浸式体验。可是当时的A股市场情绪高涨，根本不在乎这一点。

- 2015年下半年，A股创业板泡沫开始破裂[1]，但投资者尚未彻底丧失信心。暴风集团宣布下一代暴风魔镜将具备更高的技术含量，并且与自家的智能电视产品绑定。号称创业板龙头的乐视网也加入了VR战局。截至2015年年底，市面上出现了十几款"VR手机架"产品，人人都说自己拥有核心技术。

- 2016年，创业板估值持续下滑，证监会严查概念炒作，暴风集团、乐视网股价不断下跌。2017年初，市场注意力转移到了手机游戏、短视频、直播等新兴领域，VR技术不再被视为未来的发展方向。VR产业的低潮期一直持续到2021年，"元宇宙"概念再次引爆了VR产业，许多VR设备和内容公司均以"元宇宙"公司的身份拿到投资。

可以看到，当年VR概念在国内的演变，可谓"成也暴风，败也暴风"。在2015年，暴风集团董事长冯鑫一度被A股投资人视为互联网创业的典范，他对VR技术的吹捧引发了大批其他公司的跟风，从而在短短几个月以内炒热了VR硬件市场。随着2016年创业板泡沫彻底破灭，暴风集团逐渐被资本市场边缘化，VR概念也就随之一去不复返了。

而在元宇宙领域，国内并不存在这样的"标杆公司"。绝大部分A

---

[1] 2015年上半年，中国A股市值出现"疯牛式"增长，创业板指数在2015年6月5日达到巅峰，之后泡沫破裂，股价断崖下跌。——编者注

股游戏公司都自称在做元宇宙，腾讯、网易、字节跳动等互联网巨头在加注元宇宙，bilibili、芒果超媒这类视频平台在做元宇宙，就连"新国货"消费品公司也号称要进军元宇宙——可是谁才是元宇宙的龙头呢？到处是"龙头"，也就意味着没有龙头。既然如此，元宇宙的"幻灭低谷期"肯定不会因为某一家国内公司的产品失败而破灭。

在国外，我们倒是至少可以找到两家元宇宙"标杆"公司：平台公司中的Meta Platforms，以及内容公司中的Roblox。这两家公司的共同特点是，把元宇宙作为一个长期口号，但在短期并不依赖真正意义上的"元宇宙"来赚钱。只要它们能维持收入和利润的增长，同时让市场认为自己走在元宇宙的正确道路上，那它们的戏就可以继续唱下去。

在我们看来，刺破当前"元宇宙泡沫"的力量，很可能来自监管方面——包括国内和国外两方面的监管。在元宇宙的鼓吹者、创业者当中，不乏币圈人士，很多自称元宇宙的应用也以加密货币或NFT为主打功能。在各国税务部门和金融监管部门对加密货币日益苛刻的情况下，元宇宙变成了币圈的一个"世外桃源"，似乎只要打着元宇宙的旗号，就能减轻炒币所面临的压力。然而，监管部门也并不愚钝，在认识到元宇宙与币圈的千丝万缕的关系之后，对元宇宙施加严格管理也只是时间问题。

在国内，未成年人保护也是一个潜在的监管问题。从2021年9月开始，我国全面实行历史上最严格的未成年人游戏防沉迷系统，18岁以下的用户每个星期基本只能玩三小时游戏，而且限定在周末或节假日的晚上。我们在上文分析过，元宇宙在本质上是一个"大型开放世界游戏"，那它就必然面临未成年人防沉迷问题。事实上，现在许多线下VR场馆正在刻意回避自己的"游戏"属性，仅仅强调自己的"密室逃脱""沉浸体验""多人竞技"的招牌。但是，仅仅换个称呼，是不可

第4章 阻碍元宇宙实现的障碍：不仅仅是技术，也不仅仅是监管

能逃避监管的。线下VR场馆大量存在的恐怖、悬疑、惊悚内容，很可能在未来的某一个时间点受到某种程度的整治，就像2021年下半年发生在剧本杀行业的事情一样[1]。

还有一种可能性，那就是在全球疫情平息之后，元宇宙的雏形产品暂时丧失吸引力，用户基数和收入大幅下降，由此引发投资者对元宇宙概念的质疑。可以看到，当前所有流行的与元宇宙相关的产品，都在一定程度上吃到了疫情导致的"宅家红利"：

- 《罗布乐思》在2020年3月至7月用户剧增，在此期间新增的用户比过去十四年新增的还要多。尤其是它在2020年7月推出的"派对空间"功能，满足了美国青少年在家里开虚拟派对的需求。

- Oculus Quest 2的热卖，在一定程度上也是因为疫情导致人们在家办公和在家娱乐的需求激增。扎克伯格甚至认为，远程办公的潮流是不可逆转的，就算疫情结束了也一样，最终会使得"人类完全脱离地理位置的束缚"。

- 国内线下VR场馆的流行，也得益于其他出门娱乐形式让出的市场份额。例如，电影院、剧场在过去两年都遭遇了惨烈打击。VR场馆因为单场参与人数较少，受到的影响反而较小，而且吃到了商业地产租金降低的红利。

---

[1] 国内多地要求剧本杀行业经营单位对剧本开展自审，加强对行业的管理。——编者注

- 2020年，美国及全世界的PC销量出现了罕见的回升，PC端游和主机游戏用户也大幅上升。这很大程度上是疫情期间用户以游戏代替出门活动所导致的。Epic Games、Take-Two等潜在的元宇宙厂商，都吃到了这一波红利。

讽刺的是，Epic创始人斯威尼在驳斥扎克伯格的元宇宙愿景时，曾说："远程办公不是人类的刚性需求，在疫情结束之后，远程办公就会退潮。"然而，全球疫情的结束很可能也意味着游戏产业的退潮，以及整个元宇宙概念的暂时退潮。这种全球性的变化，再加上各国监管部门可能采取的行动，将共同促使元宇宙从"期望顶峰期"跌落到"幻灭低谷期"。

这种情况会在什么时候出现？不知道。但根据历史规律，它是必然出现的。我们不妨进一步思考：在这个"幻灭低谷期"到来之后，又会发生什么？

大批创业公司倒闭、资本撤出、媒体翻脸，这些就不用说了。更重要的是那些大公司的动向——还有多少巨头愿意在"元宇宙"概念被资本市场唾弃的情况下，还日复一日地在这个领域投入重金，不在乎自己的季度利润受到影响呢？

绝大多数平台公司很难坚持下来。Google是其中的典型，最近十年它做的大部分消费端产品都是"一两年热度"，像Stadia这样坚持了三年的服务已经堪称不朽。亚马逊恐怕也好不到哪里去，它的自研游戏和电影业务都是高开低走，这很大程度上与其管理层缺乏耐心有关。不过，这两个巨头本来在元宇宙方面的投入就不多，退出了也无伤大雅。

Meta Platforms（Facebook）断然不会放弃以VR技术为发展方向——它已经投入了十年的时间和几百亿美元的研发成本。但是，扎

第 4 章　阻碍元宇宙实现的障碍：不仅仅是技术，也不仅仅是监管　　193

克伯格可能会换一个名词去描述他的VR愿景。在2020年以前，扎克伯格极少提到元宇宙一词，到了2021年他却摇身一变，成为元宇宙的旗手，这很好地体现了扎克伯格对市场热点的敏锐嗅觉，以及他语不惊人死不休的个性。如果没有了元宇宙一词，他还可以使用"远程办公""虚拟办公""VR传送"等各种新概念。唯一值得讨论的是，届时Meta需要再改成什么名字呢？

在中国，腾讯大概会默默坚持下去。这是因为一方面腾讯拥有庞大的游戏业务，另一方面它还有QQ这个元宇宙平台的候选者，此外，腾讯是Epic Games的第二大股东，还可以方便地借鉴后者的成果。大家很可能已经注意到了，在2021年的元宇宙热潮中，腾讯大抵是表现最低调、最不乐意公开透露自己的元宇宙计划的互联网巨头。既然它现在不急于追逐热点，那么，当热点降温之后，它应该也不会急于退出。

字节跳动的动作则很难预测——它在2021年8月才通过收购PICO进军元宇宙，已经太晚了。它的游戏业务尚未取得多大成功，手头的平台和产品也不适合进化为元宇宙。在广告业务增长乏力，游戏和教育业务前途未卜的情况下，字节跳动在未来几年的重心将是电商。在这种情况下，如果元宇宙概念降温，它很可能会丧失进一步投入的兴趣。

我们接下来谈谈游戏公司，Epic Games肯定会坚持下去，它已经以实现《雪崩》中的场景为战略目标了。Roblox的前途则有些晦暗不明，因为它尚未实现稳定赢利，以未成年人为主的用户群也不太适合激进的商业化。目前，Roblox的估值远高于Epic，因为前者的"元宇宙"成分更浓、更符合投资者的期待；可是一旦元宇宙概念降温，缺乏自我造血能力的Roblox可能迅速屈居Epic之下，眼睁睁地看着后者在这条赛道上夺取领先地位。

至于Take-Two这样的传统游戏公司，虽然自认为比Facebook更接近元宇宙愿景，可它骨子里依旧怀疑元宇宙概念的可行性。因此，Take-Two不可能在自己怀疑的概念上投入太多资源，一旦元宇宙的概念遭遇市场质疑，它可能会立即将其抛弃。包括Take-Two、EA（美国艺电公司）、动视暴雪[1]、育碧在内的欧美大型游戏公司一般都是上市公司，每个季度都需要面对来自股东的拷问，所以很难在元宇宙的"低谷幻灭期"仍然聚焦于这个方向。

　　相比之下，像米哈游这样的非上市公司倒是具备独特的优势——它不缺钱，不需要在乎短期业绩，而且还对元宇宙有充分的认知和计划。一旦元宇宙概念陷入低谷，只有米哈游这样的公司才能逆势扩张，以较小的代价完成技术和内容的突破。附带说一句，Epic也是非上市公司，在各项业务上与米哈游有异曲同工之妙。

---

[1] 动视暴雪是原属于暴雪娱乐的美国游戏开发商，2022年1月，微软宣布收购动视暴雪。——编者注

第 5 章

谁最有可能打开元宇宙的大门？

互联网平台、VR硬件厂商以及游戏公司的角逐，各自的打法如何？谁会夺取最后的胜利？

互联网平台公司：腾讯、索尼这类有丰富游戏内容经验的公司，可能会比Facebook、字节跳动这种缺乏游戏内容经验的公司，更能占据先机。

VR设备及系统公司："重度化"是唯一出路，依靠手机架或轻量设备小打小闹是没有前途的，这就好比游戏行业初期依靠街机和网吧取胜。

纯粹的游戏公司：Epic Games、米哈游、网易……事实上，欧美一线开放世界游戏大厂的机会也很多，尽管它们还站在场边观望。

互联网平台公司：凭内容经验抢占先机

我们正处于互联网时代通往下一站的开端，技术使得人们能够更自然地联系和表达。PC互联网时代，我们一般在网站上输入文字；移动互联网时代，带摄像头的手机使得互联网变得更加视觉化和移动化；随着连接速度的提升，视频成为人们生活中必需的体验分享方式。从PC互联网到移动互联网，从文字到图片再到视频，这并不是互联网发展的终点，实体化的互联网将是全人类的未来。正如10年前我们离不开电脑，现在我们离不开手机，未来让我们无法离开的很可能会是全息影像。元宇宙不会只由一家公司创建，它将由许许多多的创造者和开发者共同构建，创造可互操作的新体验和数字项目。

就目前来说，我们有着多种不同的途径来实现元宇宙，就笔者看来，目前这些方式有"开放派"和"封闭派"、"肉体派"（VR）和"灵魂派"（区块链）、"渐进派"和"激进派"之分。

"开放派"vs"封闭派"：Epic Games的CEO蒂姆·斯威尼曾表示，"虚拟世界必须保持开放，必须像互联网一样在开放标准中发展。你不会想要一个跟Facebook、iPhone，安卓或者Twitter一样的封闭系统，因为它们会把你锁定在它们的封闭系统中。它们会监控你正在做的事情，它们希望从你的每一笔交易中抽佣，并把你的私人信息卖给最高出价者。人们已经被骗进这些封闭系统中。但下一次，我们需要一些开放的东西。我们想要的不是一家公司，而是一个协议，任何人都可以贯彻实施的协议"。这正是"开放派"和"封闭派"的矛盾所在——元宇宙应该是"开放的标准"还是"封闭系统"？互联网巨头更倾向于封闭系统，新兴企业更推崇开放的标准，这无非是双方对各自利益考量的结果。开放派无疑是理想的，但实现的过程十分艰难，不单单是传统巨头会想办法封闭体系，各个政府的监管也很难允许完全的"开放的标准"。

　　"肉体派"vs"灵魂派"：区块链代表的灵魂派强调先构建"自由"，VR代表的肉体派强调"沉浸体验"；灵魂派关注"私产"，肉体派注重"技术发展"；灵魂派关注"去中心化"，肉体派关注"可实现性"。出于对监管以及对未来的考虑，互联网巨头更倾向于VR技术发展，新兴企业和资本市场更推崇区块链解决方案。相比之下，目前的VR设备在清晰度、流畅性、交互性以及内容储备等方面都还不成熟，而区块链技术和NFT相对而言更加成熟、更容易实现。其实问题的关键在于，纯粹地以"赚钱"为驱动力的区块链模式元宇宙，它的经济系统是稳定的吗？在本书首章，我们就讨论过Axie Infinity的经济系统，Axie的供给是存量玩家提供或生产出的材料，Axie的需求是新增玩家的配置，如果存量玩家不持续地消耗生产出来的资源，那么通货膨胀就会加剧，而AXS游戏币的有限性也会使得玩家的先发优势过于明显，从而最终导致整个经济体系的崩塌。只有单纯的共识是不够的，还需要有真正的"喜爱"，才会实现元宇宙经济体系的长期供需平衡。

"渐进派"vs"激进派"：二者的主要区别在于是要通过现有的互联网形态逐步过渡至元宇宙，还是从底层创作跨越式实现元宇宙。Epic是"渐进派"的代表，其开发的游戏《堡垒之夜》以传统的游戏模式吸引用户，并且在此基础上不断添加社交、经济等新的元宇宙要素，本质上是在PGC基础上进行UGC改造。Roblox是"激进派"的代表，其开发的游戏《罗布乐思》从一开始并不提供游戏，只提供开发平台和社区，以创作激励机制吸引用户，从而完全由用户去打造元宇宙，其发展模式本质上是UGC创作。二者并无根本优劣之分，但"渐进派"依托于传统互联网形态的禀赋，容错率更高，过程也更平滑。

综合三条元宇宙的分岔路，封闭式、VR技术导向、渐进式的道路或许最具有可实现性。纵观互联网平台，腾讯、索尼这类有丰富游戏内容经验的平台，很可能比Facebook、字节跳动这类缺乏游戏内容经验的平台更能占据先机。对VR设备及系统公司来说，"重度化"是唯一出路，依靠手机架或轻量设备小打小闹是没有前途的，这就好比游戏行业初期依靠街机和网吧取胜。对于纯粹的游戏公司，如Epic Games、米哈游、网易……事实上，欧美一线开放世界游戏大厂的机会也很大，尽管它们还站在场边观望。

此外，智能硬件可分为两类：其一，内容驱动型产品，包括电视、主机等；其二，生态驱动型产品，包括手机、电脑等。VR产品的成长路线将类似于早期的主机，需要通过优质的内容来带动，但由于其受众仍然较小，会遇见一定的瓶颈，但随着功能的不断演进，未来VR

产品很有可能成为像手机一样的通用技术设备。另外，VR设备也将是内容驱动的产品，我们可以从历代游戏主机的更迭中寻找一些经验。

主机是内容为王的行业——用户专业且买断制要求用户具有一定的甄别能力。游戏IP经久不衰，强大的独家内容是主机厂商的核心竞争力。在第三世代主机的竞争中，任天堂凭借着红白机取得了巨大的成功，最终占据了35%的日本家庭和30%的美国家庭市场，其核心要诀在于第一方内容超高的销量和渗透率，比如《超级马里奥》（4024万销量、65%渗透率）、《俄罗斯方块》（3000万销量、48%渗透率）、《打鸭子》（*Duck Hunt*，任天堂在1984年发行，2830万销量、46%渗透率）。内容为王的生态下，玩家必不唯一。随着主机的蓬勃发展，大量的第三方厂商应运而生，"垄断"也使得任天堂与第三方内容日渐背离。与此同时，索尼凭借着第一方游戏平稳发展的状况，与南梦宫、卡普空（CAPCOM，日本电视游戏软件公司）等一系列CP（Content Provider，内容提供商）方签订独占合作，凭借内容方助力，PlayStation 2赢得了第六世代主机战争的胜利。因此，游戏无疑是VR领域最重要的C端应用，内容方的价值将被明显放大。

相比于硬件厂商和游戏厂商，移动互联网巨头切入元宇宙有着天然的优势。其一，VR设备短期内难以成为代替智能手机的新设备载体，大概率会在一定阶段以类似主机的形式存在。那么，具有流量优势的互联网巨头，可以通过一定手段对自身阵营的VR设备进行一定的流量扶持。其二，互联网公司有着广泛的第一方和第三方内容合作，相比硬件厂商有着更广泛的内容优势。爆款内容带动硬件普及，硬件普及提升内容赢利能力，内容是贯穿整个主机战争的决胜利器。

内容方面，游戏经验优先。我们认为腾讯、索尼这类有丰富游戏内容经验的平台，可能比Facebook、字节跳动这类缺乏游戏内容经验的平台，更能占据先机。正如上文所说，元宇宙之所以可以称为"宇宙"，沉浸感是至关重要的。根据QuestMobile2021中国移动互联网秋季大报告的相关数据显示，2021年9月，在中国移动互联网一级行业中，金融理财月活用户规模最大，约占11.53%；移动社交、移动购物和移动视频行业月活用户分别以11.32%、11.01%、10.83%的占比紧随其后，办公商务和游戏的占比最少，分别是6.19%和5.31%。可以看出，在移动互联网时代，社交与生活服务相关内容占据了绝大部分的用户时长。然而元宇宙和移动互联网相比，金融理财、中短视频、社交的差异性或者说性能提升性相对有限，用微信聊天和在虚拟时间里聊天并无显著差异，虚拟世界里的社交也无法代替现实社会的社交，这也导致了用户缺乏足够的动机进入元宇宙。

什么内容会让用户每天沉浸在元宇宙里几个小时到十几个小时，不愿意回到现实世界呢？毫无疑问是优质的游戏，尤其是在元宇宙的早期。内容是世界上最难做的生意，互联网的历史一次次证明，跨界做游戏几乎注定失败。

腾讯：从移动互联网霸主到元宇宙霸主

腾讯如何思考"元宇宙"的实现路径？腾讯有着怎样的资源禀赋？下一个互联网时代腾讯会不会仍是霸主？接下来，让我们先看看腾讯是如何思考元宇宙的。

在腾讯2021年第三季度财报电话会议里面，被投资者问得最多的就是监管和元宇宙。公司认为元宇宙是非常宏大的概念，是人们将物理世界的进一步扩充，让现实世界更加丰富，将为游戏、社交等行业带来新的机遇。要实现元宇宙，腾讯有着许多不同的道路可以选择，例如可以开发高度互动、开放世界类型的游戏；也可以在同一IP/世界观下开发不同品类的游戏；也可以通过游戏平台让玩家通过完善的基础设施自行开发；也可以在社交网络中引入更多游戏化因素；还可以通过AR/VR技术提供更真实的物理世界体验。腾讯具备绝大部分元宇宙的基础要素能力，有技术和"Know-How"（专门技术）构建模块，在游戏、社交方面具备经验，具有引擎、AI等技术方面的优势，并且能够连接更多的用户，这些东西都能够很好地支撑腾讯去打造元宇宙。

在移动互联网时代，腾讯占据绝对的霸主地位。在月活跃用户排名前50的App中腾讯占据十几个，从产品矩阵上看：社交软件包括微信和QQ，微信拥有超过12亿月活跃用户，日均使用时长超85分钟，兼具熟人社交和即时通讯功能，具有最强的直接网络效应，其网络价值随着连接用户数的平方成正比；QQ紧随其后，拥有超过5.7亿月活跃用户，日均使用时长约35分钟，积极拥抱Z世代用户，有望成为腾讯元宇宙计划的先行军。游戏软件包括《王者荣耀》《和平精英》《欢乐斗地主》等，《王者荣耀》拥有超过1亿月活跃用户，日均使用时长超过140分钟，是国内覆盖用户最广的游戏，其IP逐步延伸至开放世界等多种游戏类型，如《王者荣耀·世界》等，因此它也可能成为构建元宇宙的一种方式；《和平精英》的月活跃用户与《王者荣耀》相近，日均使用时长约98分钟，其"绿洲启元"活动计划为玩家搭建一个玩法制作平台，构建每个玩家心目中的"Oasis"。非游戏软件包括视频、直播、音乐和阅读等方面的，腾讯视频拥有超过4.3亿月活跃用户，日均使用时长约67分钟，拥有海量影视剧内容；QQ音乐、酷狗音乐以及酷我音乐构成腾讯音乐矩阵，月活跃用户（非去重）超7亿，日均使用时长在20～40分钟之间；QQ阅读拥有超过3400万月活跃用户，日均使用时长约107分钟。视频、音乐、文学都可以构成腾讯元宇宙的一部分或者是其重大组成要素。

腾讯以游戏、金融科技等为商业化核心，基于账号体系的间接收税方式十分高效且能实现共赢。2021年第三季度，腾讯实现总收入1423.7亿元，扣除非归母净利润（归属于母公司所有者的净利润）

后为317.5亿。分业务来看：社交网络的收入为303亿元，占总收入的21.3%，主要包括视频、音乐付费会员和直播打赏收入，也包含移动游戏分给微信、QQ的渠道分成款。游戏收入449亿，占总收入的31.5%，考虑到微信、QQ分账，游戏收入542亿，占总收入的38.1%；其中手游收入为425亿元，端游收入为117亿元，主要由《王者荣耀》《使命召唤》《天涯明月刀》等游戏贡献。网络广告业务收入225亿，占总收入的15.8%，社交广告占据绝大部分，约190亿。金融科技及企业服务收入433亿元，占总收入比例为30.4%，数字支付交易规模增长贡献明显。事实上，微信、QQ的直接商业化能力并不强，二者主要是通过游戏渠道分账、账号体系来支撑团队竞技类游戏和支付业务，以实现间接商业化，腾讯游戏和金融科技业务占比接近70%，这些业务都将是腾讯通向元宇宙的重要基础设施或要素。

在第二章我们已经赋予了元宇宙一些新的定义：规模庞大、持续存在、社交性强、沉浸感强、具备开放内容生态、去中心化管理体制。基于这些定义，我们可以归纳出元宇宙所需要的五个核心能力：拓展现实、图像引擎、游戏经验、UGC生态以及社交系统。

拓展现实方面，腾讯目前并未布局VR/AR硬件领域，但它投资了威魔纪元等VR内容开发商，本身也具备将传统内容移植到VR平台的能力。图像引擎方面，腾讯持有Epic Games公司40%的股份，后者的虚幻引擎占据着全球商业游戏80%的市场，诸如《绝地求生》《曼达洛人》[1]和《蝙蝠侠》等游戏、影视内容的制作均采用虚幻4引擎，腾讯在虚幻4引擎的使用上也已驾轻就熟。游戏经验方面，毫不避讳地说，腾讯拥有全球最领先的研发实力，在MOBA、FPS等游戏类型上一

---

[1] 美国拍摄的首部《星球大战》真人剧集。——编者注

骑绝尘，《王者荣耀》系列（包括最新预告的开放世界RPG《王者荣耀·世界》）与《和平精英》"绿洲启元"项目都将是腾讯元宇宙的潜在载体，而且它正逐步推展开放世界等品类。UGC生态方面，腾讯在公众号、短视频等内容领域有着众多的第三方内容创作者，无论是盈利上还是发展上腾讯都给予了非常大的空间；在游戏UGC方面，《罗布乐思》国服由腾讯代理，整体表现不温不火，当然，这和国内玩家的喜好有关，毕竟沙盒类游戏在海外的受欢迎程度远高于国内；社交系统方面，腾讯拥有微信和QQ两大"头部"应用，二者又存在一定的互补性，微信倾向于全年龄段熟人社交，QQ则倾向于年轻用户的半熟人社交。一方面，我们认为由于技术和网络限制，VR设备将在很长一段时间内类似于主机的存在——它难以取代手机，出于便捷性考虑，移动设备上的社交关系仍然占据主导地位。腾讯可以将这种基于移动设备的社交嫁接到VR世界，建立新的元宇宙。另一方面，腾讯也可以通过对QQ进行产品升级，添加VR功能、增加游戏性玩法，将其直接转变成元宇宙。

腾讯元宇宙核心能力图：

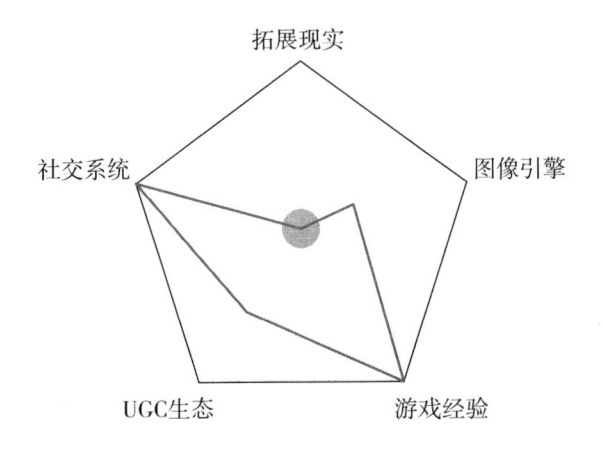

前文我们已分析过腾讯的产品矩阵、业务模式、元宇宙的思路和能力禀赋，接下来，我们将从腾讯公司布局中的蛛丝马迹里去探索可能的元宇宙路径。比如"在同一IP/世界观下开发不同品类的游戏"的"元"宇宙方式，换言之，在同一款游戏中，可以融入更多不同的玩法来构建元宇宙，最好的例子是《和平精英》。《和平精英》的"绿洲启元"项目让创作者们共创游戏玩法，以补足多元化的要求。随着技术发展和监管方式的成熟，游戏中VR技术和区块链经济系统的应用都会非常自然。电影《头号玩家》中，"绿洲"是主人公投身的虚拟世界，也是人类历史上最好玩、最宏大、最具沉浸感的游戏，《和平精英》同样希望拥有这样的"绿洲"，这也是"绿洲启元"项目的初心——不再是熟悉的、屡见不鲜的地图和玩法，而是全新的。

截至2021年11月，"绿洲启元"中总共有6种玩法，对应的游戏分别是非对称对抗的《小红帽与大灰狼》和《猫鼠大作战》，有着经典玩法味道的《打鸭鸭》，多人跑酷竞技的《和平运动会》，还有与主玩法类似，但题材和细节都有所不同的《异变战场》和《蛋糕大乱斗》，这6款玩法都由第三方研发团队开发、《和平精英》项目组团队协助完成[1]。战术竞技品类本身就是非常开放的玩法，依靠《和平精英》这样一款核心产品，则较容易构建一个更大的平台，创造一个能让所有玩家投身其中的游戏世界。

接下来我们以两款游戏玩法为例，简单介绍这种开放模式。《小红帽与大灰狼》是典型的非对称对抗类游戏（不同阵营的对抗人数不同），玩家会被分为"小红帽"阵营和"大灰狼"阵营，"大灰狼"的

---

[1] 2021年12月，"绿洲启元"更新了第7种玩法。新增的《重装出击》是"4V4"模式的据点争夺游戏。——编者注

胜利条件是在限定时间内把"小红帽"关进笼子里,而"小红帽"可以一边逃跑、一边收集散落在地图中的蛋糕素材和增强道具,阻止"大灰狼"接近他们。收集到足够多的蛋糕素材后,"小红帽"可以变成"女猎人",反过来教训"大灰狼"。《和平运动会》是最受欢迎的模式之一,玩家需要在运动会中通关不同的项目,每轮实行末位淘汰制,最终通关的玩家获得胜利。一方面,第三方自制游戏模式可以鼓励创新;另一方面,也可以通过"试错"来调研玩家的需求和喜好。任何一个工作室都无法把产品做到那么多元化,真正的"绿洲"绝对不是七八个小游戏就能满足的,更多的玩法需要由第三方工作室和用户们共同来创造。在编辑功能中,游戏内的场景、建筑、武器、载具,都能够作为可视化的资源模块供开发团队放置、调动;甚至,开发者还可以上传自己制作的资源,通过项目组提供的工具和技术极大降低游戏创作的门槛、提高游戏创作的效率。"绿洲启元"这种"元"宇宙的方式是渐进式的,在继承了用户基数的情况下,不断补足多元化、沉浸感和经济系统的短板,具有高容错率和可操控性。

另一种"元"宇宙的方式,是开发高度互动、开放世界类型的游戏。开放世界游戏可以说是当今最为流行的游戏类型,因为这类游戏拥有极高的自由度,它包括广袤的地图、众多的可探索区域、海量的可交互物品和丰富的剧情线,这些要素组成一个无比真实的世界,给玩家带来了强烈的沉浸体验,非常适合成为元宇宙的载体。全球最大游戏娱乐媒体IGN(Imagine Games Network)盘点了TOP 10开放世界游戏,《侠盗猎车手5》《塞尔达传说:旷野之息》《荒野大镖客2》《巫师3:狂猎》《上古卷轴5:天际》《刺客信条4:黑旗》《孤岛惊魂4》均在其列。Take-Two的CEO施特劳斯·泽尔尼克在很早之前就公开表示过："*GTA Online*就是最大的'Metaverse',如果'Metaverse'指的是一个让人以数字化身出现在其中的数字场景,那么Take-Two可能就是最大的元宇宙公司",用泽尔尼克的话来说,可以让自己的化身与人们聊天、出去玩、骑自行车、冲浪、驾驶、竞技、讲故事、参加在线活动、玩棋牌……如果只要这样便是元宇宙,那么Take-Two已经做到了,而且最大最好的元宇宙就是*GTA Online*、《荒野大镖客Online》。

2021年,腾讯旗下的第一手游《王者荣耀》迎来了六周年纪念,其中最震撼的莫过于开放世界RPG《王者荣耀·世界》的消息。高画质和精细建模、原作的场景和怪物、流畅的连招和协同战斗等各种元素都让玩家们眼前一亮,因此《王者荣耀·世界》迅速跻身社交媒体的热搜榜单。开放世界玩法源自拥有更多重度游戏的PC和主机平台,而移动设备一直被认为只能承载轻度游戏玩法,随着软硬件技术的提升,移动游戏在质量上飞速进步,开放世界玩法逐渐出现在移动端。腾讯大举进入原创3A开放世界,为进军元宇宙走下了坚实的一步。2021年10月,现已故的腾讯游戏引擎开发组组长毛星云发表文章宣布,筹划已久、专注于原创3A开放世界的天美F1工作室正式亮相。"天美F1工作室"在美国的洛杉矶和西雅图、加拿大的蒙特利尔、新加坡等地均设有团队展开协同研发(Co-develop),共同承载时代赋予的使命:探索游戏未来形态,用AAA品质、原创IP,服务全球、全平台玩家。要知道,光有"钞能力"并不一定能成功,天美研发开放世界的底气来自于其母公司在引擎技术、美术、研发等方面的积累。

还有一种"元"宇宙的方式是在社交网络中引入更多游戏化因素。2021年4月,腾讯平台与内容事业群(PCG)内部发文宣布进行新一轮的组织架构和人事调整。最重磅的人事任命当数腾讯副总裁、腾讯互娱（IEG）天美工作室群总裁姚晓光接手了PCG社交平台整体业务。PCG社交平台业务两大产品正是QQ和QQ空间，姚晓光成为了QQ新的掌舵人，此举也被认为是腾讯在元宇宙领域的一次尝试。姚晓光一直以来都被认为是腾讯游戏的"中流砥柱"，从2006年加入腾讯后，他一直潜心于腾讯自研业务，是天美工作室群的负责人。本次的调整能够更好地为QQ的未来注入技术和想象力，推动"社交+游戏"进化。

腾讯平台与内容事业群业务架构：

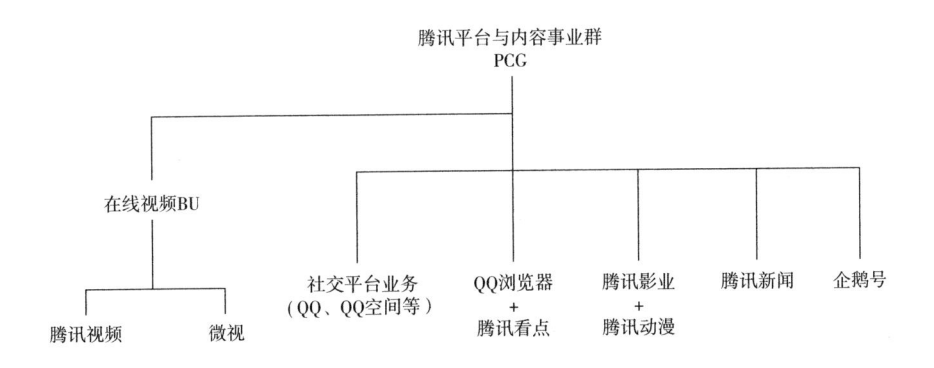

```
                腾讯平台与内容事业群
                        PCG
    ┌───────────┬──────────┬─────────┬─────────┬─────────┬────────┐
在线视频BU    社交平台业务   QQ浏览器   腾讯影业   腾讯新闻   企鹅号
              (QQ、QQ空间等)    +         +
              腾讯视频  微视    腾讯看点   腾讯动漫
```

可以说，最早让每个用户拥有数字化身的互联网产品就是QQ。早在2003年，QQ就已经具备了元宇宙的基础要素，这里指的是一代人见证的QQ秀。据说，QQ秀是腾讯的产品经理许良在韩国某个社交网站上冲浪时，对在付费前提下给用户提供表情、装扮、家具的虚拟形象"Avatar"功能"一见钟情"，并决定把它本土化，加入QQ之中——也就是2003年1月上线的QQ秀。可以说，自那以后QQ便在迈向元宇宙的路上前行。

2021年11月，QQ内测了一项新功能"QQ频道"，QQ频道是一项

"娱乐协作新方式",用户可在其中找到志同道合的伙伴,在相同的频道内聊天、直播、"开黑"、创作等等。QQ频道位于底部Tab栏的独立入口,足见其重要性。根据内测玩家的消息,QQ频道包含许多自频道,具体体验上类似于平台游戏中不同类型的玩法。比如文字频道,用户可以聊天、斗图、发红包;语音频道,支持99人连麦,像是一个大型聊天室;直播频道,支持直播和打赏;应用频道,服务于投票、开黑等活动。虽然依托于腾讯QQ,但在QQ频道里,用户完全可以用一个新的身份进行社交。除了目前缺少能让用户赚钱的"经济体系",QQ几乎是元宇宙一份完美答卷的体现。

毫无疑问,腾讯这样的多元化互联网巨头具有非常多的元宇宙要素禀赋,它可以通过不同的"基地/载体",补足"缺失要素",逐步实现元宇宙目标。游戏和社交将成为腾讯对元宇宙的重要突破口,产品经理文化和赛马机制(鼓励员工争先创优的企业管理机制)也非常有助于创新,腾讯的"元"宇宙将是百花齐放的。

Meta：用Oculus先发制人，以社交优势赋能VR应用

2021年10月28日，Facebook举办Connect大会，会上Facebook创始人扎克伯格正式宣布公司进行战略转型，聚焦元宇宙发展并将公司更名为Meta Platforms，Oculus品牌也将同时被废弃，并入Meta品牌下。当马克·扎克伯格将Facebook重新命名为Meta时，他正在大胆地对未来的愿景押注：一个人们相互联系并生活在虚拟世界中的技术乌托邦。

虽然这个"元宇宙"的愿景在未来似乎遥不可及，但如果可以实现的话，扎克伯格坚信，旗下的Facebook是有着30亿用户的强大社交网络，即便现在Meta可以说是世界上最具争议的科技公司，也必须果断地采取行动，捕捉他认为将成为互联网下一次发展基石的东西。未来，公司现在的核心社交网络业务只作为Meta的一半基业，而致力元宇宙的部门Reality Labs（原AR/VR部分）将成为另外半壁江山。

Facebook早期员工之一，现被提拔的集团首席技术官安德鲁·博斯沃思（Andrew Bosworth）和Instagram前产品主管Vishal Shah均被任命去开发元宇宙。公司表示2022年将在元宇宙上花费100亿美元，并且这一运营成本将在未来几年上升。

Facebook是Meta集团旗下的美国在线社交媒体和社交网络服务平台，Meta公司的业务模式非常简单且单一，广告收入超过其总收入的95%。目前，Facebook几乎垄断了除中国大陆以外的世界大部分地区的互联网个人社交网络。因此，自主研发社交平台的公司，即使在产品设计、用户体验等方面都优于Facebook，也很难打入市场。造成这一现象的主要原因是，个人社交平台对用户的价值会随着用户亲朋好友的加入而增加。Facebook自身并没有内容，内容均来源于用户本身，它只是一个将用户的社交圈子联系在一起的平台。由于用户长期使用Facebook，随之在Facebook上建立了大量的社会关系，积累了大量的照片、视频等个人内容，因此转换社交平台的成本非常高。新的社交平台很难在短时间内形成有效的社交圈子，所以崭新的社交平台很难撼动Facebook的地位。

Meta公司以Facebook为起点，在2012年以10亿美元收购了照片共享初创公司Instagram，2014年以190亿美元收购了即时通讯软件WhatsApp，形成了承载图文、音视频等交互形态的社交产品矩阵。此后公司依托收购进行外延式扩张，先后收购VR硬件企业Oculus以及多家AI语音交互公司，推动社交产品线的不断完善以及基础技术的储备。Facebook在收购Oculus之后，陆续推出了五款VR硬件产品，分别是Oculus Rift（2016）、Oculus Go（2018）、Oculus Rift S（2019）、Oculus Quest（2019）、Oculus Quest 2（2020）。截至2021年9月，Steam端Oculus Quest 2占比达33.19%；Oculus Rift S占比达17.21%，Oculus Quest以399/499美元，Oculus Quest 2以299/399美元的高性价比优势迅速打开VR消费端市场。

我们已经在第二章中说过，元宇宙产品必须具备规模庞大、持续存在、社交性强、沉浸感强、具备开放内容生态、去中心化管理体制的主要特性，像Facebook这样的社交网络，某种程度上已经具备了上述产品特征中的几种。Facebook的巨大优势之一在于其庞大的数据，用户每天都会通过Facebook的常规应用和网站分享这些数据。在VR中实现这一社交功能很可能会给该公司带来同等巨大的优势，甚至有可能促使消费者自己举起摄像机360°无死角地拍摄，来捕捉更多沉浸式记忆。此外，相较于Roblox较为严重的低龄化特征，Facebook从成立之初便是更符合成年人口味的社交娱乐平台，极强的包容性给它带来了更广的用户年龄跨度和更长的用户生命周期。但是，正如前文所述，从扎克伯格本人的言论看，他对元宇宙的理解不够深刻，更多地聚焦于生产力层面而非内容层面。他认为，VR技术进步的一个重要成果，是允许人们"以自然的方式开会"，而不是像现在这样依赖视频会议。谈到元宇宙的社会意义时，他强调的是"能允许大量员工异地办公"，从而把人类的生产力从地理约束之下解放出来。

现在让我们从元宇宙五大核心能力出发来对Meta"元"的潜力进行进一步研究。拓展现实方面，Facebook自2014年收购Oculus以来深耕VR硬件、系统和软件领域，Oculus如今已经成为全球出机量最大的VR设备，高通CEO克里斯蒂亚诺·阿蒙（Cristiano Amon）在投资者日的直播中称Oculus Quest 2的出机量或超千万。VR硬件是元宇宙的入口，并且具有很强的先发优势。随着"技术奇点"的到来，

VR的内容生态可以实现自我循环。截至2021年2月，Quest平台上平均每三款付费内容就有一款营收超过百万美元，《刺客信条》《细胞分裂》等经典IP都将为Oculus制作独立VR游戏，它的内容与硬件有望进入加速发展期。Facebook在图像引擎方面涉猎甚少，在游戏领域也仅收购过Beat Games、Sanzaru Games、Ready At Dawn等少数游戏工作室，与腾讯、索尼以及微软相比，游戏经验相对匮乏。在UGC生态上，Facebook在图文领域具有比较强的UGC生态，社交体系方面，Facebook是全球最大社交巨头，旗下拥有Facebook、WhatsApp、Messenger和Instagram等多款"头部"应用，全球月活用户数超30亿。实现元宇宙仍需要很长时间，在此期间VR硬件的开发更像是遵从主机开发的逻辑，Facebook可以将其社交优势发挥在VR社交中。

Meta元宇宙核心能力图：

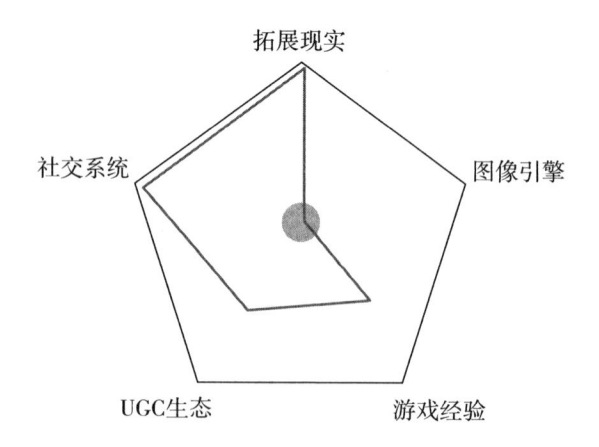

早在2016年4月，扎克伯格基于三大支柱——人工智能、增强的全球连通性以及虚拟和增强现实来概述他未来10年的愿景。扎克伯格表示，有一天，即使身在地球两端的朋友也可以通过一副"普通"眼镜聚

在一起，这副眼镜可以在现实世界上覆盖数字元素，成为"最具社交性的平台"。Facebook之前在社交VR方面的探索并不顺利，最初的社交框架在黑暗中悄然消亡，这些社交产品在2019年年底正式关闭之前曾短暂存在于相应的平台上。

2017年4月，Facebook在美国圣何塞举行的F8开发者大会上发表了8个有关VR的主题演讲，宣布进军社交VR领域。其中，Facebook Spaces是Facebook的虚拟现实版本，把这个虚拟现实社交工具应用于Oculus VR，便可为VR头盔用户提供一种通过虚拟角色聊天和分享媒体体验进行互动的全新方式。Facebook Spaces在Oculus Rift上发布了测试版，用户可以设计自己的虚拟形象，可以邀请任何Facebook好友加入他们的空间，然后在自己选择的虚拟空间中与最多三个朋友见面。Spaces还集成了Facebook和Messenger的功能，因此用户可以在VR中进行视频通话，还可以与其他没有VR头盔的Messenger用户通话。此外，一旦进入Spaces，用户就可以访问精心挑选的照片和视频，从而虚拟地"旅行"到这些地点。此外，用户还可以访问自己在Facebook的照片和视频，并在虚拟屏幕上与朋友共享。该公司的社交虚拟现实主管蕾切尔·富兰克林（Rachel Franklin）表示虚拟现实是一个天然的社交平台，公司最终希望让开发者能够创建应用内置游戏和媒体服务，这将使人们能够一起听音乐或玩桌面游戏。而后在2018年，Facebook随Oculus Go一起推出了Rooms、Oculus TV和Venues三款社交应用，它们分别侧重于虚拟游戏、虚拟赛事和虚拟家庭影院。

随着Oculus Go、Gear VR和Oculus Rift头盔固有的局限性降低，Facebook官宣了Horizon项目。2020年8月，Facebook在Oculus Quest上发布了Horizon的邀请限定测试版（invite-only Beta），该产品允

许用户和朋友在VR中一起探索、游玩和创作等。注重用户社交体验的Facebook Horizon，在其中加入了简化的VR虚拟世界编辑平台World Builder，为用户提供了一系列轻量级的模型工具，用户可以用此进行简单的游戏创作。自从发布以来，Horizon平台一直在有限的发行中安静地运行，也许是因为，事实证明，简单地用VR塑造世界和塑造人们真正想要定期访问的世界之间存在着巨大的差距。

2021年10月，Horizon改名为Horizon Worlds，Facebook团队重新设计了创作工具的UI（界面）和交互，使整体的工作流程变得更为直观和高效，并通过新的纹理和改进的对象捕捉，使复杂的环境和角色能够更清晰地实现。与*VR Chat*[1]和Altspace VR[2]通过Unity制作场景再上传到VR中这一方式不同，Horizon Worlds可以直接在VR中建造虚拟空间，在这一点上和Rec Room（VR社交应用）类似——*VR Chat*和Altspace VR提供的是由传统场景编辑工具制作的虚拟娱乐内容，而Rec Room和Horizon Worlds本质上提供的是VR场景编辑器及其制作的虚拟娱乐内容。Horizon Worlds想要实现的是完整的VR场景制作，而不只是替代传统场景制作流程中的某个环节，其目标正如Mega公司自己的总结：Everything in Horizon is made in Horizon（Horizon的一切产生于Horizon）。社区成员能够参与到彼此的工作中，从原始形状创建新对象，并通过脚本系统为世界添加逻辑和规则。创作者还可以安装通往其他世界的门户网站，与他人分享自己的作品。即便已经过去了

---

[1] 一款免费大型多人线上虚拟现实游戏，允许玩家以3D角色模块与其他玩家交流。——编者注

[2] 微软旗下的VR社交平台，用户可以在虚拟空间中交流、一同参加各种活动。——编者注

一年多，产品经过了多次迭代优化，Horizon Worlds里仍然缺少足够的可消费的内容，但目前已正式向美国和加拿大的成年用户免费开放。

在此之前Facebook发布了一款名为Horizon Workrooms的新应用，允许用户在VR环境中举行会议，可用于远程团队协作，可谓是一个崭新的连接VR和视频聊天用户的虚拟协作空间。该应用程序包括一个功能齐全的虚拟桌面，它会利用安装在用户PC或Mac上的配套应用程序，将计算机桌面流式传输（网络传送流媒体技术）到用户面前的虚拟屏幕上。这意味着即使在虚拟世界内，用户也可以继续访问计算机，甚至可以与房间内的其他人共享屏幕。Horizon Workrooms还支持键盘跟踪功能，能够检测少数特定键盘，创建它们的虚拟表示，并进行操作。Horizon Workrooms还可以通过视频聊天的方式邀请非VR用户加入，该应用程序最多可同时支持16个VR用户和36个视频聊天用户，一个工作室最多可容纳50人。这可能是目前最接近扎克伯格理想中"以自然的方式开会""能允许大量员工异地办公"，从而把人类的生产力从地理约束之下解放出来的VR应用。

元宇宙庞大的生态背景无法仅由PGC实现。为了实现用户和开发者的多维内容创作，构建更加自然真实的虚拟环境，Facebook在2021年Facebook Connect大会上还发布了涵盖一系列具有机器感知和人工智能功能组件的平台Presence，它包括Insight SDK（视觉开发软件工具包）、Interaction SDK（互动开发软件工具包）、Voice SDK（声响开发软件工具包）和Tracked Keyboard SDK（跟踪键盘开发软件工具包）四大部分。该平台能够为开发者构建更逼真的混合现实（MR）、交互和语音体验提供技术支持，从而在用户的物理世界中无缝混合虚拟内容。Insight SDK使开发人员可以在Oculus Quest的Passthrough（透视）视频源上叠加虚拟对象，它建立在2021年夏季推出的Passthrough API（应用程序编程接口）之上，这一透视API允许开发者使用头显构建混合现实体验；此外Facebook还添加了一个名为Spatial Anchors（空间锚点）的系统，可以让开发人员将虚拟对象"锁定"到特定的物理区域，以便对象保持其在世界中的位置。然后是Interaction SDK，它是包含一系列标准化、模块化手势的工具集，能进一步简化手势识别功能的开发，使开发人员更容易集成控制器，设计以手为中心的交互。最后，Voice SDK是一个由Facebook的Wit.AI自然语言平台提供支持的工具集，并且它能为用户提供免费虚拟体验。它允许开发人员创建语音导航和搜索功能，玩家可以通过语音提问来访问已设定的常见问题解答。根据Facebook的说法，Presence平台"将是让开发人员将虚拟内容与现实世界融合在一起，从而在元宇宙中感受到联系的关键"。

综合来看，Facebook对于元宇宙的探索聚焦于VR技术端而非内容端。Facebook要发展下一代计算机平台的一大重要原因是扎克伯格愈来愈视手机品牌为竞争对手，尤其是苹果。今天，Facebook仍然必须在苹果和谷歌设定的参数下运作，因为它们制造和控制着世界上占主导地位的智能手机操作系统。为了避免受制于第一入口的硬件，扎克伯格认为Facebook须自己发展下一代计算机平台。因此，在很可能依赖VR/AR耳机和数字传感器的新世界中，Facebook正在努力创建自己的规则和操作平台。

此外，公司因为其在现实世界中导致或者促成的诸如隐私安全、损害青少年心理健康、促进虚假信息传播、助长政治两极分化等问题，正持续受到外界批判。数字权利倡导组织"为未来而战"的负责人埃文·格里尔（Evan Greer）严肃地警告称，扎克伯格的终极目标是控制互联网的未来。虚拟现实可以创造和拥有超越设备和空间的身份，如果你的身份是由一家公司提供给你的，让你用来浏览未来互联网，那么这家公司将掌握你所有的信息。尽管Facebook承诺"隐私和安全需要从一开始就融入元宇宙"，但目前仍不清楚公司将如何构建一个开放和互操作的系统，也不清楚用户是否能够拥有一个或多个虚拟身份。但无论哪种方式，Facebook都将面临如何保证在线安全的压力，尤其是如何保护年轻用户免受掠夺者、骚扰和其他有害内容的侵害。此外，有些在元宇宙中将会产生的新类型的用户数据，包括通过追踪用户的眼睛和手收集的信息，以及用于创建令人信服的虚拟化身的生物特征数据，如何将之纳入未来Meta的广告和数据管理，以及如何保护这些数据，都是悬而未决的问题。2021年11月2日，Facebook宣布将关闭其面部识别技术并删除超过10亿用户的数据。然而，没多久又宣布它计划在其未来产品中实施该技术以及其他生物识别系统，例如元宇宙产品。

究其根本，我们无法脱离内容去谈论元宇宙。技术作为内容的载体，其发展领先于内容端，但是有很多问题是不可能单纯通过技术便能解决的，例如场景设计、交互创新等。如果技术应用范围仅限于办公或者学习等场景，那么元宇宙的需求很难得到有效扩张，也很难发挥Meta旗下庞大社交产品矩阵带来的流量和数据优势。

VR设备及系统公司：
"重度化"是元宇宙早期的唯一出路

关于元宇宙的技术问题，现在的市场几乎只关注区块链，却普遍忽略了VR技术不成熟的现状，也还未重视边缘计算的极端重要性。为了向用户提供庞大、丰富、沉浸感极强的内容，元宇宙平台占据的存储空间一定会非常大，也一定会对硬件计算能力的要求非常高。因此，元宇宙平台的主体只可能在云端运行，用户则以类似使用云游戏服务的方式接入。

我们在前文提到过，现在的主流云游戏服务，在运行《荒野大镖客2》《命运2》这样总容量上百GB的游戏时，都会出现难以忍受的延迟，更何况是几个PB的元宇宙内容呢？我们想要的元宇宙是像电影《头号玩家》里的"绿洲"那样高清、流畅的虚拟世界，而现实中我们看到的VR游戏和社交平台，比如Rec Room，更像是"多边形"的堆叠。

现在我们距离元宇宙时代还有很长时间，大概还有10～20年，我们才能看到元宇宙的初级形态。这段时间里，各项技术都会进步，基础设施会更加完善，但是用户们需要的是更清晰、更高质量的重度化VR体验，还是更便捷、略粗糙的轻度化VR体验呢？"重度化"可能是VR前期的唯一出路，依靠手机架或轻量设备小打小闹是没有前途的，这就好比游戏行业初期依靠街机和网吧取胜。

当然，"重度化"也只是一种过渡形式，但在相当长的时间里这是绝对有必要的。

索尼：重度化是唯一出路，"硬件+内容"构建元宇宙生态

如果我们把扎克伯格和Facebook在元宇宙领域的劲敌列成一个榜单，索尼一定名列前茅——尽管索尼并未公开发表过任何关于元宇宙的言论，但其在消费电子、影视、游戏、金融等领域的资源禀赋足以使其成为元宇宙的顶级头号玩家。

索尼创立于1946年，开发了诸如晶体管收音机、随身听、录影带以及光盘等产品，引领消费电子产品行业发展，并横跨游戏、娱乐、金融、半导体等领域，旗下品牌有Xperia[1]、索尼音乐、哥伦比亚影业、PlayStation、Alpha（单反相机品牌）等等。PlayStation是全球最畅销的家用游戏主机品牌，截至2019年年底，PS、PS2、PS3和PS4

---

[1] 前索尼爱立信，现已成为索尼移动通信旗下的智能手机品牌。——编者注

累计销售超4.5亿台。PlayStation VR正式推出超过5年，总销量突破500万，索尼计划推出基于PS5的新一代VR头显，新头显将支持4K高清分辨率、仿真人眼视觉的注视点渲染技术（foveated rendering），采用inside-out定位等。此外，索尼拥有丰富的游戏制作经验，其第一方内容制作能力突出，以圣莫尼卡工作室（SIE Santa Monica Studio, LLC）的《战神》（*God of War*）系列为例，其在PS4平台累计销量超1950万套，并且和《最终幻想》《侠盗猎车手》系列等优质内容方保持着长期稳定合作。尽管Oculus一体机拔得头筹，但是掌握着核心用户群和顶级内容生态的索尼在VR领域仍然具有相当强大的战斗力。"重度化"是早中期实现元宇宙的必经之路，毫无疑问，索尼在重度化上具有非常强的优势。

索尼自20世纪60年代便开始引领整个消费电子市场，积累了雄厚资本与品牌地位，然而进入90年代后期，随着日本市场的疲软，公司误判重点产品的技术路线，使得消费电子产品逐步衰落。根据索尼2020财年（2020年4月1日至2021年3月31日）报告，索尼实现收入826亿美元，净利润107亿美元。分业务来看：其中电子业务收入为172亿美元，占总收入的21%，包括手机、电视、数码影像以及音频产品。金融业务收入为151亿美元，占总收入的18%，包括银行、保险及信用卡业务；索尼将金融作为核心业务，未来将在金融服务中融入自身技术，通过"协同效应"提升集团赢利能力。游戏业务收入236亿美元，占总收入的29%，游戏已经成为了索尼的核心收入和利润贡献业务。截至2021年3月31日，PS5全球销量780万台、PS4全球累计销量1.16亿台。另外，2020财年索尼共销售3.39亿个PS4和PS5游戏，其中第一方游戏占比约17%，此等佳绩得益于PS5游戏主机上市和其游戏软件的热销。此外，音乐业务收入84亿美元，电影业务收入69亿美元，分别占比10%和8%，二者与游戏共同构建了索尼的内容生态体系。强大的游戏业务和主机市场占有率是索尼通向元宇宙的重要载体，其丰富的内容生态也可以进一步填充元宇宙。

我们依然按照元宇宙五大核心能力对索尼"元"的潜力进行分析。拓展现实方面，VR是索尼的隐藏王牌。早在1996年索尼就推出了Glasstron系列头戴式显示器，并于2016年发布了PS VR。截至2020年1月，PS VR总销量突破500万，同时期PS4总销量超1亿，覆盖率约5%。在进行硬件设备研发的同时，索尼也较早就致力于对VR内容的开发。图像引擎方面，索尼在2020至2021年期间两次投资Epic Games，合计4.5亿美金（2020年投资2.5亿美元，2021年投资2亿美元），后者开发的虚幻引擎占据着全球商业游戏80%的市场，诸如《绝地求生》《曼达洛人》《蝙蝠侠》等游戏和影视内容均采用虚幻4引擎。深耕影视和游戏领域的索尼在虚幻引擎的应用上自然不遑多让。游戏经验方面，索尼旗下有圣莫尼卡工作室（代表作《战神》系列）、顽皮狗工作室（代表作《神秘海域》《最后生还者》系列）、Polyphony Digital工作室（代表作《GT赛车》系列）等。此外，PS上还有大量的第三方独占和非独占游戏（可在多个机种和平台玩的游戏），独占游戏（只能在一个机种或平台上玩的游戏）中包括《仁王》《瑞奇与叮当》等，非独占游戏有《最终幻想》《侠盗猎车手》系列等。UGC生态方面，索尼缺乏相关经验。社交系统方面，索尼曾于2008年推出PlayStation Home平台，旨在为PS玩家提供一个良好的社交空间，玩家可以在3D空间内见面、聊天和玩游戏，但该平台最终于2015年正式关闭。不过，有外媒透露索尼正计划重启PlayStation Home平台，我们不妨静静等待。硬件和内容无疑是元宇宙的两大核心，其中硬件具有明显的先发优势，而内容又是吸引用户的关键，所以，两者皆备的索尼有足够的实力在VR时代再造主机时代的辉煌。

索尼元宇宙核心能力图：

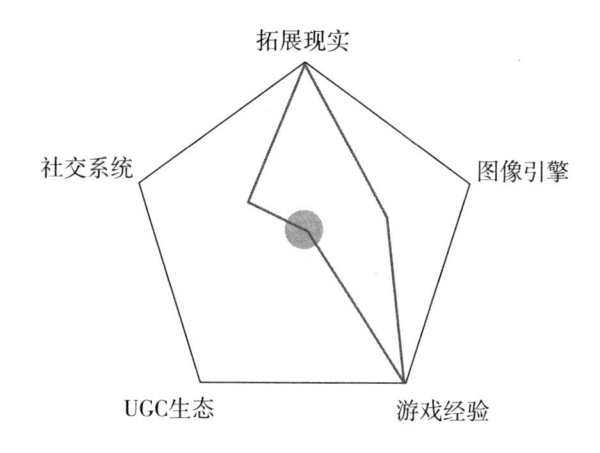

尽管索尼并未公开发表与元宇宙相关的内容，但是它在VR领域已经深耕多年，"通过AR/VR技术提供更真实的物理世界体验"无疑是其"元"的最佳路径之一。索尼是最早进入VR领域的企业之一，在硬件设备的研发上，可以追溯到1996年。当年，索尼在日本发售了Glasstron系列头戴式显示器，但由于分辨率低且几乎没有制作VR专用的内容，头显没有普及。2014年索尼推出了Project Morpheus，旨在进一步拓展PS4的VR系统。到了2016年10月，PS VR正式发售，初期凭借着高性价比赢得了市场青睐，一度被玩家和媒体赞誉它是划时代的设备创新。在研发硬件设备的同时，VR内容开发也是另一重要方面。索尼前任CEO平井一夫曾经如此计划——2016年以游戏为中心，2017年开始准备电影和音乐等内容，推动和明星艺人的合作。截至2021年

11月，PS VR上发布的游戏总数超过500个。不过，由于技术、设备和生态诸多方面的限制，PS VR的画面质感较差，充斥着大颗粒和马赛克，另外游戏的可玩性也较差。难怪日本老牌游戏杂志*Game Labo*曾如此评价它："既缺少优秀的游戏，本身性能也让人失望，画质退回到上个世纪，沉浸感也不尽如人意。"除了游戏外，其他娱乐内容也是索尼发力的一大方向。2020年3月，索尼推出了Project Lindbergh项目，索尼互娱、索尼音乐等子公司都有参与，共同开发非游戏的VR娱乐内容。

做得早不如做得巧，相信Oculus Quest2的成功会重燃索尼在VR领域的斗志，真正的角逐才刚刚开始。

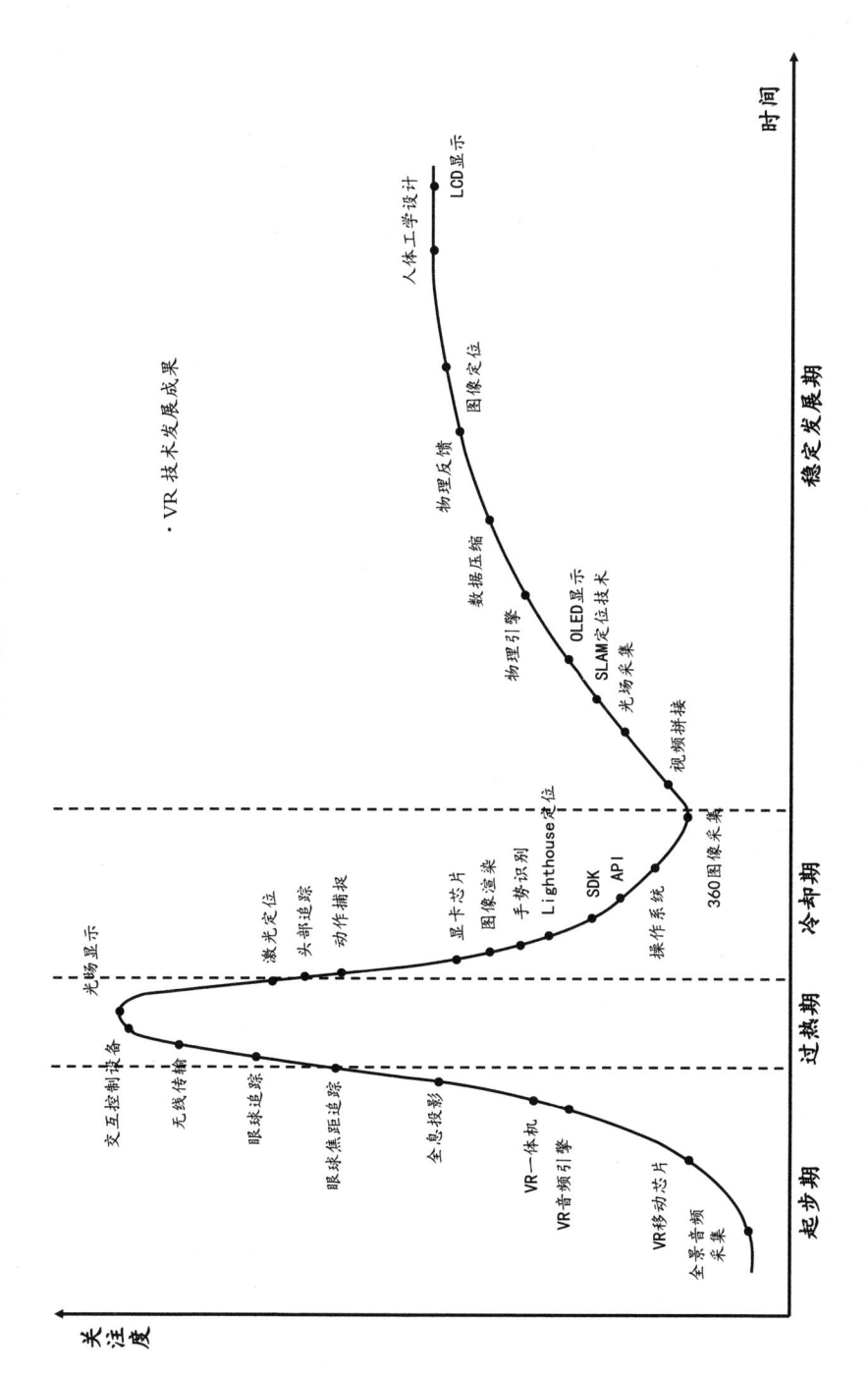

第 5 章 谁最有可能打开元宇宙的大门？ 227

VR技术发展曲线：

・VR 技术发展成果

关注度 / 时间

起步期 | 过热期 | 冷却期 | 稳定发展期

全景音频采集
VR移动芯片
VR音频引擎
VR一体机
全息投影
眼球焦距追踪
眼球追踪
无线传输
交互控制设备
光场显示
激光定位
头部追踪
动作捕捉
显卡芯片
图像渲染
手势识别
Lighthouse定位
SDK
API
操作系统
360图像采集
视频拼接
光场采集
SLAM定位技术
OLED显示
数据压缩
物理引擎
物理反馈
图像定位
人体工学设计
LCD显示

PlayStation会不会成为未来元宇宙的一个重要载体？答案是肯定的。一方面，PS上聚集了大量热爱游戏的核心玩家，他们愿意为高质量的内容付费。这体现在每一代PS设备都有着接近甚至超过1亿的用户，PS一代出货量超过1.02亿，PS二代出货量超1.55亿，PS三代出货量超0.87亿，PS四代出货量超1.14亿。

至少在元宇宙的早中期，游戏一定是吸引用户的利器。一般来说，主机设备的软硬件销售比在10∶1左右，最为畅销的游戏其市占率可以达到10%～20%之间，优质的独占游戏是吸引主机用户购买的重要原因。我们可以相信，一旦PS上有高质量的VR游戏出现，用户便会蜂拥而至。另一方面，相比于一体机，主机VR具有更强大的运算性能，对像VR游戏这种注重交互的内容来说更为适用。根据外媒Digital Foundry爆料，索尼正在测试PS VR2，其新性能包括能够实现凹点渲染的凝视跟踪、镜头分离调整刻度盘以及直接触觉反馈的振动马达等。用户们需要的是更清晰、更高质量的重度化VR体验，因此，主机VR很可能是元宇宙前期的重要载体。

历代PlayStation对比：

	PS	PS2	PS3	PS4	PS5
发售价格	$299	$299	$499（20GB）	$399（500GB）	$500（825GB）
发布日期	1994年12月（日本） 1995年9月（欧洲）	2000年3月（日本） 2000年11月（欧洲）	2006年11月（日本） 2007年3月（欧洲）	2014年2月（日本） 2013年11月（欧美）	2020年11月（日本、北美、澳大利亚等） 2021年5月（中国）
出货量	1.02亿（截至2007.3）	1.55亿（截至2012.12）	0.87亿（截至2017.3）	1.14亿（截至2020.9）	0.13亿（截至2021.9）
中央处理器	32位 RISC CPU（33.86兆赫兹）运算速度：30MIPS	32位MIPS，128位SIMD	IBM Cell BE（65纳米）	x86-64 AMDJaguar, 8 cores	x86-64 AMDRyzen, Zen 2
图像处理器	32位 Sony CPU（东芝设计）256x226至640x480像素	Graphics Synthesizer 图像合成器 像素结构64位	RSX 550兆赫兹	AMD next-generation Radeon™ based graphics engine	AMD Radeon™ RDNA 2-based graphics engine

2021年5月，索尼向合作伙伴透露了PS VR2的最新信息，它在分辨率、眼动追踪、IPD（瞳孔间距）调节及头戴触觉方面都有重大突破。分辨率方面，PS VR2将是目前分辨率最高的消费者VR头显之一，分辨率达到4000×2040（单眼2000×2040），仅次于HP Reverb G2 VR（惠普VR头显）。IPD调节方面，PS VR2具有IPD调节钮，支持用户根据自身瞳距来调整镜片间距，保持镜片与眼睛中心对齐，从而提高用户的佩戴舒适度和观看清晰度。定位追踪方面，PS VR2具有Inside-out定位追踪功能，头显可以根据机载摄像头来追踪眼球位置以及手柄位置，此定位机制与Oculus Quest类似，此前PS VR主要依靠PS的摄像头进行追踪，限制了头显的追踪范围和质量，Inside-out功能体现了PS的巨大进步。头戴式触觉方面，PS VR2可能是首款包含头戴式触觉功能的VR头显，结合PS VR2全新手柄自适应触发器，可极大提升用户的沉浸感。VR领域的探索和进步时刻在发生，作为主机行业的前辈，索尼的Playstion VR系列自然不会缺席新世代的VR战争。

Facebook押注VR社交平台Horizon的事例告诉我们，每个硬件厂商都不会把推出新社交载体的机会交给第三方。在这里我们不得不再次提到2015年关闭的PlayStation Home，这是索尼初次进军社交领域的尝试，旨在为玩家提供独特的数字体验。作为PS独占的主机社交平台PlayStation Home，它可以让用户在3D世界中见面、聊天和玩游戏，每个用户都可以定制自己的形象。PlayStation Home之所以成为大家心目中的家园，核心还是在于其社群，这个平台能让玩家互相交心，一同前往虚拟空间。2015年，随着新一代主机的到来，PlayStation Home面临着关闭服务器的尴尬局面，尽管PlayStation Home常常被业界吐槽，但其也不失为索尼在社交领域以及元宇宙雏形上一次有价值的探索。据说现在索尼正计划重启PlayStation Home平台，2021年7月，索尼已经再次获得了PlayStation Home商标的合法使用权，该商标使用权将延续至2028年10月。对任何一款设备来说，硬件和社交工具是需要先发制人的，内容却可以后发制人，索尼的实践揭示了基于自身硬件体系去搭建相应的VR社交平台无疑是必要的。

微软：基于云计算搭建元宇宙基础设施，多方向通往新世界

微软无疑也将是"MAGA"中最具元宇宙潜力的科技巨头。其最为著名和畅销的产品是Windows操作系统和Office系列软件，是全球最大的电脑软件提供商和个人计算机软件开发先驱。作为PC端的霸主，微软却在移动端彻底失败了。

微软的Windows系统的使用基于PC端。在进入移动时代后，2000年，微软发布了基于Windows CE 3.0的Pocket PC 2000，Windows mobile系统的雏形诞生。次年，微软发布了Pocket PC 2002，首次加入了对智能手机的支持。此后的五六年间，Windows mobile系统不断进化，在其鼎盛的时候，全球有30%的智能手机运行着Windows Mobile系统。但是，微软在本世纪的最初十年并没有将移动端系统作为主营业务，这给了安卓和iOS很大的发展空间。2007年苹果发布iPhone，引发了触摸屏智能手机的革命，安卓敏锐地跟进，做成了

适用于触摸屏的手机系统，但当时的Windows系统仍然是基于键盘和单点电阻屏触控笔的交互而设计的。到了2010年左右，微软砍掉Windows mobile项目，推出全面触屏设计的Windows Phone系统，但已扭转不了败局，市占率下降到不足1%，渐渐地，微软手机系统彻底退出了主流市场。微软在移动端失败的最大原因在于，微软仍然用PC端系统的运营模式来运营移动端，系统故障频出、更新慢，使得大量平台系统开发者毫不犹豫地转向了安卓和iOS阵营。此后，微软抛弃了移动互联网时代失败的战略布局，将战略重心放在云上，一改过去的封闭思维，转向基于云计算打造的开放开源的智能云生态。

  沉浸感和超低延时是元宇宙的重要特点，其对算力和实时性要求较高，远超目前云游戏的配置。根据IDC（Internet Data Center，互联网数据中心）2021年5月发布的《全球半年度公有云服务跟踪报告》显示，微软占据了基础设施即服务（IaaS）、系统基础设施软件即服务（SISaaS）和平台即服务（PaaS）市场的16.6%，仅次于亚马逊24.1%的市场份额。微软旗下的Xbox Cloud Gaming，从2019年开始商业运营，目前已正式面向游戏机推出。微软也是三大游戏主机厂商之一，它希望以云游戏为基础，打通各类硬件平台，实现它梦寐以求的"占领消费者客厅"的目标。HoloLens是主打B端的混合现实头显，微软凭借HoloLens和MR，为制造业、医疗保健行业、教育行业以及零售业等提供MR解决方案。2021年4月，微软与美国陆军签订了价值的219亿美元的供货合同，为美国陆军提供超过12万台IVAS[1]。此外，微软在宣布加入元宇宙后，还推出了两个新的软件平台，即Mesh for Teams和

---

[1] Integrated Visual Augmentation System，集成视觉增强系统。——编者注

Dynamics 365 Connected Spaces。其中Mesh for Teams平台是微软Microsoft Teams的元宇宙版本，微软称其为"通向元宇宙的入口"。它支持用户自定义形象来参加线上会议，还可以打造一个沉浸式的虚拟空间，员工甚至可以在其中办理入职手续、举办派对、实时翻译等。另一个新平台，Dynamics 365 Connected Spaces可以让管理者直接通过可视化数据和人工智能驱动的模型来了解其监测环境中的情况并及时做调整。微软不仅拥有云计算、硬件设备这样的底层"元"宇宙利器，还能以办公、游戏为应用场景切入元宇宙赛道。

2020财年（2020年7月1日至2021年6月30日），微软实现收入1681亿美元，净利润613亿美元。分业务来看：其中生产力及业务流程收入539亿，占总收入的32%。主要包括Office Commercial（Office 365订阅等）、Microsoft 365个人版订阅、LinkedIn（市场解决方案、订阅收入等）、Microsoft Dynamics 365（CRM客户关系管理、ERP企业资源计划等）。智能云收入601亿美元，占总收入的36%，近年来发展迅速，已经成为微软的第一大业务。主要包括公有、私有以及混合服务器产品，Microsoft Azure，SQL Server，Windows Server，Visual Studio，System Center等。个人计算机收入541亿，占总收入的32%。主要包括Windows操作系统授权、Surface等设备、Xbox硬件及内容服务、搜索广告等。

让我们按照元宇宙五大核心能力对微软"元"的潜力进行分析。拓展现实方面，HoloLens是主打B端的混合现实头显，用户可以通过凝视、语音、手势与全息影像进行交互，它提供了具有极强沉浸感的混合现实体验。图像引擎方面，游戏引擎分为图形引擎和物理引擎，微软拥有三大物理引擎之一的Havok[1],且它深耕游戏领域多年,对游戏引擎的应用非常了解。旗下王牌游戏工作室343 Industries为《光环：无限》研发了Slipspace跃迁引擎（物理引擎），是全世界最先进的引擎之一。游戏经验方面，Xbox是全球三大主机之一，全系列累计出机量超1.5亿台。尽管微软第一方工作室在本世纪初遭到不少诟病，《龙鳞化身》胎死腹中[2]、《神鬼寓言》[3]遭到取消，但如今，微软凭借着大规模收购集结了史上最强的第一方工作室阵容。包括343 Industries（代表作《光环》，600人以上）、The Coalition（代表作《战争机器》系列，350人以上）等。UGC生态和社交系统方面，微软均涉猎较少。综合来看，微软绝对是横跨元宇宙前中后期的头号玩家。

微软元宇宙核心能力图：

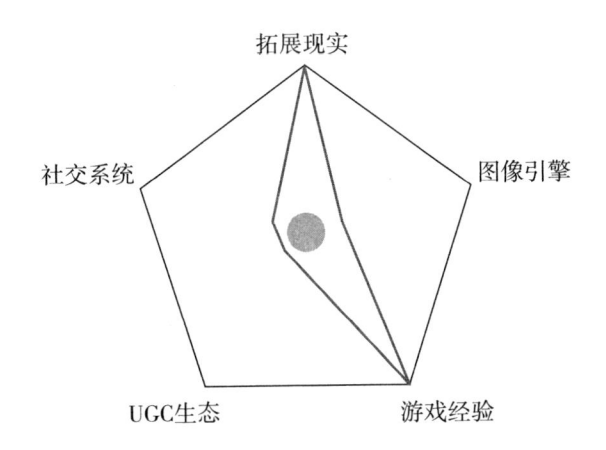

---

[1] 三大物理引擎是指PhysX、Havok和Bullet；Havok引擎是一个用于物理系统方面的游戏引擎，注重在游戏中对真实世界的模拟。——编者注
[2] 《龙鳞化身》是一款白金工作室制作、微软发行的动作游戏。2017年1月10日，该游戏宣布取消开发。——编者注
[3] 2005年发布的一款Xbox单机角色扮演游戏，2016年新作被中止开发。——编者注

云计算、边缘计算等是元宇宙重要的基础设施之一,却也是最容易被忽略的技术瓶颈。我们在前几章已讨论过,为了向用户提供庞大、丰富、沉浸感极强的内容,元宇宙平台占据的存储空间必须极大,对硬件计算能力的要求非常高。因此,元宇宙平台的主体只可能在云端运行,用户以类似云游戏服务的方式接入。

微软的云计算布局覆盖包括IaaS、PaaS、SaaS(云计算的三种形式)在内的全产业链,在全球范围内是唯一能够提供三种云服务模式的厂商。微软在SaaS领域长期领跑全球,且有持续扩大优势的趋势。在重资本的IaaS和PaaS领域,微软保持在全球第二名且市占率还在不断提高,能够和亚马逊一争高下。早在2018年,微软就宣布计划在4年内向边缘计算和物联网投资50亿美元。2020年,微软推出了Azure Edge Zones,以扩大其在边缘计算领域的影响力。该产品与亚马逊的Wavelength[1]相似,通过多种方式使数据处理更接近最终用户。首先,微软正在城市中建设和运营微数据中心,这些被称为Azure Edge Zones的本地数据中心,将支持终端用户运行低延迟和高带宽的应用(如游戏或媒体制作)。其次,微软已经与电信提供商合作,将Azure的功能置于其5G基础架构中。微软与AT&T在洛杉矶和达拉斯部署了Azure Edge Zones,目前微软正在与其他几家电信供应商合作,包括Vodafone(沃达丰)、SK Telecom(韩国移动通讯运营商)和Telefonica(西班牙电话公司),以扩大服务范围。微软的VR、云游戏、办公软件以及未来的元宇宙,都有望从5G和边缘计算发展中受益。

---

[1] 2019年12月,亚马逊发布了AWS Wavelength,让开发者能在5G网络上构建应用程序,向最终用户交付只有几毫秒的延迟。——编者注

微软早在2010年就开始了AR领域探索，Kinect是微软AR头显HoloLens的前身，为Xbox 360游戏主机推出的操控外设，能够把用户的手势转变为输入指令。相比于同时代的任天堂Wii和索尼PS都需要用户手持控制器完成输入，KinectV1[1]仅依靠摄像头就能解决，非常具有前瞻性。2017年10月，Kinect正式停产，其项目中的许多技术得以在其他产品中保留，比如人工语音助理Cortana，人脸ID系统Windows Hello等。HoloLens是Kinect的继承者，于2015年1月发布，开发者版本售价3000美元。HoloLens在商用领域有着非常广阔的前景，微软通过混合现实合作伙伴计划（MRPP）将MR技术带入各个行业，帮助制造业、医疗保健业、教育业、零售业构建和部署MR。从HoloLens 3的未来研发计划来看：头显仍需要进一步轻量化、小型化，更好地解决辐辏[2]调焦带来的眩晕，微软应与Niantic（Niantic Labs，独立游戏公司）和Epic等竞争对手合作，构建混合现实的开放平台。粗略估算，现在已经有大概60%的500强企业正在使用或试用混合现实技术，HoloLens从商业上的应用出发，致力于解决各个行业的痛点，未来它也有望转向C端市场，从而成为元宇宙的基础设施。

---

[1] 第一代Kinect产品，微软在2010年6月的E3游戏展上正式发布。——编者注
[2] 两眼视线相交时所形成的角度叫辐辏角。辐辏角越大，其所需要的调节力也越大。——编者注

HoloLens系列技术规格

（数据来自集英科技，中信证券研究部）：

HoloLens1与HoloLens2的技术规格差异			
产品	HoloLens1	HoloLens2
价格	3000美元	3500美元
分辨率	1366x768；16：9光引擎	2K；3：2光引擎
视场角	34°	52°
重量	579g	566g
续航	2-3h	2-3h
HPU	HPU1.0	HPU2.0
芯片	Intel Atom X5-ZB 100P芯片	高通骁龙850
蓝牙	4.1	5.0
内存	2GB RAM；64GB内存	4-GB LPDDR4x 系统 DRAM
摄像头	200万像素；720P视频	800万像素；1080P30视频
OS	Windows 10	Windows Holographic
手部跟踪	单手识别与追踪	双手全关节模型识别与追踪
眼球追踪	无	实时眼球追踪

2021年11月2日，微软年度技术盛会Ignite 2021在线开幕。该大会介绍了微软在元宇宙、人工智能、云计算与大数据、混合办公、数字化转型与数字安全等领域所开发的创新技术、应用领域和行业场景。元宇宙将支持跨真实世界和数字世界的共享体验，随着企业加速数字化转型，元宇宙可以帮助人们在数字环境中聚会，使用虚拟头像/化身，从而让会议更加舒适，以此促进来自世界各地的人们创造性协作。

微软计划通过两项新举措发展元宇宙：

其一是Mesh for Microsoft Teams，它将在微软现有的Team功能（线上会议）之上，加入一个名为Mesh的混合现实功能，允许不同位置的人们通过生产力工具Teams加入协作，可以召开会议、发送信息、处理共享文档等，共享全息体验。Mesh for Microsoft Teams预计在2022年上半年面世，主要面向普通用户。把虚拟体验协作平台Mesh直接植入现有产品Microsoft Teams中，将大大提高用户的虚拟体验感。而微软的最终目的是将硬件设备HoloLens与会议和视频通话功能结合起来，任何人都可以参与。微软将使用人工智能来聆听用户的声音，然后为用户的头像/化身制作动画。微软认为，沉浸式空间是这种Mesh集成最有用的地方，特别是应用于构建元宇宙上。除了添加3D头像，微软也增加了对翻译和转录的支持，用户可以在虚拟Teams空间里与来自世界各地的同事见面，减少语言上的障碍；用户也能够在虚拟空间共享Microsoft Office的文件，从而在虚拟空间中产生价值。

其二是Dynamics 365 Connected Spaces，它能帮助管理者深入了解客户在零售商店、员工在工厂车间等空间内的移动和互动方式，以及他们如何在混合工作环境中优化健康及安全管理。人们能够通过人工智能驱动的模型和观察数据，在零售商店、工厂车间等任何空间进行交互。Dynamics 365 Connected Spaces计划2021年12月推出测试版本，允许用户造访虚拟重现的现实商店与场景。微软CEO萨蒂亚·纳德拉（Satya Nadella）在接受Bloomberg电视台采访时称，他们已经使用此产品造访了医院的新冠病房、丰田汽车工厂以及国际空间站等地。

纳德拉被采访时还提到，Xbox未来将专注于将元宇宙融入他们设备上的游戏中。事实上，相比于VR硬件，软件更有可能是Xbox的元宇宙突破方向。索尼、Facebook和Valve等公司目前正在加大火力开发VR，但Xbox仍然坚定地远离这一领域，尽管它对这一领域的开发商是大加赞赏的。Xbox的主管菲尔·斯宾塞（Phil Spencer）则表示，VR并不是玩家的兴趣所在，因为软件才是游戏机的核心。在《华尔街日报》的科技直播活动中，菲尔·斯宾塞对有关VR的问题如此作答："我认为当我们提到沉浸感时，我们会想到混合现实、虚拟现实，我甚至会把它提高到'metaverse'的层面，这似乎是当今的流行词……我认为当前的硬件创新是伟大的，它是形成元宇宙的一个重要促成因素，但现在我决定更多地停留在软件方面。我相信从长远来看，它会发展得更好。"

在"4+1"互联网巨头当中，微软是唯一一家在游戏内容方面取得了重大成就，可以被视为"顶尖游戏开发商"的公司，但是，这般成就是靠长达二十多年不计成本的投入带来的。

时至今日，微软凭借"钞能力"已经集结了它史上最强大的第一方工作室阵容和IP储备。2018年，微软相继收购了《极限竞速》的联合研发商Playground Games、《地狱之刃》的研发商Ninja Theory、《废土》系列的研发商InXile Entertainment等。要知道，《光环》系列的工作室343 Industries、《战争机器》系列的工作室The Coalition、《我的世界》的研发商Mojang Studios都是业内翘楚。纳德拉说过："如果你把《光环》当作一款游戏，那么它就是一个元宇宙。《我的世界》是一个元宇宙，《微软模拟飞行》也是如此。从某种意义上来说，它们现在是2D的，但未来能否将其带入一个完整的3D世界？我们绝对会计划如此。"这番话似乎暗示了微软计划未来将这些元宇宙雏形全部VR化。那么《光环》和《我的世界》又有怎样的"元"能力呢？

- 《光环》：最初代《光环：战斗进化》是于2001年11月Xbox平台发行的第一人称射击游戏，而《光环3》累计销量超过1107万套，该系列逐步成为Xbox平台的扛鼎之作。《光环》系列IP走过了20个年头，开发团队几经变更。Bungie[1]开创了这个系列，制作了本系列中的多款游戏，而后系列开发权被移交给微软旗下由众多Bungie老将创立的343 Industries工作室。《光环》系列讲述未来人类与来自猎户座，以宗教结合外星种族的联盟"星盟"（Covenant）之间的战争。作为最受欢迎的射击游戏之一，《光环》还有紧凑的4V4对局、12V12大队战斗模式。作为一个3A大作，《光环》的画面效果足够逼真和震撼，未来加码多元化、VR以及经济系统等方面也相对成熟，有着相当的元宇宙潜力。

- 《我的世界》：《罗布乐思》使得元宇宙概念火爆，很多用户都会感到这款游戏的画风与风靡全球的《我的世界》十分相似。《我的世界》是微软旗下的一款开放世界游戏，拥有超过1.3亿月活跃用户，玩家可以自由选择任务去完成，有着非常高的自由度，不少玩家都会把Roblox与其类比。事实上，二者完全不同。《我的世界》属于单款游戏内容，玩家开发东西后，只能自己使用，并不能分享给其他用户。但Roblox是一个平台，创作者自己开发游戏，同时可以通过自己的游戏吸引其他用户，并且通过其他用户的充值获得一定的经济收益。不过这并不是不可逾越的鸿沟，《我的世界》也具有相当的"元"宇

---

[1] Bungie是1991年5月成立的美国著名电子游戏软件制作商，在2000年被微软收购，它研发的第一人称射击游戏《光环：战斗进化》（*Halo：Combat Evolved*）成为了Xbox的首发游戏。——编者注

宙潜力。2020年5月,加利福尼亚大学伯克利分校将毕业典礼搬到了线上——伯克利的学生们组成了一个超过100人的团队,在沙盒游戏《我的世界》里重建了虚拟版本的校园,老师、学生、校友们则纷纷化身成了方头方脑的样子,完成了这场疫情期间的云毕业典礼。

微软部分明星工作室情况(数据由公开资料整理):

工作室	代表作	标签	负责人	所在地	规模
343 Industries	《光环》系列	第一人称射击、Xbox头号IP	Bonnie Ross	美国,柯克兰	600人+
The Coalition	《战争机器》系列	顶级视效、虚幻引擎	Mike Crump	加拿大,温哥华	350人+
Turn 10 Studios	《极限竞速》系列	竞速、ForzaTech引擎	Alan Hartman	美国,雷德蒙德	80人+
Mojang Studios	《我的世界》系列	大DAU、跨平台先锋	Helen Chiang	瑞典,斯德哥尔摩	80人+
Rare	《盗贼之海》系列	IP丰富	Craig Duncan	英国,特怀克罗斯	240人+
Playground Games	《极限竞速:地平线》	开放世界	Gavin Raeburn	英国	200人+
Ninja Theory	《地狱之刃》系列	故事驱动	Nina Kristensen	英国,剑桥	110人+
黑曜石	《禁闭求生》等	故事驱动	Feargus Urquhart	美国,加利福尼亚	190人+
InXile Entertainment	《废土》系列、Frostpoint VR	复杂游戏机制	Brian Fargo	美国,新奥尔良	80人+
Undead Labs	《腐烂国度》系列	开放世界	Jeff Strain	美国,西雅图	75人+
Compulsion Games	《少数幸运儿》等	独特世界塑造	Guillaume Provost	加拿大,蒙特利尔	45人+

续表

工作室	代表作	标签	负责人	所在地	规模
The Initiative	《完美暗黑》	行业精英团队	Darrell Gallagher	美国，圣莫尼卡	—
Double Fine	《脑航员》	独立游戏	Tim Schafer	美国，旧金山	80人+
World's Edge	《帝国时代》系列	经典IP、即时战略	Shannon Loftis	美国，雷德蒙德	—

在未来几年内，"开放世界"很可能成为绝大部分大型游戏的"标配"（符合最低标准的装备），即便是剧情向游戏也要具备较高的开放世界探索元素。游戏公司将通过自己对开放世界的积累，实现对元宇宙行业的渗透和统治。一切娱乐形式，都可以在这个"开放世界游戏"的内部来进行：去电影院看电影，去剧院看戏，与朋友一起在酒吧聚会，在家读书看报，甚至可以在游戏内部买一台游戏机打游戏。

正如我们前文所提到的，没有爱和游戏性，纯功利的虚拟世界难以为继。在游戏中，玩家自发的"元宇宙性质行为"，绝大部分是没有任何回报的，仅仅是出于对游戏的热爱——玩家认为它们比现实世界更有趣，因而如此。

Epic Games、米哈游、网易……事实上，欧美一线开放世界游戏大厂的机会也有很多，尽管它们还站在场边观望。事实上，在很多大型网络游戏内部，已经有大量玩家在主动进行元宇宙性质的"角色扮演"了，比如《最终幻想14》《堡垒之夜》《罗布乐思》等。

Roblox：元宇宙先驱，拥有强大的第三方内容生态

  Roblox是资本市场上最早提出"元宇宙"概念的公司，无疑也是践行元宇宙理论的先行者。Roblox提出了经典的元宇宙八大要素，其最为突出的特点就是形成了一种颇具规模的PGC/UGC生态，从而大大提升了内容的更新频率与丰富程度。

  未来，元宇宙的产品会同时实现内容的网络效应和社交的网络效应：首先，内容的网络效应是指如果在某一体系中创作内容的人越来越多，那么它能够去吸引到的用户也就会越来越多，如果有更多的用户去消费所创作的内容，就能够吸引到更多的内容创作者去产出内容，从而实现正向的循环。那么什么是用户之间的社交网络效应呢？简单来说就是，你在一个社交体系中的朋友越多，你便会越倾向于留在那个社交体系里面，那么你其他的朋友也会更倾向于加入这个社交体系里。即使缺乏外在的沉浸感，《罗布乐思》还是被认为是元宇宙的雏形或者说是开

山之作，核心原因就是它构建成了这两个网络效应。

> 《罗布乐思》为何成为元宇宙的代表产品？
>
> Roblox，元宇宙概念股的增长主要是由对技术的大量投资以及两个相互促进的网络效应（内容和社交双网络）推动的。

2021年第三季度，Roblox实现营收约5.1亿美元，保持翻番以上的增长，在线订阅收入约6.4亿美元，同比增长28%，营收和订阅收入的差异主要是由于虚拟物品的递延确认（截至2021年9月，付费用户虚拟物品的使用周期约23个月），这也是尽管Roblox仍然处于亏损状态，但现金流仍非常可观的主要原因之一。

Roblox另一大特点就是其经济系统，尤其是开发者分成的机制。Roblox为创作者提供了变现方式，开发者可以在符合开发者交换计划中列出的特定条件时，将他们积累的Robux兑换成现实世界的货币。这一机制十分有效，2021年第三季度开发者分成占据公司收入的26%。2020年9月30日，Robux与现实货币之间的兑换汇率为1 Robux=0.0035美元，用户充值1美元即可拥有近300个Robux。按照Roblox自身的说法，迄今为止，已经有超过125万名创作者在Roblox的平台上赚钱。2021年第三季度，Roblox归属上市公司股东的净亏损约7400万美元，经营活动现金流达1.8亿美元，非常健康。

Roblox紧紧抓住了年轻用户，保持着高黏性。从用户结构上划分，欧美用户占据了半壁江山。2021年第三季度，Roblox的4730万日活跃用户中，北美用户占比约25.8%、欧洲用户占比25.2%、亚太地区用户占比19.9%、其他地区占比29.1%。Roblox 13岁以下用户占据半壁江山，但13岁以上用户增长更快。2021年第三季度，Roblox 13岁以下日活跃用户达2310万，占比48.8%；13岁以上日活跃用户达2380万，占比50.3%（剩余部分为未知年龄）。相比之下，2019年第一季度13岁以上日活跃用户占比仅为40.5%。时长方面，单日活跃用户的日均使用时长从2019年第一季度的2.1小时/天增加到了2021年第三季度的2.6小时/天。与国内的情况相比，这个2.6小时的日均使用时长已经超过了王者荣耀（2.3小时）、抖音（2.2小时）、bilibili（1.45小时）、微信（1.4小时）等"头部"应用（都为2021年第三季度数据，现在或有变动），足见其用户黏性。年轻人的付费意愿相对较高，2021年第三季度，Roblox拥有1120万的平均月付费用户，并且其中79%都是曾经有过付费行为的用户，平均每个月付费用户现金口径充值金额约18.9美元。

现在我们来按照元宇宙五大核心能力对Roblox"元"的潜力进行分析。拓展现实方面，Roblox并未涉及VR硬件，也没有制作VR内容，但是在2021年第一季度Roblox的财报电话会上，Roblox的联合创始人兼CEO表示："Roblox未来的理想目标平台包括'Switch、PlayStation和Quest'"，"支持所有这些平台对Roblox而言完全合理"。图像引擎方面，Roblox通过前端引擎的模块化设计来降低游戏开发的门槛，并且持续在引擎方面更新换代。游戏经验方面，Roblox并不制作游戏，而是搭建起了一个第三方内容的生态体系，与众多独立游戏爱好者合作。UGC生态方面，Roblox形成了颇具规模的PGC/UGC生态，从而大大提升了其内容更新频率与丰富程度，在这个方面，Roblox无疑领先于其他所有游戏公司。社交体系方面，Roblox里面拥有好友系统和群组功能，玩家在平台内加了好友以后，可以在游戏中继承其社交关系。强调社交的玩法和集成在平台内部的社交功能，不仅能够沉淀玩家的社交关系，增强用户黏性，还能有效促进新用户的增长，将生活中朋友们的线下关系转换到游戏中。

Roblox元宇宙核心能力图：

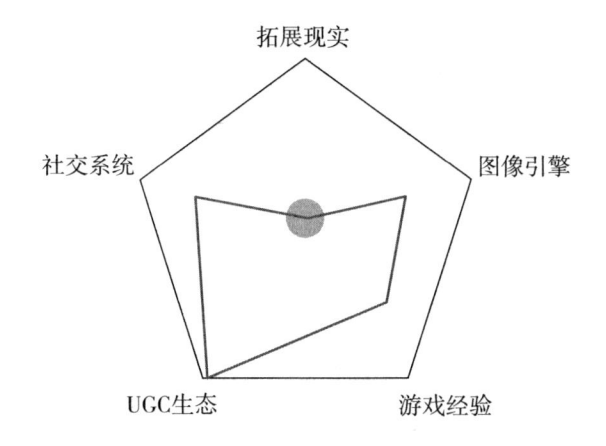

拓展现实

社交系统　　　　　　图像引擎

UGC生态　　　　　　游戏经验

当前流行的《罗布乐思》游戏，仅仅是这家公司对元宇宙的第一次探索，我们可以把它称为"总演习"。幸运的是，这次探索是成功的，它为Roblox带来了急需的现金流和市场估值。在探索的过程中，Roblox积累了建立第三方内容生态、运营虚拟社交体系、维系用户体验的宝贵经验。在此基础上，它迟早会推出面向成年人、技术更成熟、更符合它自身对"元宇宙"定义的新平台。

Epic：在成为"头号玩家"的路上

成立于1991年，坐落于美国北卡罗来纳州卡里镇的Epic Games是全球顶尖的游戏公司。20世纪90年代，Epic以2D游戏开发发家，在游戏行业发展的浪潮之下，公司的商业模式也不断更新，业务覆盖多个维度和平台。现在，相比着力于短期利益，Epic有着更宏大的计划——推进互联网发展的下一个浪潮"元宇宙"。接下来我们将梳理Epic的业务结构，集中介绍Epic的核心业务，并探讨Epic如何通过这些业务去布局并推进其元宇宙的愿景。

Epic现有的主营业务由游戏研运与游戏引擎开发、游戏分发平台、在线开发者服务四部分组成，其业务相辅相成，实现了游戏全产业链覆盖。让我们就此展开叙述：

游戏研运：Epic是多款游戏的开发商与运营商，在游戏研运方面有着多年经验。目前Epic旗下最核心的游戏是《堡垒之夜》，年收入超过35亿美元。公司旗下的知名游戏还有《火箭联盟》《无尽之剑》系列等。

虚幻引擎（UE引擎）：从1998年推出第一代以来，虚幻引擎发展至今已推出过四个正式版本（虚幻引擎5已在2020年5月公布），目前已成为全球最主流的游戏开发引擎。UE引擎的基础功能是免费给所有人使用的，2020年以前，Epic虚幻引擎使用协议显示：发行上每季度营收超3000美元的营利式游戏收取5%的利润作为引擎使用费，2020年1月1日后虚幻引擎的抽成门槛提升至100万美元的游戏营收额，此举实现了服务货币化。

分发平台：Epic Games Store（EGS）是2018年推出的PC端游戏分发商店，一方面以独占游戏和年度折扣来吸引玩家，另一方面以行业内低水平的分成（仅收取收入的12%作为分成，远低于Steam等平台的30%）来拉拢开发商。自2020年数据来看，EGS年度总用户数达1.6亿人，12月月活跃用户达5600万人，总游戏数量达到471款，已成为市场主流分发渠道之一。

开发者服务：一套提供给开发者的模块化线上服务，开发者在接入之后可使用多项功能，如支持多种账号登录、跨平台互联、聊天系统等。它能帮助开发者更轻松地进行游戏发行、运营、扩展和货币化，在方便开发者的同时也促使了Epic产品获得更多的应用机会。

Epic的业务核心是射击游戏《堡垒之夜》和虚幻引擎UE，两项业务如同Amazon的AWS与Amazon，UE4引擎作为行业内最主流的游戏引擎，可以完美服务于《堡垒之夜》等游戏的更新与迭代，并随着它们的需求而进一步升级。从公司营收上来看，2020年游戏收入占42.90亿美元，其他收入（虚幻引擎、在线商店等业务）占8.30亿美元，同比分别增长15.7%和62.1%。《堡垒之夜》给Epic带来了相当稳定的收益流，同时公司的其他业务的高需求反应在近年收入的高增长上，预计Epic后续其他业务收入占比将持续提升。

《堡垒之夜》于2017年正式上线，2020年5月，《堡垒之夜》官方便在社交媒体上宣布游戏全球注册用户已达3.5亿。相比"吃鸡""多人竞技""TPS"等基础玩法，现在《堡垒之夜》被提及时，人们更关注的是它的娱乐性和社区性——3.5亿注册用户中6000万是月活跃用户，共成立25亿次好友关系，玩家每人平均在游戏内发送60条消息，《堡垒之夜》的热门程度可见一斑。从用户群体来看，《堡垒之夜》60%以上的用户为12～24岁的Z世代用户，70%的用户每周花费0.5～12小时在游戏上，玩家每月总登陆时长达30亿小时。从付费习惯上来看，《堡垒之夜》用户年平均付费达84.67美元，在角色服装、装扮上的花费占比58.9%。除去游戏内的社交互动，《堡垒之夜》在Twitch等直播平台上也有着极高的人气，23%的玩家为Twitch付费，多位《堡垒之夜》主播粉丝数超千万。

"吃鸡"游戏热度渐渐消退后，《堡垒之夜》凭借自身逐渐发展出的强社交性和沉浸式娱乐等特质在市场中脱颖而出，热度甚至超过了《绝地求生》。最开始的《堡垒之夜》是一款主打PVE"守护家园"的游戏，在该模式中，玩家通过搭建堡垒来对抗夜晚来袭的怪物。后续随着《绝地求生》引发的"吃鸡"热潮席卷全球，《堡垒之夜》推出了"空降行动"，这是PVP模式，玩家可单独或组队参与一场总共100人的大逃杀——也就是最传统的"吃鸡"玩法。在"空降行动"推出之后，《堡垒之夜》的热度爆发性提升。2018年12月，《堡垒之夜》上线了"嗨皮岛"，这是自由建造模式，类似于《我的世界》，玩家在该模式中可以收集素材，自由搭建自己的家园。在内容上的拓展之外，游戏本体的架构、画面也被不断优化，如此高频高质的游戏更新不仅要归功于《堡垒之夜》的运营主体，同时也离不开虚幻引擎。

2020年4月24日，在《堡垒之夜》如期展开了Travis Scott's Astronomical的虚拟演唱会。没有拥挤的场地，没有踩踏的乱象，一场1230万人次的狂欢在当晚完美谢幕。玩家可以在游戏中全方位欣赏演出的种种细节与特效，操控角色随着Travis的巨人形象一起舞动。由于虚拟世界在视觉设计、舞台交互等方面的优势，这场虚拟演唱会在表现力上甚至超越了线下，参与者可以享受到在现实世界中难以实现的体验。除去与Travis Scott的联动之外，《堡垒之夜》也与多个当红IP如漫威系列、星球大战等展开联动，推出拥有IP特色的装扮和玩法。运营在联动活动上极为用心，在漫威联动中甚至有好莱坞著名导演罗素兄弟[1]直接参与剧情架构。《堡垒之夜》的众多联动活动不仅给游戏带来了更高的讨论度，更是进一步模糊了线上与线下的边界，让全球玩家沉迷其中。

《堡垒之夜》是2020年全球营收最高的游戏，无疑也是如今全球最成功的游戏之一，但Epic对它的期待远远不止于此。Epic的CEO蒂姆·斯威尼表示，Epic的重要战略之一就是把游戏的6000万月活跃用户扩展到10亿，"这是一场获得10亿用户的竞赛，谁先获得10亿用户，谁就会成为制定标准的假定领导者"。在斯威尼的预想中，元宇宙应该是具有社交属性的实时3D娱乐体验，是与朋友在实时3D下的社交互动。根据我们在前文论述过的元宇宙的特性，《堡垒之夜》的角

---

[1] 美国导演组合，罗素兄弟从2014年开始执导漫威超级英雄电影，代表作有《美国队长2》等。——编者注

色扮演性质以及游戏自身的社交属性无疑让它成为了绝佳的元宇宙载体。除去这两点以外，从游戏的运营当中，我们也能看出Epic通过《堡垒之夜》对元宇宙的布局。内容创造方面，"嗨皮岛"的自由建造模式为游戏带来了一定的UGC生态，此外，在2020年年末时，海外开始传出Epic即将在《堡垒之夜》推出MOD模式的消息。若《堡垒之夜》能将这一想法付诸实践，那无疑是值得鼓励的——MOD能为游戏带来自由度和扩展性的进一步提升，Epic会离理想的元宇宙载体更近一步。

接下来我们要聊聊"Like a Footstone, Like a Fire"（如基石，似烈火）的虚幻引擎。1998年，游戏《虚幻》诞生，凭借精致的材质和逼真的视觉模拟效果，在市面一众FPS游戏中脱颖而出。在游戏发布之后，Epic重新整理了开发《虚幻》所用的工具和代码，推出了第一代虚幻引擎（UE）。相比独占UE引擎，Epic更倾向于将UE引擎共享给所有开发者。蒂姆·斯威尼认为引擎的共享是互惠的，从其他公司对UE引擎的使用过程中，不仅可以发现UE引擎现阶段的不足，还可以从他人的创作中收获灵感，以改进UE引擎，研发更好的系统。Epic希望UE引擎是一款能够多次更新迭代的引擎，并计划以UE为核心搭建一整个具有游戏适应性和拓展性的多元化体系，在其他公司需要授权使用时从中获利。

现在的虚幻引擎已经是全球最主流的商业化引擎，全球用户超750万人。通过虚幻引擎的渲染，开发者能够在游戏中打造高度写实的3D内容，包括从强光到柔光的多种光影效果、精细逼真的材质纹理等。截至2021年12月，虚幻引擎已推出过四个正式版本，UE5的抢先体验版已于2021年5月底推出，并预定于2022年推出正式版。在UE5的新功能中，最为瞩目的是Lumen和Nanite两项：Lumen是一套全动态全局光照解决方案，用户通过在虚幻编辑器中创建并编辑光源便可创造出动态、可信的场景效果；Nanite是一套虚拟化微多边形几何体系统，能够减少用户在制作高精度游戏时所受的帧率和保真度的影响，保证引擎稳定运行。虚幻引擎的MetaHuman Creator（MHC）也尤其突出，软件内置大量的面部特征，能使任何人都制造出具有照片精度且独一无二的数字角色。MetaHuman（高仿真数字人）不仅被多款游戏使用，也有望在以后成为元宇宙中的"虚拟角色"这一部分的基石。

如今，多款著名游戏作品如《最终幻想7：重制版》《绝地求生》《黎明杀机》，都以虚幻引擎为基础，虚幻引擎在游戏行业的成功毋庸质疑。随着场景逼真度提升与实时操作功能的不断进步，虚幻引擎也逐渐被用于影视行业。在制作电影《曼达洛人》时，剧组使用了一整个led屏幕环绕舞台，通过虚幻引擎实施操控屏幕内容即可达到实景、实物效果，使拍摄过程脱离了时间与空间的限制。各个行业对3D可视化技术的需求日益提升，虚幻引擎有望被广泛应用于更多领域。

我们在前文提到过，人机交互的瓶颈是游戏公司迈向元宇宙最难跨越的沟壑。VR技术的不成熟导致玩家无法在游戏中完美体验现实中的一切，我们不能只归咎于设备端上，也不该忽视内容制作本身——因为元宇宙中需要有"真实"的体验。

"元宇宙的基础是实时3D媒介。无论这些元素是通过AR整合到现有的环境中，还是用VR体验，所有这些都是3D和交互式内容的结果"，虚幻引擎的负责人马克·佩迪特（Marc Petit）在接受采访时这样说过。举例来说，当元宇宙模拟下雨天时，雨滴落在坑坑洼洼的小巷中，地面应当有积水，雨滴落在水洼中应当产生波纹，波光粼粼的水洼中应当倒映出路灯的灯光——在细节做到极致时，元宇宙才能通过带来真实的交互，加强用户的沉浸感。目前来说，虚幻引擎就是最顶尖的内容创造工具，引擎和VR/AR技术应当一起进步，相辅相成。Epic在虚拟引擎技术升级上不断投入，不仅能够助力于自身游戏的发展，也将推动整个互联网向元宇宙更进一步。

客观来说，我们已经可以清楚地看见Epic目前对元宇宙的布局——良好的内容中枢（《堡垒之夜》）和强大的内容创造工具（虚幻引擎），Epic Store在日后也可以成为用户登录元宇宙的账户终端。根据我们归纳出的元宇宙核心能力来看，Epic在图像引擎和游戏经验这两方面都是走在最前端的。社交系统方面，《堡垒之夜》的巨大玩家规模和频繁的玩家互动无疑展现了Epic对社交系统的良好运营。UGC生态方面，无论是从《堡垒之夜》的嗨皮岛模式，或是虚幻引擎为所有人所免费使用的特质，我们都可以看到Epic在构造UGC生态上的努力。拓展现实方面，如前文所述，设备端和内容端应当是一起进步的，随着VR/AR设备的逐渐普及，人们对内容端的要求也会水涨船高，虽然目前Epic尚未在拓展现实方面有所布局，但这并不妨碍它成为现有元宇宙公司中的佼佼者。

Epic元宇宙核心能力图：

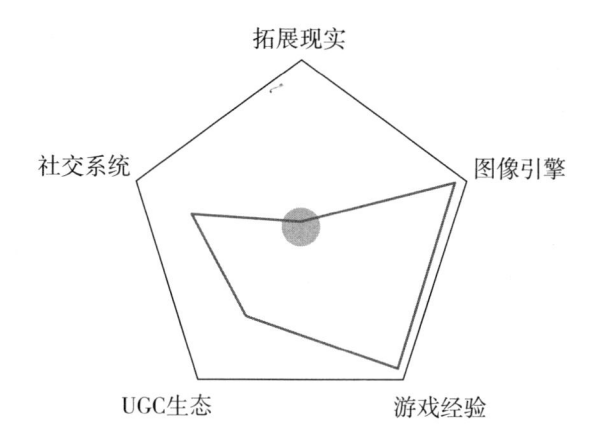

```
         拓展现实

社交系统          图像引擎

   UGC生态    游戏经验
```

与马克·扎克伯格"不应该让每个公司都开设一个元宇宙"的理念不同，蒂姆·斯威尼认为元宇宙不应是一家独大的，每个开发者都能搭建属于自己的内容。在谈及Epic与苹果、Google Play两大平台有关"反垄断"的争端时，他认为数字版权的重要性在互联网的发展浪潮中会进一步提升，而大公司不应该有过大的权力去控制用户的网络生活——不论是从开发者的角度，还是从消费者的角度。赢得这场争端不仅能够摆脱渠道分成对收入的限制，同时也能迈出通往开放生态的关键一步。在斯威尼之外，马克·佩迪特也表示互联网是基于交互而构建的，各个虚拟世界应当互相兼容——而连接系统的本质也是开放性的。从社会意义上来看，开放性有利于在元宇宙构造出更公平的规则和经济体系，创造者也能从成果中收获公平的收益。Epic的元宇宙应当是开放自由，天马行空的。

第 6 章

四个元宇宙图景，来自四部热门娱乐作品

METAVERSE

元 宇 宙

绝大部分媒体和行业分析师在提到"元宇宙"这个概念时，会列举如下几部作品：《雪崩》《黑客帝国》《头号玩家》，或许还会加上《失控玩家》。遗憾的是，对真正想做元宇宙，或者至少想深入了解元宇宙的人来说，这几部作品都缺乏参考价值——因为它们描述的都是在很久很久以后，元宇宙高度成熟时的场景。如果我们要对太空探索进行策划，肯定需要参考离我们这一代人时间更近、更接近当前现实的科幻作品，例如电影《2001太空漫游》《火星救援》这类。至于《银河英雄传说》《星球大战》这类属于太空歌剧性质且过于脱离现实的科幻作品，参考价值非常小。

在最近几年出品的泛娱乐作品当中，有四部指出了元宇宙最为可能的发展路径，对专业人士产生了一定程度的影响，所以特别值得研究：它们是游戏《赛博朋克2077》、美剧《西部世界》、轻小说及其改编动漫《刀剑神域》系列以及游戏《逃离塔科夫》。本章将分别讨论它们对元宇宙行业的指导意义。

《赛博朋克2077》：
一个"反乌托邦"的元宇宙中间形态？

过去的五六年间，由波兰游戏公司CD Projekt Red开发的开放世界动作RPG《赛博朋克2077》，一直是全球主机玩家和PC玩家最期待的游戏之一。作为《巫师》系列[1]的开发商，CD Projekt Red具备丰富的RPG开发经验，旗下作品以庞大恢宏的设定、曲折感人的剧情著称。该公司的上一款大作《巫师3》赢得了无数奖项[2]，至今仍被视为欧美RPG的最高神作，《巫师3》甚至被视为波兰留给全人类的一项文化遗产，因此，人们没有理由不期待《赛博朋克2077》取得更佳的战绩。

---

[1] 2007年开始发行的角色扮演类游戏，该系列游戏剧情改编自小说《猎魔人》，其丰富的剧情内容广受好评。——编者注

[2] 《巫师3：狂猎》共获得260个奖项，曾是史上获奖最多的游戏，直到2020年《最后生还者2》以261个奖项打破其记录。——编者注

《赛博朋克2077》原定于2019年发布，但是因为工作量太大而多次跳票。2020年，由于全球疫情的影响，开发人员被迫在家办公，发布时间再次推迟。在此期间，全球玩家的热情却始终没有降低，大家等待着能见证一部划时代的神作。然而，当《赛博朋克2077》于2020年12月发布之后，却立即陷入巨大的争议之中：

游戏的技术问题太多、Bug（程序缺陷）百出，在PlayStation 4和Xbox One主机上几乎无法进行游戏，只有在安装升级补丁之后才能勉强玩下去。尤其是臭名昭著的"黑梦Bug"，当玩家做主线任务"黑梦"时，游戏主角会受伤倒地，紧接着屏幕便陷入黑暗，只有红色的光影间歇闪烁。由于黑暗来临得十分合理，玩家或许还会对其艺术性击节赞叹，直到等了十几分钟后，屏幕也没有变化，才反应过来这是一个Bug。令人迷惑的"黑梦Bug"已经被载入了游戏史册，游戏发售后很久才得到修复。此外，《赛博朋克2077》中有些细节完成度明显不够、缺乏任何意义上的多人模式，也引发了许多玩家的不满。《纽约时报》将其称为"电子游戏产业历史上最引人注目的灾难之一"。CD Projekt被迫将《赛博朋克2077》从多个应用商店下架，予以初期消费者退款补偿，而且至今仍在面临来自投资人的集体诉讼。

来自技术层面的争议让大部分人忽视了《赛博朋克2077》其实是一部优秀的游戏：欧美大部分主流游戏媒体给它打出80以上的分数；在Metacritic[1]平台公布的2020年玩家评选的最佳游戏榜单中，《赛博朋克2077》位列第三，该游戏的PC版获得了86分的不俗成绩，尽管主机版因为Bug太多导致评分很低。平心而论，《赛博朋克2077》在开放

---

[1] 1999年创立的Metacritic平台是专门收集针对电影、电视节目、音乐专辑、游戏的评论的网站。——编者注

世界构造、核心玩法、主线剧情和支线任务方面，都尽善尽美，值得整个游戏产业认真学习。在这里，我们最应该探讨的，则是游戏中所构造的半个世纪以后的"另类元宇宙"世界：

- 2077年，人类科技高度发达，生物科技与信息科技达成了深度融合，"植入式芯片"和"电子义肢"变得司空见惯。人们既可以通过在体内安装芯片来提升自己的记忆力、反应能力、视觉、听觉，也可以增强自身肢体的物理属性，例如把手臂换成高速旋转的刀具甚至是火箭筒发射器。对人类身体的电子化改造，成了这个时代一项庞大的支柱产业，也催生了"灰色地带"，如各种各样的地下改造诊所、盗版芯片等。

- 在这个时代，人们不仅能通过智能设备接入网络，还能通过自己手臂上的电子神经接口，随时随地实现"脑机互联"。例如，要阅读一本电子书，不一定要通过任何实体设备，可以直接把加载了这本书的存储芯片插入接口，在一瞬间完成阅读和记忆；对重要地段进行实时监控，不一定要用肉眼盯着显示器，可以直接把摄像头接入自己的神经系统，图像自动传输到脑部。对黑客来说，这个时代无异于天堂，只要他们的技术水平足够高，就能随时随地"黑"入任何专用设备。

- 在全球性的核战争之后，各国政府的公共管理能力大幅下降，被大型跨国公司取而代之。这些"公司"掌握了一切先进技术，尤其是与"脑机互联"相关的生物工程技术，从而彻底控制了社会的方方面面，还组织了自己的雇佣军。"公司"的高层是全球的统治阶层，中基层员工通常能过上体面的生活。但是，绝大部分没有机会被"公司"雇佣的普通民众，则陷入了没有正当职业、没有稳定收入的困境中，世世代代在底层挣扎。

- 为什么普通民众没有工作呢？因为一切都高度自动化了。出租车变成了人工智能驾驶，保安可以使用无人机，制造业几乎完全依靠机器人——留给普通人从事的，只剩下黑道或沾上"黄赌毒"的工作了。由于这个时代的各国政府只是"公司"的傀儡，所以不存在福利国家，也不存在任何性质的财富二次分配。中下层民众被一个个的黑帮招募、笼络，形成了一个庞大的地下黑市经济体，捡拾着"公司"掉下来的"残渣"赖以生存。

- 本游戏的主人公，生活在美国西海岸一座名为"夜之城"的大城市。玩家可以做出三种选择："公司"的员工，也就是这个时代的白领；街头混混，生活在这个时代的底层；游牧者，游离于主流社会之外。无论选择什么身份，成长路径、剧情和任务大致都是一样的。

毫无疑问，《赛博朋克2077》描述的未来世界，在一些方面十分符合元宇宙的特性，但是也有明显的不同——在神经科学高度发达、"脑机互联"早已实现的情况下，人类的主要活动场所竟然还是现实世界，没有集体搬迁到虚拟世界当中去！在这款游戏当中，无论是有钱人还是普通人，年轻人还是中老年人，仍然会选择在现实世界工作、生活和娱乐。在主线剧情的结尾部分，主角可以选择进入由人工智能主宰的虚拟空间，并选择放弃肉体，把它留在那里，可实际上绝大部分人不会面临这样的选择。总而言之，在《赛博朋克2077》当中，不存在一个持续运营、包罗万象的元宇宙，只存在现实与虚拟的结合。

　　这样的设定，在很多方面会让人感到不合理：为什么2077年的人类还要选择用肉体进行高风险的极限运动，而不是在虚拟世界里想怎么玩就怎么玩呢？既然大部分普通人无法获得工作，为何"公司"不把他们全部上传到虚拟世界任由他们醉生梦死，借此消除不安定因素呢？还有，既然科学家已经可以实现人脑与电脑的无障碍沟通，为何"意识上传和复制"这种伟大的技术直到2077年还未广泛投入使用呢（按照游戏剧情，只有极少数人在研究和试验这种技术）？这个时代的有钱人，想要克服衰老和死亡，竟主要还是用生物技术加强肉体，很少有人考虑把意识上传到虚拟世界以实现永生——这是一个很大的漏洞。

　　以上问题当然可以用"剧情需要"来解释，但我们还可以给出更合理的解释：《赛博朋克2077》的剧情源于1988年出版的桌游《赛博朋克》，当时人们的想象力还不足以理解"元宇宙"这样的概念。在《赛博朋克》桌游的最早版本里，故事背景设定在2013年；在最流行的版本里，故事背景是2020年。现在我们已经知道了，无论是2013年还是2020年，人类都未发明"脑机互联"技术，也不能通过安装芯片或电子手臂来提升自己的能力。CD Projekt开始研发《赛博朋克2077》的时间点是2012年下半年，当时VR技术尚未成熟，"元宇宙"这个词还停留在科幻小说里。

　　尽管《赛博朋克2077》描述的并不是元宇宙世界，但是它仍能给我们带来重要启发：它有没有可能预言了人类向元宇宙发展过程中的某个"中间形态"？这个"中间形态"具备如下特点：

- 人类的日常生活在很大程度上"数字化"了，例如使用芯片加强大脑和神经、拥有自己的人工智能助理等。他们可以进入虚拟世界，在那里寻找工作和娱乐的相关信息，但大多数时候还是生活在现实世界，以现实中的人生为重心。

- 生物科技与信息科技的融合，能够大大提高人类的学习和工作效率。以前读一本书需要几天，现在只需要直接把书本内容导入大脑中的芯片；以前操纵机器人需要学习复杂的指令，现在只需要依靠意念。在这种情况下，"人脑中的世界"与"现实世界"的边界逐渐模糊，人类能够通过改造自己的大脑来改造现实。

- 体力劳动和重复劳动被机器完成，大街上穿梭的都是无人驾驶出租车和物流无人机，酒店的侍应生也是机器人。人工智能和机器的渗透导致了社会阶层的震荡，大批普通人要么重新寻找工作，要么堕入地下经济体；还有一种可能性，就是退出现实世界，到虚拟世界中寻找安慰。《赛博朋克2077》回避了上述最后一种可能性，没有予以探讨。

- 长此以往，人类社会各阶层的生活方式出现了明显落差：顶级富豪，因为拥有无穷的资源，所以更愿意在现实世界中享受，他们的神经和肉体也得到了大幅度强化；中产阶级，这部分人则根据自己的收入、知识水平和偏好，给现实世界和虚拟世界分配时间；劳苦大众，则别无选择，只有去虚拟世界寻求廉价的刺激感、满足感（《赛博朋克2077》的剧情没有给劳苦大众提供这种可能性，他们只能在现实世界苟延残喘）。

在《赛博朋克2077》当中，存在一个无所不在的"网络"（The Net），又名"赛博空间"（Cyberspace）。在游戏中，玩家除了使用武器打打杀杀、在街头除暴安良之外，还需要把一部分时间放在对"赛博空间"的探索上。如果你乐意，完全可以走"黑客路线"，不依靠任何武力对抗，纯粹依靠技术黑入各种网络设备，从而战胜敌人。在某种程度上，这个"赛博空间"也代表了我们现在使用的互联网与未来"元宇宙"之间的中间形态。

首先，"赛博空间"可以用电脑、平板、手机等任何设备登录访问，就像现在的互联网一样。但是，最专业的访问方法是通过"赛博连接器"（Cybermodem）实现脑机互联。在理论上，任何经过神经系统改造的人都可以进行脑机互联；在现实中，只有"精英黑客"（Netrunner）会这样做，因为这些人具备极高的技术水平和冒险精神。在赛博空间当中，精英黑客会获得一个自己的3D化身，通过操纵化身与网络环境以及其他精英黑客互动。

其次，赛博空间不但连接着各种电脑，还连接着全世界所有的电子设备，从而具备"物联网"的属性。所以，精英黑客完全可以通过改造赛博空间来对现实世界施加物理影响。举个例子，黑客们可以入侵一个变电站，使得输电线路超负荷运转，从而酿成一场火灾；他们也可以入侵一辆汽车的中控系统，让汽车按照他们设定的路线行驶。由于这个时代许多人类都在大脑中植入了芯片，精英黑客们甚至可以入侵这些芯片，从而操纵别人的行动。

不过，精英黑客在赛博空间并非无所不能，他们难以穿透网络安全措施，即"数据墙"。被数据墙环绕的电脑或电子设备被称为"数据堡垒"，大部分有价值的事物均位于数据堡垒的保护之中。有些精英黑客会被雇佣来保护数据堡垒,也有些会想攻克数据堡垒以取得有用信息。精英黑客之间的攻防战,构成了《赛博朋克2077》当中的许多重要支线任务。

最后,赛博空间非常危险、非常混乱,并不具备娱乐功能。它就像宁静的深海,看似静谧但充满乱流,随时可以将人吞噬,一般人既没有兴趣、也没有能力进入这个虚拟世界。精英黑客在赛博世界当中的活动,大部分是功利性的,虽然也带有一些科学探索的性质,但总而言之是旁门左道。因此,在《赛博朋克2077》里,有能力以脑机互联方式进入赛博空间的人,可能还不足总人口的1%。

在《赛博朋克》桌游的原版设定集里,大概是这样形容精英黑客在赛博空间的冒险的:

三岁那年,父母送给你第一台电脑,你的人生被彻底改变了。在五年级以前,你已经掌握了学校能提供给你的一切电脑知识。十三岁那年,你终于有了足够的钱,第一次为自己进行神经芯片植入。现在,没有任何力量能阻止你让自己的精神与电脑直连。你可以一头扎进凛冽的数据寒风之中,你变成了一个电子幽灵,一个最高级别的黑客。仅凭意念,你就可以使出复杂的进攻和防御计划,攻破任何数字堡垒。有时候你会发现极大的秘密……

很显然,这种技术门槛较高的"精英黑客",不符合我们对一般元宇宙用户的定义。那么,在《赛博朋克2077》的剧情里,存不存在进入门槛较低、供普罗大众使用的虚拟世界呢?还真有,那就是"超梦"。

"超梦"是一个令人拍案叫绝、极富启发性的设定。它是《赛博朋克2077》世界中的一种虚拟现实系统,利用植入人体的设备记录一段包含影像、声音、感觉、空间等信息在内的片段,经过剪辑加工制作成可体验的内容。换句话说,这是一种完美复制现实场景,包含人类一切感官信息的VR内容。在那个时代,大部分人的大脑、神经、视听系统都通过生物工程进行了增强,感官自带记录能力,超梦能从人体感官当中直接提取记录,用计算机加以剪辑、增强,从而达到对某一现实场景的完美还原。通过超梦,我们可以完美地"读取他人的记忆",甚至能读取那些对方没有注意到的细节。例如,在现实中,我们不会注意到自己眼角的余光所看到的东西,大多数时候会忽略一些细微的环境声音。但在观赏超梦的过程中,我们可以随时改变视角、放大背景音、放慢节奏,或是倒带,从而最大限度地了解一切信息。

如今的主流VR技术,本质上都是用计算机创造一个虚拟空间,虽然它可以与现实很相似,但所有细节还是来自计算机建模和贴图。超梦则是直接来自人类感官的体验,可以做到对现实场景百分百的模拟。你也可以使用计算机辅助工具,对录制好的超梦素材进行剪辑和特效加工,就像我们现在对影视素材进行后期制作一样。

最重要的是,超梦还可以模拟人类的思想感情!在录制超梦时,会加入录制者的脑电波、心电图等生理数据,诸如肾上腺素分泌、心跳频率、体温升降等信息均被记录下来。在观赏超梦的过程中,播放设备也会对观众的神经系统进行刺激,从而达到类似的效果。你可以把自己深度代入体育比赛中的明星,警匪交战中的警察或匪徒,或者某个重要历史情境下的历史人物……这些都不需要发挥任何想象力,只需要被动接受即可。

在《赛博朋克2077》中,"超梦"的最大功能是娱乐,它毫无疑问成为了当时最流行的娱乐形式。娱乐圈的名流从"影视明星"变成了"超梦明星",演员需要学会控制自己的心理,以便与观众形成共情。无所事事的底层民众,可以依靠几盘超梦磁带度过漫长的时光,有很多人陷入超梦的世界不愿离开。在黑市上,流传着大量浸染"黄赌毒"内容的超梦磁带,有的甚至可以让人在不摄入毒品的情况下体验吸毒带来的生理效果。警察当然会对这些违法磁带予以打击,可是那个时代的警察力量十分薄弱,不可能真的管束得了这类现象。

除此之外,游戏中的"超梦"还可以用于实际工作:首先它可以帮助警察和司法机关进行犯罪现场调查,复原犯罪事件发生时的状态。其次有助于进行专业训练,尤其是在军事训练中模拟复杂残酷的战场环境——在那个时代,绝大多数正规军、雇佣兵和警察都是用超梦训练出来的。最后可以用于医疗,超梦既可以用来替代麻醉品以减轻痛苦,也可以抚平患者的精神创伤。此外,对那些心理偏执的暴力罪犯,超梦也可以起到矫正、惩戒的作用。我们可以想象,这么强大而实用的技术肯定还能被更广泛地应用,只是《赛博朋克》系列没有展开更深入的探讨而已。

"超梦"虽然是一个虚构概念,但是对VR产业乃至整个元宇宙产业来说,它具有重大的参考意义:我们一直致力于构建的"由计算机制造、由人类感官消费"的虚拟世界,有没有可能变成"由人类感官制造、由人类感官消费"呢?如果我们实现了"超梦",计算机技术扮演的角色便可以从"创造世界"转变成"扩充、修改世界",对人类感官所记录的内容进行增强,就像当代绝大部分好莱坞大片都是实景拍摄与后期特效的结合一样。

这样，VR和AR的界限就模糊了。我们大多数时候都认为，VR是凭空创造一个沉浸式的虚拟世界，AR是对现实世界进行某种修改，但《赛博朋克2077》中的"超梦"则可以视为VR和AR的完美结合。至于人类的科技能否达到支撑"超梦"的水平？这个问题不仅需要计算机科学家来深思，也需要生物科学家去考虑。

对"超梦"技术的诉求折射出当前"元宇宙热"所存在的一个重大潜在问题：热衷于元宇宙的，要么是互联网公司，要么是计算机硬件公司，要么是内容公司，要么是区块链相关公司，却极少有生物技术公司。我们迄今为止还没有看到任何生物学专家，或生物科技公司的管理层，公开地表达过他们对元宇宙的看法。而这很可能导致基础研发的不均衡——若干年后，人们可能发现，实现元宇宙的极大瓶颈在于生物工程，但是技术攻关还需要很长时间。

笔者认为，《赛博朋克2077》以及其背后的《赛博朋克》系列桌游，当然会因为在玩法和剧情上的伟大创举而被载入游戏产业的史册。可是别忘了，对人类文明而言，《赛博朋克2077》最重要的贡献是做出了对元宇宙发展路径的一种可靠推测。它的世界观在某种程度上体现了"工业元宇宙"已经成熟，虚拟世界与现实世界的边界逐渐模糊，但人类尚未彻底转移到元宇宙世界时，人类社会的一种中间形态。这种形态会发生在五六十年以后吗？没人能断言，毕竟人类总是一会儿太乐观，一会儿太悲观。

说到这儿，你可能会注意到，《赛博朋克》系列游戏实际上对人类的未来相当悲观，不过它这般悲观，其实与元宇宙本身并无太大关系。根据《赛博朋克》桌游的设定，包括美国在内的大部分发达国家，均在21世纪早期便毁于一场世界性的核战争，核战争带来的污染严重降低了地球的资源环境承载能力。政府权威的下降、自然环境的恶化，共同导致了跨国公司的扩张，以及地下黑帮势力的崛起。如果有人要拿《赛博朋克2077》作为对元宇宙的社会批判论据，那他无疑是"格局小了"——因为早在元宇宙成熟之前，《赛博朋克》系列里的世界，就已经变成了一个"反乌托邦"。

《西部世界》：属于少数富人的猎奇性"元宇宙"？

在近未来，德罗斯公司（Delos Inc）建成了一座以19世纪美国"狂野西部"为背景的高科技主题乐园——西部世界（Westworld）。为了让游客能感受到历史上真实的西部世界，这座乐园里居住着数量庞大、有感觉有思想、能够以假乱真的智能机器人（Androids），他们被称为"接待员"。接待员的外观与人类毫无差别，存在的目的就是满足人类游客的一切需求——尤其是杀戮和性爱方面的需求。接待员每天都在重复着自己的任务，每天经历着死亡与凌辱，让游客取乐。这些接待员们对真相一无所知，因为乐园运营者在后台操纵着程序，而且每隔一段时间就会抹去他们的记忆，并进行全方位的复杂测试，以确保这些机器人绝对听话。但管理者们没有注意到，有一些机器人正渐渐发生改变。有一天，一位名叫德洛丽丝的女性接待员"觉醒"了，她拥有了自主意识，开始怀疑这个世界的真实性，并组织其他接待员，试图摆脱乐园对接待员的控制。与此同时，乐园的管理层也在试图从乐园创始者的手中夺得控制权，而乐园的创造者，正在探寻其他创造乐园的伙伴所留下的谜团……

以上是2016年在HBO电视网首播，由乔纳森·诺兰担任总导演的美剧《西部世界》第一季的剧情梗概。截至2021年，这部美剧已经开播了三季，共计28集（第一季10集，第二季10集，第三季8集）。前两季的口碑很好，并摘得了多项艾美奖和金球奖提名，可惜到了第三部口碑明显有所下滑，收视率也一落千丈。即便如此，《西部世界》仍然算是近年来一部比较成功、影响力较大的美剧。

事实上，《西部世界》是一个很老的故事，源于1973年米高梅出品、迈克尔·克莱顿担任编剧兼导演的同名电影。虽然这部电影的剧情与美剧有很多不同之处，但主要设定是相同的：有人建立了一座由机器人作为原住民的主题乐园，专门满足有钱人的黑暗欲望，机器人在偶然得知真相后发起了针对人类的起义。《西部世界》电影以120万美元的成本斩获了1000万美元的票房，堪称小成本科幻片的标杆之作。受此鼓舞，它的续集电影《未来世界》（*Futureworld*）也于1976年上映，可惜包括克莱顿在内的前作主创团队并未参与，导致质量大跌，口碑下滑。1980年，克莱顿又指导了美剧《超越西部世界》，口碑尚可，可惜仅仅制作了5集，播出了3集该剧就被砍掉。

此后多年，《西部世界》系列一直处于沉睡之中，可喜的是好莱坞一直有人想重新开发它。据说20世纪90年代初，华纳兄弟就考虑过重启《西部世界》，只是考虑到技术难度而未能实施。2011年，华纳兄弟再次考虑重制《西部世界》电影。最后，还是HBO投资制作了《西部世界》剧集，把这个历久弥新的故事再次带到了全世界的聚光灯下。与原版电影相比，2016年新版剧集最大的不同之处在于深入讨论了"人工智能"与"自我意识"的观念。在1973年的电影里，机器人反抗和杀戮人类纯粹是由于程序运行故障；而在新版剧集里，机器人则是通过想起被抹去的记忆片段，唤醒了自我意识，注意到了所处世界的逻辑矛盾，才恍然大悟、发起暴动。

附带说一句，《西部世界》的原作者迈克尔·克莱顿是一位科幻奇才，身兼小说家、编剧、导演等多个身份，国内大部分人应该是通过《侏罗纪公园》系列小说认识他的。他创作的《火车大劫案》《最高危机》等小说也曾被改编为电影。在现代科幻文学和科幻电影的历史上，克莱顿是一个绕不过去的人物。耐人寻味的是，此人的一生中从来没有提过"元宇宙"这个概念，也没有过与元宇宙相关的创作。当元宇宙概念在资本市场火热起来时，他已经去世了。很多人都好奇，如果他还活着，会对元宇宙提出什么样的看法。

《西部世界》的设定当然跟元宇宙没有直接关系，其中出现的游客是真人，接待员也是有实体的仿真机器人，一切活动发生在物理世界。然而，我们不妨严肃地思考一个问题：**像"西部世界"那样的主题公园，可以在元宇宙内，以可控的成本实现吗？**

答案是肯定的。在《西部世界》剧集里，因为主题公园位于物理世界，仍然需要遵从物理规律，由此导致了一系列的难题：

- 机器人的系统被设定为不能伤害人类，但每个机器人都是一个独立个体，需要反复进行测试，系统故障往往难以及时发现，由此产生了"暴动"的基础。

- 为了保护人类，主题公园里不存在真枪，只有仿真枪支。但是，仿真枪支在很近的距离内开枪还是会造成伤害，而且往往会有真枪因为各种原因进入乐园。

- 除了枪支之外，斧头、锤子乃至拳头都可以对人类造成伤害，所以乐园管理者不得不限制机器人的行动能力，有些机器人甚至无法打苍蝇，大大降低了真实性。

- 就算设置了以上所有限制，游客还是会因为自然灾害、坠崖、交通事故等原因受到伤害。公园管理者只能承诺游客"不受重伤"。

可以想象，在元宇宙世界，上述问题绝大部分都能得到妥善的解决。只需要营造一个足够复杂的开放世界环境，再加上一批具备高度人工智能的NPC就可以了。在虚拟环境下不可能造成物理伤害，这样既解决了游客的安全问题，又在一定程度上减轻了道德压力——毕竟所有的暴力行为都止于虚拟层面，就像在电子游戏里杀死敌人一样，只会涉及内容分级问题，谈不上什么大是大非。至于《西部世界》剧集深入讨论的"NPC产生自我意识"的问题，在虚拟世界里几乎是不可能发生的，就算真的发生了，也很容易被解决掉。

进一步来说，我们甚至可以雇佣真人自愿扮演NPC，从而获得更加真实、更加贴近人性的体验。不用给NPC"洗脑"，不用担心人工智能会产生自我意识，只需要向NPC员工支付薪酬即可。这些员工可能比迪士尼乐园的员工更辛苦，可是二者在本质上没有不同。

再进一步地想，我们甚至可以连员工都最大限度地省去，由玩家自行扮演NPC！由那些出钱最多的玩家当主角，出钱较少的当配角，出不起钱的玩家担任NPC，在免费游玩的同时也自愿承受付费玩家的杀戮。这个场景是否让你似曾相识？这可不就是MMORPG里常见的情况吗！

21世纪初，国内流行的《传奇》《征途》等"韩国风"MMORPG，以高消费（氪金）、鼓励玩家对抗（PK）著称。此类游戏的玩家被分为"大R""中R""小R""零氪"等多个等级，其中"大R"玩家具备碾压性的优势（R指"人民币"）。游戏中，每个服务器上都有几个"土豪"，游戏内部的主要事件就是这些"土豪"拉帮结伙、互相攻击，普通玩家在此过程中充当炮灰。某些游戏厂商还发明过"拍卖服务器"的天才设想，赢得拍卖的人将在未来一段时间内获得对本服务器所有玩家的生杀大权，简单来说就是当土皇帝。

有人大概会疑惑：有钱人的娱乐方式这么多，何苦到MMORPG里寻求刺激？因为现实世界虽然也十分有趣，但规则分明，不会允许任何人打破犯罪的底线，不会纵容他们杀戮无辜，更不可能让他们过"皇帝瘾"，所以这部分有钱人只能把追求刺激的需求寄托在游戏中。"传奇系"游戏能够最大限度地满足他们的征服欲、统治欲，满足他们在马斯洛需求层次理论中的"高层次需求"。据说，在21世纪初，有些"大R"玩家投入在游戏上的年消费额可以达到1亿元，即便是现在，各种各样的"一刀99级""沙城争霸"复刻游戏也能产生一定的流水。如果能在元宇宙里也复刻这样的游戏，岂不就构成了虚拟版的《西部世界》？

然而，熟悉网游行业的人会发现：进入21世纪第二个十年以来，MMORPG一直在衰落，"传奇系"产品衰落得尤其明显，已经只会反复炒冷饭、吸引情怀玩家，失去了自我造血的能力。其中的原因，大概可归纳为如下几点：

- 随着移动互联网的发展，人们的娱乐时间日益碎片化，MMORPG显得太"肝"了。现在，很少有人愿意每周在一个游戏里花几十小时砍人或被砍，流行的游戏基本都在向低门槛、快节奏和时间灵活的方向演变。

- 对"土豪"玩家来说，"传奇系"游戏对现实的模拟是有限的，在游戏中威震四海、君临天下的感觉，还是不够爽。短的沉迷游戏几个月，长的沉迷几年，之后他们还是会厌倦，转而寻求新的刺激（无论在网上还是现实中），只是偶尔会回到游戏重温一下。

- 当年MMORPG的一个重要场景是网吧，普通玩家以网吧为重要的集散地，"土豪"玩家以网吧为组织（公会）势力的出发点。网吧的多人氛围，大幅提升了全体玩家的沉浸感、归属感。现在，网吧早已衰落，在个人电脑或手机上很难找到当年意气风发的感觉。

在元宇宙时代，上述三个问题都是可以大致解决的。尤其是对土豪玩家来说，比起传统的电子游戏，高沉浸感、与现实别无二致的VR世界更能满足他们的需求。他们需要考虑的只是监管问题——要知道，《西部世界》的娱乐项目以"很黄很暴力"著称，元宇宙世界在合法范围内能产出多么猎奇的内容，还是个未知数。

本书之前的章节，我们讨论的都是"普惠型元宇宙"，它的普及率很高，每个人都有机会进去享受、创造，并参与社区管理。就算因为技术条件的限制，它暂时不能为全人类服务，至少也要为很大一群人服务。《西部世界》模式的元宇宙则完全不同，它注定只属于少数富人。这样的元宇宙，要么不会允许普通用户进入，要么会予以普通用户严重的歧视性待遇，让他们变成高氪金用户以获取娱乐。它不是一个包罗万象的虚拟世界，仅仅是一个高端娱乐场所。

想必未来会有元宇宙运营商打出这样的广告："喂，我们创造了一个瑰丽的虚拟世界，入场费很高。不过你没钱也不要紧，只要你愿意被土豪践踏、虐待、杀戮，我们就恩准你每天免费玩两个小时！"就像本世纪初很多人自愿跑到"传奇系"游戏当中挨打一样，元宇宙时代，肯定会有很多人出于好奇或无聊，自愿响应上述号召。

从商业角度看，这种属于少数富人的猎奇性元宇宙，反而有可能较早地实现赢利：

- 为"土豪"玩家服务，客单价较高，而运营成本较低。这种元宇宙只需要覆盖全球最富裕的国家、城市即可，所以还能降低基建成本和带宽成本。

- "土豪"玩家有钱购买最高水平的VR设备，居住场所也比较大，可以在线上场景享受与线下VR场馆一样（甚至更好）的沉浸式体验。只要体验足够好，他们就愿意付费，并且不断产生复购。

- 既然是为了给"土豪"玩家提供刺激，元宇宙平台方也不需要建立一个庞大、丰富的内容生态，只需要聚焦于满足杀戮和征服等"土豪"

玩家的特殊欲望即可。就像在《西部世界》当中，虽然存在几个不同设定的主题公园，但它们的核心玩法是高度一致的，不存在"内容更新"的压力。

这似乎像是国内网游早期历史的重演：市场竞争的胜负，并不取决于谁能提供更好的艺术性、公平性或创新性，而取决于谁能最大限度地吸引并留住"大R玩家"。"《西部世界》型元宇宙"只要吸引到几百几千个富豪为此付费，就有可能在收入和利润上超过那些为几百万人服务的"普惠型元宇宙"。那么，接下来呢？

接下来有几种可能性。比较乐观的可能性是，"《西部世界》型元宇宙"只会在早期取得优势，随着技术进步、成本下降、用户习惯成熟，"普惠型元宇宙"会逐渐占据上风，就连"土豪"玩家也会改弦易辙。过去二十年，中国网游行业的主流趋势大抵如此：高氪金游戏逐渐让位于低氪金游戏，"付费就能赢"（Pay-to-Win）的游戏逐渐让位于公平竞技游戏。在《传奇》《征途》鼎盛的时代，人们很难想象《王者荣耀》这样不卖数值、不给"土豪"玩家优待的游戏能够取得商业成功，但时代的变迁导致一切反过来了。

比较悲观的可能性是，元宇宙所需的VR设备成本、边缘计算成本和运营成本始终无法下降到足够低的水平，大部分人还是被拦在门外。"《西部世界》型元宇宙"会一直统治下去。就像马术、游艇、赛车等"贵族运动"难以变成平民运动一样，元宇宙的真正魅力大概率会永远无法被大多数人了解。也许，等到少数富人可以实现"脑机互联"乃至"意识上传"之后，大多数人还停留在使用VR头盔的层次。

还有一种折中的可能性：元宇宙可能分层。最有钱的人在"《西部世界》型元宇宙"里肆无忌惮地满足一切欲望，中上阶层在一个功能齐全、用户体验较好的虚拟世界里歌舞升平，普罗大众所在的"普惠型元宇宙"则只能提供基本服务。各层级的元宇宙因为技术和基建水平的不同，能给人享受的内容也不同。这很像互联网刚刚普及的时候，连入了宽带的家庭可以玩网络游戏、看流媒体、下载大型软件；使用拨号上网的家庭只能浏览图文信息、下载小型软件。别忘了，那些负担不起拨号上网的家庭，那时根本不知道什么是互联网！

总而言之，阳光之下，并无新事。历史总是在重复自身，但不是简单的重复，而是螺旋形的上升。只要元宇宙相关技术的成本能够迅速降低，我们还是可以对它保持乐观的。"《西部世界》型元宇宙"，有可能像《赛博朋克2077》所描述的一样，是人类通向元宇宙世界道路上的一种中间形态，一个短暂的插曲。既然是插曲，暂时发生一些不公平、不道德的现象，似乎也可以忍受。

我们真正需要警惕的，是少数巨头在垄断元宇宙世界之后，会不会把"中间形态"变成常态，把不公平、不道德的设定强加给所有人。就像谷歌前CEO施密特的发问："元宇宙需要有人制定规则，那么谁来制定规则呢？"施密特怀疑，人工智能将变成元宇宙中的"伪神"。其实，最有可能扮演"伪神"角色的，还是人类自己——那些掌握了系统最高权力的一部分人。如果他们认为，维持《西部世界》的形态更有利于利润的最大化，那么今后的元宇宙或许会长期停留在"西部世界"里。

还记得《赛博朋克2077》所描述的"公司"统治人类的情景吗？对现实世界的统治，变数很多，并不稳固，随时有可能面临反抗；对虚拟世界的统治，却可以从根本上杜绝一切反抗的可能性，从而做到永垂不朽。如果由《赛博朋克2077》当中的荒坂公司去运营一个元宇宙版本的《西部世界》，无疑将造就人类历史上最大的黑色幽默、最绝望的反乌托邦。

希望这样的反乌托邦永远不会成为现实。

《刀剑神域》：轻小说风格的半吊子元宇宙

2021年初，"元宇宙"概念刚刚得到广泛关注时，便有一些精通二次元文化的朋友吐槽说："这不就是《刀剑神域》吗？"虽然这部作品的受众面没有《黑客帝国》《头号玩家》那么广，但是在其轻小说、漫画、动画、游戏的铺天盖地的攻势之下，它还是具备很大影响力的，而且影响力已经跨出了二次元圈子。

在2021年11月的B站财报电话会上，bilibili董事长兼CEO陈睿说："我认为这（元宇宙）确实是一个非常美好的愿景，因为这确实能够带给人一个真正升级的用户体验，就像我们之前看《头号玩家》《刀剑神域》一样。"陈睿的表态再次提升了《刀剑神域》的热度，有人由衷认为，《刀剑神域》能代表今后一段时间里元宇宙的发展方向。

遗憾的是，实际上《刀剑神域》没有那么强的参考意义，严肃的元宇宙厂商甚至没有必要对它进行任何研究。如果有人真想根据《刀剑神域》的设定来做元宇宙，那做出来的也只能是"轻小说风格的半吊子元宇宙"，很难吸引大部分用户。

让我们先了解一下《刀剑神域》大致的世界观设定：

2022年，人类科技已经高度成熟，能够创造高度沉浸的虚拟世界。一家名为ARGUS的电子设备巨头，开发出了名为NERvGear的新世代家用VR终端，它使用脑机互联技术，不必借助人类的感官即可发挥作用。SAO（Sword Art Online），即《刀剑神域》，是第一部依托NERvGear技术的VR大型多人在线角色扮演游戏。对少数玩家进行封闭测试之后，《刀剑神域》终于正式上线运营，首日就有一万名玩家登入。然而，玩家很快便惊恐地发现，游戏的"退出"功能无法使用。这是游戏设计师埋设的陷阱——玩家只有打倒位于浮动城堡"艾恩葛朗特"第100层的魔王，实现对游戏的"完全攻略"之后，才能离开。

如果玩家在挑战过程中失败死亡，或者尝试脱下NERvGear打算强行离开游戏，都会导致NERvGear发出高强力微波，破坏玩家的大脑导致其死亡。这就是《刀剑神域》小说第一卷的核心设定，也是最吸引人的设定：玩家在游戏内的死亡等于现实死亡，从而大幅提高了游戏的危险性。这个设定，使得《刀剑神域》能够在浩如烟海的"网游小说"当中脱颖而出，即使是不玩网游的读者也会关心主人公的命运。

《刀剑神域》的轻小说创作于2002年，2009年由电击文库结集出版，在2012年动画番剧上映之后正式"出圈"。在2002年，VR技术还很不发达，市面上"VR游戏"的沉浸感普遍很弱，作者能有如此瑰丽的想象力实属不易。作者川原砾曾表示，他进行创作的初心是为了探索"网络游戏、假想世界究竟是什么"这个话题。但是，由于川原砾当时非常年轻，又缺乏计算机技术和游戏开发方面的从业经历，他撰写小说的素材主要来自他自己作为游戏玩家的经验,所以原作中各方面的设定给人的感受都比较单薄,也因此《刀剑神域》远远无法与《赛博朋克》系列这样由大量专业人士创作和迭代的作品相提并论。

川原砾是一位资深MMO玩家,他创作的《刀剑神域》第一卷和第二卷都以充满西方奇幻色彩的MMORPG为主要舞台,这就带来了一个严重问题:MMO作为核心玩法,难以撑起"元宇宙"体量的虚拟世界。

以第一卷中的"刀剑神域"世界为例,SAO的世界观以西方中世纪为蓝本,去掉了"魔法"因素,转而强调"剑技",据说是为了让玩家最大限度地探索肢体运动的魅力。游戏里也不存在严格的"职业"设定,玩家可以根据自己的特长、偏好等,选择武器和战斗方式。游戏的主要场景是飘浮在空中、由钢铁和岩石建造的巨型城堡"艾恩葛朗特",城堡共有100层,每层都有充满怪物的迷宫,只有突破迷宫、打倒该层的守护怪兽,才能进入下一层。除了战斗,玩家还可以在"艾恩葛朗特"内部的广大区域内生活,从事料理、钓鱼、缝纫、锻造等辅助性工作,帮助自己或他人完成最终目标——打倒位于第100层的魔王。

平心而论,这是一个比较经典的MMORPG设定。目前运行中的许多MMO,游戏机制可能还没有《刀剑神域》这么复杂,只是场景比它略多而已。《刀剑神域》独特的"永久死亡惩罚"概念,放在今天也谈不上多独特了,大批Roguelike-RPG(迷宫探索类角色扮演游戏)存在类似设定,游戏主人公死了一次就要从头重练。

如此单一的游戏目标,如此有限的游戏场景,以及虽然丰富但也谈不上多么复杂的游戏玩法,在现实中是不可能吸引数以万计的玩家"沉浸"的。大概是注意到了这一点,作者才会引入"游戏设计师暗藏杀机，强迫1万名玩家留在游戏世界中"的设定。在初期的惊恐无助之后，幸存的大部分玩家认命了，结成了各种目的不同、使命不同的团体。其中，只有以主人公桐谷和人为代表的少数"精英玩家"，具备真正的攻略能力，最后完成了攻略[1]。

真实的MMORPG就是这样的：由于学习曲线太长、内容太复杂，玩家不但需要具备极高的熟练度，还需要依托游戏内的社交机制，尽可能与别人抱团取胜。以"探索—做任务—升级—下副本—PK"为主线的传统MMO玩法，并不适合所有人的口味。在《刀剑神域》当中，在首日登录游戏的1万名玩家基本都是MMO爱好者，其中很多还参加过其他MMO游戏的封闭测试，但也不是每个人都有兴趣和勇气去"攻略"的——这样的剧情，可以说十分符合现实逻辑。由于无法离开游戏，这些玩家不得不在虚拟世界里担任各种辅助工作，从而形成了一个迷你生态系统。如果这些玩家有选择权的话，肯定会在第一时间逃离游戏世界、一去不返，那么，SAO的游戏生态就濒临崩溃了。

有趣的是，如果《刀剑神域》中的SAO是一个正常运营的元宇宙产品，它很可能会在一年之内陷入内容枯竭、难以为继的窘境。SAO的最终目标是攻略"艾恩葛朗特"第100层的魔王，而主角一行用了两年时间便攻略到了第74层。可以这么理解，哪怕不考虑作者开"金手指"的因素，按照正常速度，最多再过1~2年，攻略第100层的目标就能完成。要知道，主角一行是在与现实世界失去联系、极端惊恐、不

---

[1] 在与伙伴携手攻略了第75层后，男主人公桐谷和人发现带领大家杀敌的骑士团团长其真实身份是游戏设计师茅场晶彦。茅场晶彦出于奖励的目的向桐谷和人发出一对一决战的邀请，男主角在濒死之际突破极限，战胜了茅场晶彦，提前完成了对艾恩葛朗特的攻略。——编者注

可能得到任何帮助信息的情况下完成任务的。如果他们能够自由出入SAO，在良好的精神状态下互通有无、完成协作，攻略城堡的时间很可能缩短到半年至一年。

半年至一年，也是绝大部分MMO产品版本更新的时间间隔。如果一款MMORPG在一年之内连一个DLC都没有推出的话，那无疑是接近生命尾声。不仅游戏的核心玩法和主线需要延伸，支线乃至外观也应该定期更新，只有这样才能让一个游戏长久延续。MMO的内容创造主要依靠游戏开发商进行，那么SAO的开发商ARGUS有能力每年创造一个"艾恩葛朗特"，从而吸引玩家不停地玩下去吗？

从《刀剑神域》的剧情来看，这不太可能。"艾恩葛朗特"不但高度复杂，而且是创造者——天才游戏设计师茅场晶彦一生理想的结晶。按照茅场晶彦在决战结束后对男主人公的自我剖白："我也忘了究竟是从几岁开始，自己就被这个空中浮游城堡的幻想给缠上了……那个幻想中的情境，不论经过多少时间都鲜明地留在我的脑海里。随着年纪增长，影像也越来越真实、越来越广阔。从地面上飞起，直接到那座城堡去……长久以来，那一直是我唯一的愿望。"

用一生幻想出来并构建的伟大城堡，只够一万名玩家享受半年到一年（《刀剑神域》中为两年），这不仅是游戏行业莫大的悲哀，也是元宇宙行业不得不面临的悲哀。

或许是意识到了MMORPG的天然劣势，在《刀剑神域》第三卷《幽灵子弹》篇（原名《死枪》）当中，川原砾改用FPS游戏为蓝本。按照作者在后记中的说法，MMO玩家的战斗力会因为等级和装备不同而产生巨大落差，FPS玩家的战斗力则主要依赖个人能力，所以比较公平，也更容易展开剧情。还有一点，是他没有提到的：FPS是电竞游戏，玩家在进行游戏的同时，也在为自己创造内容。电竞游戏也需要内容更新，但是内容消耗速度远远慢于MMO，这就使得《幽灵子弹》篇中的虚拟世界更具备可持续性。

《幽灵子弹》篇的一个重要卖点是"最强者淘汰赛"。该赛事的预赛由玩家一对一进行，决赛则让全体参赛者在一个巨大的包含各种地形的地图上进行随机混战，最终胜利者可选择获得游戏币奖品或实体奖品。除了一对一PK，该赛事还存在由爱好者组织的"小队模式"，玩家组队合作参加，不过影响力相对较小。

很多人在看到《幽灵子弹》篇的剧情之后惊呼："这不就是'吃鸡'游戏吗？"其实，《幽灵子弹》篇的轻小说出版于2010年，当时"吃鸡"游戏最早的雏形尚未诞生，川原砾是根据传统FPS的游戏经验撰写的。从这个角度看，川原砾在某种程度上可以说是一个游戏理念方面的奇才，具备一定的前瞻性。

顺便一提，据说米哈游的创始团队，就是在看了《刀剑神域》之后，才产生做"崩坏神域"的想法的。米哈游的聪明之处在于，吸收了《刀剑神域》对沉浸式虚拟世界的认知，却巧妙回避了落后的MMO玩法。无论是《崩坏3》的动作卡牌，还是《原神》的单人开放世界，都与MMO有天壤之别，比MMO更符合当今玩家的习惯。如果米哈游真的推出"崩坏神域"这样的高沉浸感虚拟世界，那也不会是MMO，而是类似于如今《原神》这样的产品。

此外，川原砾还创作过一部小说《加速世界》，虽然创作时间晚于《刀剑神域》，出版时间却更早，是他的出道之作。在《加速世界》的设定中，每个人都使用一种"神经连接装置"（Neural Link），让自己的大脑直接与全球网及局域网进行量子级别的无线通讯，在此过程中消除现实的一切感觉。两个关系较好的人之间，也可以通过有线传输工具直接让大脑相连、传递信息。在虚拟世界中发生的事情，可以通过一种叫Brain Burst的软件，反过来影响现实世界，在现实世界中对战。与《刀剑神域》相比，《加速世界》在某些方面更符合元宇宙的定义，但是后者远没有前者流行，没有产生太大的影响。

以上对《刀剑神域》局限性的分析，并不代表它是一部劣作，更不代表它不值得普通观众鉴赏。作为轻小说和轻改动画番剧，《刀剑神域》非常成功，已经达到了"世界级IP"的重量级。但是，它的局限性也来自其轻小说属性——所谓"轻小说"，就是"能够轻松阅读的小说"，在内容和形式上都十分通俗，充满娱乐性。与《冰与火之歌》《海伯利安》《黑暗塔》这样的欧美奇幻或科幻文学作品比起来，或者与《侠盗猎车手5》《赛博朋克2077》这样的欧美3A游戏大作比起来，日本轻小说普遍不愿探讨太详细的背景设定、太沉重的社会话题，通常是聚焦于少数主角，尤其是浓墨重彩地描写主角团的爱情、友情和个人奋斗。

拿《赛博朋克2077》和《刀剑神域》第一卷的结尾对比就会发现：在《赛博朋克2077》当中不存在完美结局，主角无论怎么选择都会留有遗憾，都无法改变现实世界的高度不平等；主角虽然可以选择将意识上传到赛博空间，在某种意义上实现元宇宙中的永生，但那恰恰是一个迫不得已的选择。而在《刀剑神域》第一卷，得益于反派人物良心发现，主动与男主角展开一对一决斗，最终让主角实现对游戏的完美攻略，使所有存活的玩家得到了拯救。后者的大团圆结局可以取悦很多人，但并不高明，它对我们深入思考元宇宙问题的帮助非常有限。

其实，抛开"VR网游"这个设定，你完全可以把《刀剑神域》的前两卷看作发生在西方中世纪背景下的"异世界穿越小说",第一卷强调剑术,第二卷强调魔法,恰好构成了西式奇幻传统中的"剑与魔法"。玩家通过VR网游进入异世界,与其他类似作品中"被天打雷劈之后莫名其妙穿越到异世界"的设定,并没有本质区别。可能唯一的区别在于,VR网游营造的异世界,其居民的主体是现代人,拥有现代社会的知识和思维方式;穿越到的异世界,居民的主体是当地人,思维方式基本停留在中世纪的生产力条件下。这两种不同的设定,可以用来写不同的故事,仅此而已。

因此,《刀剑神域》对元宇宙产业的参考意义,远远比不上《赛博朋克2077》和《西部世界》,也比不上很多题材相似的幻想作品。《刀剑神域》前两部所浓墨重彩描绘的MMORPG,不太可能成为元宇宙初期的"杀手级内容"。从第二卷开始,《刀剑神域》的"死亡游戏"设定消失了,虚拟世界与现实世界的界限越来越分明,从而愈发丧失了"元宇宙"的意义。那么,什么才是元宇宙初期的最佳内容呢?

如果你玩过一部最近蹿红,名为《逃离塔科夫》的游戏,那说不定你的心里就有答案了。没玩过也不要紧,下一节我们就会对它进行全面而彻底的研究。

《逃离塔科夫》：元宇宙初期的最佳内容蓝本？

进入21世纪以来，电子游戏产业在技术上取得了长足的进步，但是在玩法上的进步幅度却没那么大。严格来说，现在，游戏核心玩法的创新呈现越来越慢、越来越难的趋势。无论在主机端、PC端还是手机端，都充斥着各种抄袭、模仿和跟风之作。许多成名的游戏公司、游戏制作人也越来越不愿意超越自己，反而聚焦于如何在一个IP、一部作品上榨出尽可能多的油水。

在这个时代，创新的火花往往来自名不见经传的小公司。例如，韩国蓝洞工作室开发的《绝地求生》掀起了长达三年的"吃鸡"热潮；加拿大Red Hook开发的《暗黑地牢》系列助推了Roguelike品类在全世界的流行；巨鸟多多工作室开发的《刀塔自走棋》则引发了各式各样的"自走棋"产品井喷。不过，过去五年全球游戏产业最重要、影响最大的创新佳作，当数俄罗斯Battlestate Games公司开发的《逃离塔科夫》。

深度了解《逃离塔科夫》无法绕开近期的游戏产业史。近二十年来，重度游戏产品的主流类型基本就是"3+1"，总共四个热门类型：

1. MMORPG，代表作有《魔兽世界》《热血传奇》《最终幻想14》，以及中国本土的《梦幻西游》《完美世界》《剑网3》《天涯明月刀》等。此品类游戏的特点是：规模宏大、时间消耗大、以数值为核心、强调内部社交，它拥有庞大的任务协作系统，有时还包括发达的玩家对抗（PK）系统。最成功的MMORPG，往往要么"肝"（耗时），要么"氪"（耗钱），要么"既肝且氪"。为了适应智能手机玩家对游戏的碎片化需求，近年来的MMO品类逐渐向小型化、轻度化转型。不过，无论怎么转型，MMO的黄金时期都已经过去，难以恢复其在21世纪初期的盛况。

2. 开放世界冒险游戏，代表作有《侠盗猎车手5》《巫师3》《塞尔达传说：旷野之息》《赛博朋克2077》，以及中国的《原神》等。严格来说，开放世界不是一种"玩法"，而是对游戏内容的拓宽，允许玩家在一个庞大的世界里进行自由探索，与各种各样的人物、事物进行互动。开放世界可以与RPG、FPS、ACT（动作游戏）、SLG等各种重度玩法结合。此类游戏往往也存在主线剧情、主线任务，但玩家可以选择对此置之不理，把精力放到自由探索上。由于开放世界的体量较大、对设备算力的要求较高，所以多见于主机端和PC端；在手机端，米哈游的《原神》和网易的《明日之后》都具备较强的开放世界色彩。

3. 电子竞技游戏，代表作非常多，从中国玩家熟悉的《英雄联盟》《王者荣耀》，到在欧美红极一时的《绝地求生》《堡垒之夜》，再到各种各样的"自走棋"游戏，无不属于这个品类。电子竞技的核心是玩家之间在特定时间、特定场地的公平对抗，对抗的过程就是"对局"。这种对抗，可以体现为纯粹的智力因素，例如棋牌、集换式卡牌；也可以体现为智力和反应能力的结合，例如MOBA、FPS；甚至可以加上一定的体力因素，例如包含体感的体育游戏。电竞游戏最适合当代玩家的碎片化娱乐需求，能高效地提供刺激感和满足感，因此成为了最近十年发展最快、商业上最成功的游戏品类。

4. 除了上述三个"大热门类型"，还有一个"小热门类型"，那就是模拟经营游戏。这也是一个包罗万象的类型，既包括《文明》《欧陆风云》这样的"探索—扩张—开发—征服"游戏，也包括《动物森友会》《星露谷物语》这样的"种田"游戏，还包括《美少女梦工厂》《闪耀暖暖》这样的恋爱养成游戏。模拟经营的核心，是在一个较长的时期内，有步骤、有计划地对游戏对象进行资源投入，看着游戏对象成长起来。RPG也有成长因素，但仅限于游戏角色的个人成长，模拟经营则允许玩家分配更广泛的资源、实现多种对象的成长。与上述三大热门类型相比，模拟经营的受众面没有那么广，但仍然是一个举足轻重的类型，而且其长处得到了三大热门类型的借鉴、吸收。

以上"3+1"热门类型，各有各的优点，也各有各的局限性，没有谁能"一统江湖"，游戏行业的热门产品总是在各个品类之间交替：

- MMO的缺点，前文已经总结得很充分了：对玩家来说过于"肝"，对开发商的内容更新要求过高，这两点已经得到了游戏行业的充分认识。

- 开放世界游戏的缺点，是比较倾向于单人模式，多人属性不强。《塞尔达传说：旷野之息》是比较彻底的单人游戏；《原神》是弱联机游戏，玩家大部分时候独立完成任务；GTA5有多人模式，但多人模式玩家数量还是少于单人模式。因为玩家对开放世界的探索是一种比较私人、个性化较强的行为，单人探索的乐趣更大。大部分玩家只有在完成深入探索之后，才会考虑多人协作或对抗玩法。如果在主线剧情中就"偶遇"其他玩家，他们往往会觉得受到了干扰，兴趣反而降低。

- 电子竞技游戏的缺点和优点是统一的：完全围绕着多人对抗，玩家在乎的只有对局，游戏体验被对局割裂为碎片。很多电竞游戏都推出了对局之外的单人剧情及养成玩法，但玩家的兴趣有限。更可怕的是，随着游戏年龄的"老化"，老玩家与新玩家的差距越拉越大，前者对后者构成碾压优势，导致新玩家几乎进不来。二十年前的格斗游戏、最近十年的即时战略游戏、近年来的DOTA2，无不面临着这种困境。可以想象，等到《王者荣耀》《和平精英》"老化"之后，多半也会出现类似问题。

- 模拟经营游戏的缺点，在于数据过于重要，玩家其实就是在玩数据成长，而且要在几十到几百小时内不断地关注数据成长。毕竟不是每个玩家都乐于此道，就算是老玩家也很容易在一通"爆肝"之后暂时玩腻。近年来比较成功的模拟经营游戏，往往是淡化数据成长、淡化游戏目标，以休闲或奇趣取胜，《动物森友会》《波西亚时光》乃至《模拟山羊》都是其中的佼佼者。模拟经营始终不能成为市场上最大的游戏类型之一，原因也很明确。

那么，有没有可能开发一种游戏，混合以上四种玩法的优点，让不同类型的玩家找到各自的"爽点"呢？截止到两年前，它的答案还是否定的，许多厂商前仆后继地尝试，皆以失败告终。但是今天，我们可以说，目标很接近了，《逃离塔科夫》就是最佳候选者。

许多以"真实感"著称的战术竞技游戏，都是出自以往苏联地区的开发商，例如《坦克世界》《战舰世界》均出自白俄罗斯游戏公司Wargaming。《逃离塔科夫》也不例外，但它的开发商Battlestate Games只是一家俄罗斯的小公司，此前从未开发过爆款产品，财力也很有限。所以，《逃离塔科夫》只能采用成本较低的Unity引擎（而非更高质量的虚幻4）开发，而且一直没有登上过任何第三方应用商店，也没有做任何大规模推广，仅仅通过官网维持运营，因为Battlestate Games无法承担渠道和营销推广费用。

从2016年8月首发开始，《逃离塔科夫》一直处于"封闭测试"阶段，前三年也一直不温不火，由于画面落后、Bug极多，该作从未成为游戏圈的热门话题。直到2019年10月，0.12测试版上线，它的玩家人数和口碑才出现了大幅上升，也成为了各大游戏直播平台的热门直播品类。直至今天，《逃离塔科夫》还处于"封闭测试"状态，玩法迭代仍在快速进行。根据官方公告，玩家有望在2022年之内看到该游戏的"正式版"，而且下一个大版本更新将加入剧情模式、竞技场模式等。在中文游戏社区，到处可以看到"《逃离塔科夫》何时能出国服""为什么在Steam上搜不到"的问题——希望国内玩家能够在未来一两年内如愿吧。

毫不夸张地说，《逃离塔科夫》的成功，完全是反复试错、反复进行玩法迭代的结果。开发团队在借鉴了同期的几乎一切热门网络游戏之后，找到了MMO、开放世界和电竞三大品类的"最佳结合部"，打开了游戏行业新一轮进化的大门。

《逃离塔科夫》的核心玩法，看起来与"吃鸡"相差不大：玩家选择一张地图开局，随机出生在地图某个位置。地图上不但存在其他玩家，还存在NPC，以及各种资源。在开局前，玩家可以选择加入两个互相敌对的阵营（北约或俄罗斯）之一，也可以选择加入NPC阵营。击杀其他玩家，可以获得对方的全部装备，击杀NPC，也可以获得大量资源。与"吃鸡"不同，玩家不需要消灭所有对手以获胜，只需要躲到撤离点里待上几秒钟就可以脱离地图。

上述玩法与其他FPS游戏有何区别？区别大了！首先，玩家进入地图之前需要带装备（若扮演NPC则可以不带），带进去的装备越精良，战斗力就越强，但是一旦被击杀，就会失去全部装备。只要玩家能活着脱离地图，本局获得的所有装备、资源皆可保留。所以，在每次开局之前，玩家必须精打细算：带什么装备进去？拿到多少装备之后就要准备脱离？如果能做到"获得的装备比损失的装备更多"，就形成了良性循环，用网络语言来说，就是"血赚"。《逃离塔科夫》与其他一切电竞游戏最大的区别，就是"血赚"效应的存在。

其次，《逃离塔科夫》的地图非常庞大而精细，带有大量的可探索、可互动元素。在这些地图上，既有事先设计好的地形、机关，也有随机出现的敌人乃至精英敌人，更有每局都不一样的玩家。你可以选择拿着枪硬扛到底，也可以选择潜行、解谜，还可以选择与同一阵营玩家进行战略配合。老玩家可以以获得大量资源、击杀精英敌人为目标，新玩家可以以熟悉地图、单纯探索为目标，刚脱离"新手村"的玩家则可以锻炼自己，找到最擅长的完成任务的方式。因此，有人认为《逃离塔科夫》是"带有多人匹配功能的大型开放世界RPG"。

最后，《逃离塔科夫》在0.12版更新之后，加入了模拟经营功能，玩家可以在自己的"藏身处"建设各种设施，这些设施生产的资源可以永久性保留（除非玩家将其带入地图）。这样一方面可以降低玩家的挫败感，通过生产装备来弥补在地图中被击杀导致的资源损失；一方面也可以给一些不擅长战斗的玩家提供"种田"的选择，让他们有可能兵不血刃地变得更强。藏身处的建设本身也可以视为一种有趣的内置游戏。

总的来说，《逃离塔科夫》本质上是一个多人对抗的电子竞技游戏。由于"血赚"模式的存在，它具备了MMORPG的长线成长特点；由于地图的复杂化和随机性，它具备了开放世界冒险游戏的特点；由于"藏身处"的存在，它又具备了模拟经营的特点。我们终于拥有了一个融合"3+1"热门类型的"综合性爆款游戏"！据说接下来几个版本，《逃离塔科夫》还将推出新的单人剧情模式，以及更强调公平竞技性的竞技场模式，从而把"融合"进行到底。想想就令人激动！

且慢。《逃离塔科夫》虽然值得期待，但是玩家人数还是与其名气不成正比。截至2020年，该游戏的最高同时在线人数也只堪堪超过20万人，这是一个很平庸的数字。哪怕它推出正式版，在Steam等主流应用商店上线，估计同时在线人数也只能达到几百万量级，不太可能成为全球最热门的游戏之一。这主要是因为它的游戏难度实在太高了。

进入这个游戏，你就会发现它"过于真实"：屏幕上几乎没有数字和图标提示，你甚至不知道自己弹夹里有多少颗子弹，地图上也没有任何引导。"萌新"玩家甚至连怎么寻找敌人、怎么瞄准也不知道，通常还没来得及在地图上瞎转几圈，就会被老玩家或NPC一枪打死。这是开发者有意为之，因为该游戏的卖点就是"硬核"和"真实"，真实的战场就是这个样子的。因为容错率很低，所以玩家要小心翼翼地进行每一局游戏；因为死亡的惩罚很重，所以在投入每一局以前就要精打细算，考虑带什么装备进去、捡什么装备出来；因为没有地图引导，所以玩家必须最大限度地发挥聪明才智，来一场属于自己的战斗。

可想而知，这样的"硬核战术游戏"很具备观赏性，所以自从2019年0.12版本更新以来，它一直雄踞Twitch直播平台热门内容的前十名。可是，大部分玩家如果真的被扔到《逃离塔科夫》的地图里，恐怕会在连续失败好几次后攒一肚子火，骂骂咧咧地摔键盘、删游戏。这就好像在MOBA品类，大家都知道DOTA2赛事比《英雄联盟》的好看，《英雄联盟》的又比《王者荣耀》的好看，因为DOTA2的高难度令它精彩。不过轮到自己上阵时，只有极少数人会选择去玩DOTA2给自己"找虐"。

2021年11月5日，腾讯旗下的魔方工作室群研发的《暗区突围》手游开始内测，这也是国内第一个对《逃离塔科夫》进行模仿的大型游戏。从目前的玩家评价看，毁誉参半，许多人赞赏它的"硬核"乐趣，也有许多人抨击它的难度——毕竟不是每个人都能接受陡峭的学习曲线和挫败感。此外，在内测阶段，游戏内部的经济系统还没有经受很大考验，不知道正式上线后的可持续性如何。截至2021年12月，该游戏在TapTap只有46万关注，还谈不上进入主流视野。

2021年上半年，网易也推出了模仿《逃离塔科夫》的手游*Lost Light*，目前仅在安卓平台进行了小范围测试，玩家关注度和口碑均很一般。这样看来，《逃离塔科夫》这种类型的游戏在中国究竟能取得多大的成就，尚要打上一个很大的问号。

如果把难度降低一点呢？或者把不同等级的玩家分别匹配，推出类似传统电竞游戏的"天梯模式"？这将是一个漫长的探索过程。Battlestate Games经过四年多的摸索，才形成了今天的比较平衡的《逃离塔科夫》，无论是谁，若要在这个基础之上降低难度却不降低乐趣，大抵需要付出额外三到四年的时间来探索。

《逃离塔科夫》是元宇宙初期内容的先行者。当它的探索成果被整个游戏行业吸收、借鉴完毕，站在专业游戏策划的角度分析透彻之后，元宇宙初期的最佳内容也就成形了。请注意，模仿《逃离塔科夫》，不一定要采纳它的FPS玩法，也不一定要模仿它的"写实风格"。我们完全可以想象出一个"《赛博朋克2077》+《逃离塔科夫》"的元宇宙世界：

晚上八点，张三从位于夜之城的住所醒来，检查了一下住所内部的数字货币矿机在过去24小时产生的收入——运气不错，挖到了200个

"赛博币",可以买一把好枪,或者给新车装上防弹玻璃。张三决定不动用这笔收入,先存入赛博银行,以备不时之需。

在住所楼下的酒吧与朋友聊完天,看完今天的新闻之后,张三决定去做任务,也就是去夜之城地底的"赛博地下城"扫荡。根据他的等级和经验,完全可以挑战9级地下城的新地图,那里的资源奖励非常丰富。可是朋友拼命劝他:"别去,新地图容易'刷'出超级精英怪,玩家死亡率高达90%,你根本不可能'血赚'!"

张三心想,我之前连续八次做任务都实现了顺利逃离,平均每局都能击杀两位数的敌人或NPC,还轮得到你来教育?你是不是想背着我去获得精英怪首杀奖励?于是张三不由分说,拿着自己最好的武器——高级螳螂刀和精英黑客无人机,直奔9级地下城而去。元宇宙世界内的感官很逼真,张三能够清晰地听到自己的战靴在台阶上发出的"铿锵"声响,也能切实地呼吸到地下城的潮湿空气。

任务开始了,张三选择了"荒坂公司"阵营,与"虎爪帮"阵营对抗,地图上还存在中立的"流浪者"阵营。张三练的是潜行黑客流,擅长在敌方看不到的死角游走,从背后一刀封喉,或者借助无人机使对方的脑部芯片过热死机。今天开局很不错,虎爪帮的人都像是"二愣子",拿着几把大枪在主干道上乱打乱杀,丝毫不在乎暴露自己的位置。张三只需要等他们落单之后逐个拿下即可。在撕开对方咽喉时,他甚至能闻到血腥味,然后,他把大枪全部缴获。虽然他本人不用枪,可这些大枪在跳蚤市场能卖个好价钱。

打倒一个NPC之后,张三缴获了一张顶级显卡——这可是天大的收获!元宇宙里的显卡有什么用?当然是拿来挖矿。张三的矿机已经堪称高水平了,但有了更多的显卡,就可以组装第二部矿机,实现"躺着赚钱"的美好理想——这可是比枪支弹药更好的奖励。

十五分钟后，张三一看行囊，已经塞满了战利品，粗略估计价值500~1000个赛博币——今天已经够本了。他通过意念询问队友："要撤吗？"队友意犹未尽，表示虎爪帮已经不足为虑，想看看所谓的"超级精英怪"长什么样子，就算无法打败，也先试试对方的成色再说。

又经过十分钟的扫荡，地图上没有发现任何可以称为"精英怪"的东西，张三有一种受骗的感觉。突然，他看到前方废弃房屋的角落有一个用高强度密码保护的保险箱。再强的密码也不可能抵御高级黑客，张三利用无人机的强大算力，在大约两分钟内攻破了保险箱，没想到里面跳出了超级精英怪。

这玩意长得像只兔子，小小的一只，看起来人畜无害，动作却快得惊人。它的前爪带着锐利的小型电锯，比张三的螳螂刀还要锐利得多，第一次攻击就切断了他的手臂。为了获得更逼真的体验，张三在元宇宙设定中选择了"疼痛拟真"，结果自己疼得差点要休克了。那种钻心剜骨的疼痛，是他在现实世界从未想象过的！他马上用仅存的左臂，给自己打了一针治疗针，可那也无济于事——因为超级精英怪发起了第二次攻击，把他的股动脉也切断了。张三徒劳地用左手挥动螳螂刀，连对方的皮毛也没擦到。他心想，如果自己练的是远距离武器就好了，至少不会一次也命中不了啊……

张三不是没有在元宇宙里阵亡过，但这次阵亡得最窝囊、最痛苦，他眼睁睁地看着鲜血从大腿根部喷出，全身渐渐脱力。超级精英怪看他倒下了，满怀鄙夷地转过头，去猎杀他的队友们。张三闭上眼睛痛苦地想，真实的死亡也是这样的吗？紧接着，他眼前一黑，弹出系统提示："由于疼痛感超过常人忍受范围，已经自动切断一切感觉。"

在赛博医务室进行了短暂的心理治疗后，张三垂头丧气地回到住所。他什么也没捞到，带去的价值2000赛博币的装备也全丢了。还好，之前挖矿赚到的2000个赛博币还存在银行里，张三打算赶紧提取出来，去跳蚤市场寻找装备。朋友瞬间移动到他面前，哈哈大笑后又对他冷嘲热讽了一阵。张三冷笑道："你有什么资格嘲讽我？我有最高级别的工具箱，搭配四路泰坦显卡的超级挖矿设备，就算不去地下城'血赚'，每月也能收入几千块。何况我创作的NFT喷漆，是市面上的热门产品，每个能卖300块。你呢？只能从现实世界带钱过来氪金，才勉强维持一套装备吧？"

朋友走后，张三调出头脑中自带的"超梦"录像，以自己和队友的视角，仔细复盘了刚才被超级精英怪击杀的过程。结论是：实力相差太大，精英怪出现得太突然，此局无解。除非张三买一把最大威力的电浆枪，在超级精英怪出现的一瞬间立即将它爆头，才有一些胜算。可是电浆枪那么贵，哪儿有钱买啊？张三闷闷不乐地睡下了，第二天他将在现实世界醒来，去继续自己朝九晚五的工作……

我们相信，这是元宇宙初期最有可能的打开方式。或许在我们这一代人变老之前，就能看到它成为现实。

意犹未尽：独立游戏开发者在做什么？
独立电影人又在做什么？

在整个内容产业的历史上，有一条规律是不变的：最根本的创新力量永远来自小公司、独立创作者。第一流的大公司会吸收它们的成果，帮助它们实现产业化和规模效应，第二流的大公司则会率先追随前者，而第三流的大公司就只剩下烂俗的模仿了。

20世纪70年代，江河日下的好莱坞电影产业在以"新好莱坞四大骑士"——乔治·卢卡斯、马丁·斯科塞斯、史蒂文·斯皮尔伯格、弗朗西斯·科波拉——为代表的新生导演的率领下，成功地突破了瓶颈，开辟了当代"高概念电影"（High Concept）[1]的商业模式，从而为世界电影产业带来了长达二十年的黄金时代。这些"新好莱坞"导演，迅

---

[1] 高概念电影指具有视觉形象的吸引力、充分的市场商机、简单扼要的情节主轴与剧情铺陈以求大多数观众的理解与接受的电影。——编者注

速从独立电影人上升为全球顶级电影人，用取之不尽的资源来实现自己的理想，达到了全产业各个环节的共赢。

80年代，在"雅达利崩溃"[1]之后，全球电子游戏市场几乎一夜归零，北美家庭用户对游戏失去兴趣，其他国家的游戏市场尚未培养起来。以做花牌起家、技术能力孱弱的二线主机厂商任天堂，靠着《大金刚》《超级马里奥》《塞尔达传说》等优秀的自研作品，赢得了千家万户的信任，并在此基础上形成了第三方内容生态。任天堂此后能够实现对游戏市场长达十年的统治地位，源于它还是小公司时的创新精神。当它开始出现"大公司病"之后，恰好就是它的统治地位动摇的时候。

90年代，当电影产业再次在家庭娱乐的冲击之下岌岌可危时，真正为这个产业打开局面的并非詹姆斯·卡梅隆、斯皮尔伯格等成名已久的导演，而是昆汀·塔伦蒂诺、科恩兄弟、克里斯托弗·诺兰等新世代的导演。他们普遍在世界各大电影节成名，以富有争议性的独立电影起家，用两到三部作品征服了好莱坞。有人认为，整个电影产业其实是被20世纪90年代中期的《低俗小说》[2]这类在叙事手法上做出重大创新的作品所拯救的。无独有偶，在同一时期，电子游戏市场的创新火炬也从

---

[1] 1982年圣诞，母公司华纳让雅达利用仅仅6个星期时间去制作电影同名改编游戏《E.T.外星人》，由于其质量奇差无比，与宣传严重不符，发售后遭到玩家的唾弃。且由于雅达利实施的"数量压倒质量"策略，一年之内美国市场上出现了近万款同质化游戏，这些卖不出去的低质量游戏同《E.T.外星人》一起堆在仓库里，雅达利的声望跌至谷底。华纳不得不将雅利达分拆出售，直接导致北美游戏行业在四年内无人问津。——编者注

[2] 《低俗小说》，昆汀·塔伦蒂诺执导的犯罪电影。它开创性地以"环状叙事"的手法讲述了"文森特""金表"和"邦妮"三个故事，再加上影片首尾的序幕和尾声，多个不同的部分看似独立又环环相扣。——编者注

任天堂、世嘉这样的主机游戏巨头，转移到了新兴的PC游戏开发商手中，暴雪、育碧就是当时的典范。暴雪（包括其子公司暴雪北方）先后在RTS、ARPG（动作角色扮演类游戏）等多个领域做出了划时代的贡献，并且间接开启了后来的MMORPG时代。

上文提到过，从《绝地求生》到《多多自走棋》再到《逃离塔科夫》，近年来重要的游戏内容创新，全部源于独立游戏厂商。其实，更早一点的情况也是差不多的：MOBA游戏的鼻祖*DOTA*，只是游戏爱好者为《魔兽争霸》制作的一张地图，最开始甚至没有得到暴雪官方的背书；全球手机游戏最早的爆款之一《部落冲突》，是由当时规模还很小、蜗居北欧一隅的芬兰小公司Supercell开发出来的。

在这个过程当中，大公司的任务就是紧紧盯着内容领域的最新趋势，评估每个创新作品的商业化潜力，尽可能以收购、授权等合法方式获得改编权，然后进行适合大规模商业化的模仿。例如，腾讯基于《绝地求生》开发了《和平精英》，基于《逃离塔科夫》开发了《暗区突围》，基于"自走棋模式"开发了《金铲铲之战》。网易基于《绝地求生》开发了《荒野行动》，基于《黎明杀机》开发了《第五人格》。Epic Games的《堡垒之夜》，也是在仿效《绝地求生》推出"吃鸡"模式之后迎来了爆红。

而那些动作迟缓的大公司，往往会陷入进退两难的境地，错过新的风口，乃至丧失本来的核心领地。暴雪娱乐是这方面最典型的反面教材——在*DOTA*走红之后，它没有积极跟进，眼睁睁看着开发团队出走之后推出了独立游戏*DOTA2*，又坐看各种竞品不断出现。直到MOBA品类红透半边天，它才姗姗来迟地推出《风暴英雄》，而其未能成为市场主流产品。与此同时，暴雪的强势品类RTS也受到了MOBA的严重侵蚀。这些年来，暴雪的产品开发和迭代历史，几乎就是对"落后于潮流"的生动记录。

因此，要判断内容产业下一个"创新风口"，要预测元宇宙时代初期的爆款内容，我们不应该盯着那些大公司，尤其没有必要研究那些大公司已经发布或正在研发的产品——它们都是上一个时代的回声了，处于"成熟期"而不是"青春期"。众所周知，好莱坞的六大电影公司[1]会去欧洲和北美的电影节寻找并投资独立电影人，而腾讯、索尼、微软、任天堂负责投资的高管早已踏破了全世界各大洲的独立游戏公司的门槛。就拿VR内容这个还处于早期、没有形成标准的内容品类来说，刚刚拿到投资的小公司做出来的东西，可能比扎克伯格的幻想要更有参考价值。

初生牛犊永远比老气横秋的人更接近未来，这一点不仅限于元宇宙产业，也不仅限于内容产业。在硅谷，价值万亿的互联网及科技巨头们，最害怕的也不是彼此，而是某个车库里面正在点灯熬油、辛苦创业的小团队。他们当中的绝大多数终将失败，可是活下来的那一小部分将凭借其作品登上世界之巅。

若要预测更长一段时间内元宇宙内容的发展方向，有三个窗口是绝对不可忽视的：

首先是Steam平台的独立游戏，尤其是处于Early Access（早期试玩）阶段的独立游戏。过去十年，它们为全球游戏行业贡献了80%以上的新创意、新玩法。许多独立游戏未能成为爆款，并不是因为玩法不好，而是因为它们的工业标准较低、完成度不够。它们若能获得大公

---

[1] 指环球影业、二十世纪福克斯、迪士尼、派拉蒙、华纳兄弟和索尼。——编者注

司、大资本的介入或买断，完全可以席卷全世界。除了上文已经提到的《绝地求生》《多多自走棋》《暗黑地牢》，还有开放世界生存游戏《饥荒》，非对称竞技游戏《黎明杀机》，解谜游戏《纪念碑谷》，模拟经营游戏《冰汽时代》……它们要么开创了一个新品类，要么给原有品类带来了脱胎换骨的变化。

当然，像《逃离塔科夫》这种因为缺钱连Steam平台都登录不了，制作团队长期处于边缘状态的"奇葩"，就更是可遇不可求了。所幸这种"奇葩"产品毕竟不多，大部分独立游戏即便不登录Steam平台，也会登录Epic Games Store；也有少数创新产品发源于移动端，至少会登录iOS的App Store或是安卓应用平台。从这些平台的新产品发展趋势，我们可以较早地认识到游戏玩法的创新——国内大部分游戏公司一直就是这样做的。

其次是全球各大电影节、艺术节的VR单元、VR项目市场。我们在前文提到过，2021年威尼斯电影节的VR单元作品质量普遍较高，还在国内进行了巡回展映。全球疫情导致电影院大面积关闭，使得越来越多的独立电影人开始探索VR影视、VR交互作品的可能性，电影节也对VR作品的未来寄予厚望。从这些作品当中，我们能看到一些先锋派、实验性的表现手法，看到具有百余年历史且发展成熟的影视工业是如何与新兴的VR技术融合的。

附带说一句，在华语影坛，"独立电影"和"商业电影"往往是不重合的，走电影节路线的艺术片、实验片往往是"闷片"的代名词，给商业院线带来的改变聊胜于无。然而，这并不是国际影坛的常态——无论在北美、欧洲还是日韩地区，独立电影人经常扮演商业潮流先驱的角色。半数以上的好莱坞大导演都是从圣丹斯电影节[1]、多伦多电影节[2]等北美电影节出道,从戛纳、柏林、威尼斯电影节走向漫威或奈飞的电影人也不在少数。2019年在戛纳斩获金棕榈奖、在奥斯卡斩获最佳影片奖的《寄生虫》,也取得了不错的票房。独立制作与商业制作互相接纳,形成良性循环,本来就是一个健康的文化产业的常态。

再次是密室逃脱、桌游、剧本杀等线下娱乐形式,它们可以在一定程度上"反哺"线上娱乐,成为元宇宙内容灵感的来源。过去几年,剧本杀依靠年轻人的追捧,取得了裂变式的增长,这种脱胎于"杀人游戏""狼人杀"的娱乐形式在某种程度上展现了"剧情类内容"与"竞技类内容"之间的某种微妙平衡。而且这类线下娱乐形式去体验的门槛并不高,场馆在大城市随处可见。

在我们看来,密室逃脱可能比剧本杀的参考意义更大,因为它能提供更丰富、更有沉浸感的体验。目前许多线下的VR场馆,就是以密室逃脱为蓝本进行内容设计的。剧本杀虽然也十分有趣,但它的一个核心竞争力是占用空间较小、不需要复杂的机械和谜题设计,但这个特点在元宇宙平台内部将失去意义。

无论如何,我们要切记:把任何内容搬到元宇宙平台上,都需要根据元宇宙平台的特性进行微妙的调整。这个调整的幅度需要多大?我们无法作答。一切都是未知数,要通过漫长的测试和磨合去发现那个平衡点。这样的情况,在智能手机时代也是存在过的。就拿腾讯旗下的两

---

[1] 圣丹斯国际电影节是专门为独立电影人而设,世界首屈一指的独立制片电影节。它每年1月18日—28日在美国犹他州的帕克城举行,为期11天。——编者注
[2] 多伦多国际电影节每年9月在加拿大多伦多举行,电影节以展映新片为主要形式,不设评奖环节。——编者注

个爆款手游为例：

《王者荣耀》的玩法脱胎于《英雄联盟》，并在此基础上做了大量改良，主要是简化操作、加快节奏、推出一些使用门槛较低的英雄。事实证明，上述改良非常成功，《王者荣耀》成为国内最热门的手游产品，即便是《英雄联盟》手游上线之后，也没有打破《王者荣耀》难以撼动的地位。当然，这种改良也是有牺牲的，它不可避免地牺牲了一定竞技性，导致《王者荣耀》电竞赛事的热度不高。不过，考虑到这款游戏在普通用户中的巨大人气，这种代价是可以接受的。

《和平精英》（原名《刺激战场》）的玩法脱胎于《绝地求生》。当时，腾讯一口气推出了两款"吃鸡"手游：天美工作室群的《全军出击》针对手机用户的习惯做了很多改良，光子工作室群的《刺激战场》则强调"原汁原味"的手感。结果，后者在短短一个月内就基本压倒了前者。天美通过《王者荣耀》的成功所总结出的经验，用到《全军出击》上则没有发挥作用。

还是那句老话，"不审势即宽严皆误"。即便我们找到了元宇宙内容的正确打开方式，具体如何调整和执行，仍是一个需要反复试错的问题。幸运的是，这将不是我们考虑的问题，这将不是广大投资人、行业分析师和吃瓜群众所需要解决的问题，但这将是元宇宙初期各大平台胜负的决定性因素之一。

附：来自业内的观点

在本书的最后，记录了与多位来自互联网行业、游戏行业、影视行业、投资行业和VR技术行业的"大咖"们的交流，他们给了笔者很大的启发，最终写成这本书。毫不夸张地说，这本书就是在与他们不断"碰撞"的过程中产生的诸多火花之一。

在与他们交流的过程中，笔者有一个深切的感受是：对于一个新概念、新命题，知之越多，言之越少。可以看到，诸位"大咖"均没有试图给元宇宙一个包罗万象的定义，反而强调元宇宙是一个进化中的新事物，不应急于定性。他们有的从内容层面，有的从技术层面，有的从区块链规则层面，还有的从文化层面去分析元宇宙。这就是扎实负责的态度，从实践中来、到实践中去的态度。纸上得来终觉浅，绝知此事要躬行。相比之下，那些只读了几本科幻小说便觉得掌握了元宇宙真理的分析师们，反而是半桶水起波浪了。

人类必将跨越现实世界与虚拟世界的边界，必将摆脱物理定律的阻碍，以数字形态实现某种程度的"永生"——这个愿景是值得我们相信的。但是，道路还很遥远、很漫长。这种"永生"形态，是不是我们当前讨论的元宇宙？可能是，也可能不是。就算元宇宙能实现，我们现在恐怕才刚刚站在起点处，可以说尚未起跑。不要忘记，从第一次纳斯达克互联网泡沫，到互联网真正成为全球数十亿人生活的中心，过去了大约二十年之久！

元宇宙会不会只是一场泡沫、一场美梦，又一次像"南海公司"[1]或"荷兰郁金香"事件[2]那样的资本市场狂热？不能完全排除这种可能性。但是，我们更愿意相信它能成为现实，因为我们相信人类的创造力，我们相信人类的技术能力、内容创作能力和自我管理的能力，配得上一个更美好、更高层次的世界。在实现这个目标的过程中，不可避免地会造成许多泡沫，许多研究预算会被浪费，很多投资无法用到正确的地方。这种代价是必需的，我们能做的，就是把代价尽量予以缩小。

---

[1] 此处指"南海泡沫事件"。1711年，南海公司在西班牙王位继承战争过程中创立，它表面上是一家专营英国与南美洲等地贸易的特许公司，但实际上是一所协助政府融资的私人机构，用于分担政府因战争而欠下的债务。1720年，南海公司通过贿赂政府，向国会推出以南海股票换取国债的计划，促使南海公司的股票大受追捧，股价由年初约120英镑急升至7月的1000英镑以上，引得英国全民疯狂炒股。然而，市场上随即出现不少不法公司浑水摸鱼，试图趁南海股价上升的同时分一杯羹。对此，英国议会通过《泡沫法案》，炒股热潮随之减退，南海公司股价急挫，至9月暴跌回190英镑以下，不少人血本无归。——编者注

[2] 此处指"郁金香泡沫"。17世纪初期，荷兰一些珍品郁金香卖到了不同寻常的高价，而富人们也竞相在他们的花园中展示最新和最稀有的品种。到17世纪30年代，这一时尚导致了狂热的投机现象，人们购买郁金香已经不再是为了其内在的价值或作观赏之用，而是期望其价格能无限上涨并因此获利。很快，郁金香的价格崩溃，成千上万的人倾家荡产。——编者注

可以相信这样的判断：我们这一代人，尤其是1980年以后出生的人，将能够亲眼看到元宇宙的广泛实现。我们的孙辈，也就是大概2040年以后出生的人，很可能一出生就处在元宇宙之中，那时他们理解的"世界"就是元宇宙。你可能认为这个判断过于乐观，但是如果在三十年前，有人告诉你人类将很快实现电子计算机的小型化、移动化，哪怕在吃饭、开车的时候都可以使用这些移动计算机（智能手机）进行最微小的决策，你大概同样会觉得这个人在夸大其词吧？

至于本书对元宇宙做出的预测，若干年后能应验多少，这并不重要。如果本书能够引发大家的思考，能够对元宇宙产业的发展产生一些实际的、积极的作用，那就已经很好了。路在脚下，我们固然需要思想家，更需要实干家。谨以此书献给那些正在为元宇宙事业付出汗水的实干家们！

────────

元宇宙这个概念最近很火，但其实元宇宙已经默默生长了很多年了，对，它是生长出来的，不是被某个公司、某个组织开发出来的。

从某种意义上来说，互联网就是元宇宙的组织雏形。互联网是由大量的参与者，贡献了自己的数据、算力、算法、协议、观点、共识、分歧，来互联互通，共同协作，一起构建的整个群体智能，而不是由某些个人、组织或者国家完全主导控制的。所有个体和组织都只是参与者，而不是控制者，都在其中而不在其上。

元宇宙就是未来人类世界，在互联网的底层基础上，它更加全面、真实、深刻，超越了现实和虚拟的边界。人类世界所有的物质、能量、信息、个体，都将被全面地卷入这个系统，参与这个系统，建设这个系统，无论是否主动，直到现实与虚拟完全合一，无处不在、无所不包，"元宇宙"这个概念消失，成为历史。

有另一种观点，认为元宇宙是人类世界的"内卷"，和星辰大海的外向理想相悖。我不这么认为。

元宇宙是人类群体智能系统性的成熟，是人类作为一个整体的深层觉醒，是一种"大心"的觉悟。这种觉悟显现的时候，人类世界对物质和能量的感知、计算和使用的能力（包括深度、精度、强度和广度）会进入全新的自如境界，人类世界的目光会真正看向星辰深处，星辰大海不再是虚无缥缈的理想，而是触手可及的现实。

还有一种观点，认为元宇宙就像《黑客帝国》中，母体对个体的凌驾和控制，个体将沉溺于虚幻，这是危险的趋势。我不这么认为。

元宇宙不是某一个实体，而是所有。它是世界、是宇宙，不是一个"母体"，它不是一种单一意志，而是所有意志的总和。我们当然身在其中，就像我们现在就身处这个世界一样，这个世界的规则，我们当然要遵守。在元宇宙里，个体将获得更大的自由，因为自由的成本被极大地降低，在元宇宙那无边无际的空间里，每个个体，都将自由舒展，却不相互妨碍。这将是对个体的极大增强，而不是削弱和禁锢。每一个个体的自由舒展，每一种意志的自由显现，每一种可能性的自由探索，都将增强这个群体智能的力量。

深切期待，这颗"大心"的显现和觉悟，你我都在其中，无法置身事外。去看见它、拥抱它、融入它吧！

王健，浙江金科汤姆猫文化创始人、前董事长

对早期的元宇宙产品来说，玩法不重要，画面不重要，重要的是人怎么聚集起来、因为什么而聚集起来。想想几百年前美洲大陆开荒的时候，人与制度的良好结合就能带来无穷的创造力。区块链其实就是元宇宙思想的基石，"Code is Law（代码就是法律）"。

不过，从游戏层面想复制当年美洲大陆开荒式的创新，很有挑战性，需要开发商在底层形成坚实的保障。建立秩序容易，维持秩序很难。

举个例子：ETH自己不需要做游戏，它只需要做好虚拟机和激励制度，就有人以它的平台为基础做游戏。最好的公链就是最好的元宇宙，这就是我的看法。唯一"可惜"的是，"V神"（Vitalik Buterin，以太坊创始人，区块链领域的标志性人物）还活着，区块链有一个精神领袖，这就是最大的黑天鹅。如果"V神"肉身已经死了，还剩下精神以一串代码的形式活着，那区块链就是满分了！

现在大家在争论，谁能吃到元宇宙最大的蛋糕。只能说，国家不会也不需要赚钱，赚钱的是民众，国家不能一开始就下场干预。我相信未来元宇宙的用户素质和追求，可能远远高于今天的美国等发达国家的民众，届时对元宇宙平台的治理水平要求是非常高的。

目前看来，人类互联网文明可能还没有出现比区块链更优秀的治理方式。也有跟区块链水平接近的，如Steam社区和Discord社交平台，它们有一点与区块链并驾齐驱的趋势了。但是需要Valve这种放羊式的、崇尚自由的公司文化。

区块链的治理有一点像"全体用户持股"的方式，与现代公司治理的形态已经很接近了，用户就是股东。在元宇宙时代，用什么货币不重要，重要的是用户社区的文化和基建。就像在大航海时代，殖民者要去建立一个国家，选择非洲还是北美？推崇什么宗教和文化？这些问题，比你使用什么货币更重要。

Facebook（Meta）想建立的是一个中心化的元宇宙产品，由扎克伯格一手遮天。我不认为一个中心化产品能成为元宇宙的第一名，但并不妨碍它成为前三名。就像当代社会，各种体制、各种文化也是百花齐放的。相比之下，Discord的文化氛围更好，我更看好它。

我上面说过Steam有希望成为元宇宙，可是Steam禁止了NFT游戏运营，主要还是受到了监管的影响。毕竟Valve是一家企业，需要配合监管，收窄自己的边界。NFT一次交易拿着几十美元的本金，炒一个价值几十万美元的东西，为平台带来的监管、税务压力太大了。今后元宇宙平台也会面临这种问题。

王岩（加菲盐），资深电竞主播，加密货币投资人

我相信元宇宙的愿景。但是，与其从宏观、抽象的角度去描绘一个美好却略显缥缈的元宇宙画像，我更期待从微观、具体的角度，去讨论元宇宙有较大可能去解决哪些具体的问题。

一个成功的产品，必须满足用户尚未被满足过的需求。目前我最看好的是"办公元宇宙"。经历过2020年疫情期间在家办公，我感觉目前的网络会议功能还有很多可以改善的空间，办公元宇宙如果可以把身临其境的问题解决好，对企业生产效率提升的帮助应该是巨大的。

逐渐地，各种各样的元宇宙应用将慢慢渗透到人类生活的方方面面，人类生活方式也会因此产生重大变化。在过去的十年间，移动互联网正是这样改变我们的生活的。虽然外卖、打车、短视频至今还被中国老百姓认为是"缺乏技术含量的",但我们的生活在不经意之间,的的确确被它们改变了,变得再也离不开它们了。

我觉得游戏公司目前在元宇宙所需的技术方面是领先的,但首先爆红的元宇宙应用应该不是游戏应用。大家要打破自己的路径依赖很困难,所以我认为元宇宙时期的霸权公司应该不是现在的游戏公司。不过,腾讯有可能是例外,腾讯是一个有游戏研发能力的社交平台,没准会做出"杀手级"的元宇宙产品。可是我并不看好Epic Games和Take-Two这样的传统游戏公司。

潘淼,网易游戏制作人

元宇宙的门槛高吗?按照腾讯和米哈游的愿景,元宇宙会成为"第二人生",那门槛当然高了。但是,如果做出《罗布乐思》甚至4399乐园那种产品就算元宇宙了,那谁做不出来?

说白了,腾讯、米哈游等把事情想明白了的公司,跟目前市面上大部分跟风的公司所讲的"元宇宙"根本就不是一回事,这就是"没有形成共识"。今后如果共识形成了,还有创业公司打着"元宇宙"的概念进来融资,可以一律判断为骗子公司。

国内最先做出元宇宙的会是腾讯吗?这还真不好说。现在看来,腾讯有可能是押宝"游戏+手机QQ"能够产生化学反应。但是腾讯很低调,对外宣传也很少。把手机QQ划归天美工作室群管理,就一定是为了发展元宇宙吗?好像也不一定吧。我觉得在短期内,QQ还是会往Discord的方向发展,然后更高效地向游戏导流。

说实话，元宇宙发展过程中，碰到的监管问题肯定也不会少。很多人还在观望。我感觉没那么乐观，比较"迷"。目前面向消费者的内容产业都不会太好做，尤其是元宇宙这种尚未形成共识、国内尚未有标杆产品的领域。

张珈境，资深游戏创业者、制作人、投资人

我觉得，最近一年的元宇宙狂热，背后的重要原因是投资者没有东西可以投了。教育产业已经受到了重大打击，消费品赛道的公司都很"贵"，互联网产品已经到头了，不会有什么新东西，房地产的发展早已告一段落。至于硬科技、SaaS之类的，发展得又太慢，在投资人看来可能不够"性感"。

所以，元宇宙就突然应运而生，成为了投资行业的热门话题。

元宇宙这个概念一开始，是用所谓"游戏的外皮"，去把大家过去早已理解的互联网产品重新再包装一次。所有利用泛游戏玩法去开发的互联网产品，都可以称为"元宇宙"。但是现在，大家把元宇宙当成一个筐，什么东西都往里装，我已经搞不清楚这个概念的实质了。

假以时日，肯定会有一批元宇宙概念公司消亡，这是必然的，就像上一个周期的VR/AR公司。但是也不用太悲观，因为每次资本过热的情况下，市场烧钱总归还是会烧出一些成果的。那些幸存下来的公司，说不定就会扛着元宇宙的大旗，一直向前走下去。

许多年以后，当上述公司把道路给踩出来了，回头一看，元宇宙这个概念，好像也没错呢。

附带说一句，我觉得，大家现在都忙着进入元宇宙，但是很少有人思考，我们真的有必要进入元宇宙吗？元宇宙不一定能带给人们幸福和快乐。玩过《赛博朋克2077》的人都知道，我们即将面临的可能真的是一个"夜之城"、一座"荒坂塔"、一个个被囚禁在"赛博空间"中的"奥特"（以上均为《赛博朋克2077》游戏中的名词）。

如果元宇宙是由企业运营的，那么我很难相信，企业会比政府更善良、更在意人民的福祉。这就是我对元宇宙最大的担忧。

Jacky, 资深游戏投资人

在微信诞生之前，电子邮件、短信和QQ已经非常好了，几乎能满足用户全部需求，但是直到微信出现，我们才发现原来"微信前"时代人们的沟通效率实际上如此之低。由此可见，我们很难想象未来的科技和发展，其成果即使是摆在面前我们也难以去识别和判断。

所以，处于"微信后"时代的我们，会不会同样也是处于另一种"××前"的时代？沿着效率上的进化路线看，新世代的通讯方式是否仍然会是即时通讯（RTC，Real-Time Communication）？

这里必须要提到两款产品：Discord和Clubhouse。

Discord可以看作海外版的YY语音。游戏几乎是最好的即时通讯应用场景，游戏组队"刷副本"是一种需要高度专注且沉浸的多人实时在线协作，即使脱离游戏副本场景，由于游戏本身就是一种娱乐放松活动，所以边玩游戏边闲扯也非常典型。

因为中国与海外的游戏市场不同，海外会有Discord，并且由于规模效应还能向其他领域渗透，而国内的YY语音销声匿迹了。

尽管Discord是一种RTC，但并没有发挥出最有即时通讯味儿的那种东西。Discord一来也是PC端起家的，二来其最大应用场景还是游戏，这应该是不会变的，不会进化到一种全场景的存在，比如微信。

而Clubhouse的出现，让我们能更充分地意识到即时通讯的魅力。很多人的Clubhouse在线使用时长一度超过微信，因为大家会愿意或喜欢在聊天室里"挂机"或"潜水"。我最喜欢Clubhouse的一点是它的聊天室不能发文字信息或者弹幕。当然，很多人给Clubhouse提的产品意见是希望其补充文字信息功能。

国内即时通讯产品的探索，是在走弯路的。目前大部分此类产品在做的都是一种叫"一起×"模式的产品，一起线上看视频、听音乐、玩游戏，其中主要的场景在"一起看"上。

"一起看"其实也是直播的一种形式，是巧合又是必然，在线直播最大的场景也是游戏。游戏直播里，主播在玩游戏，观众在room中看，并且通过弹幕跟主播交流。

但在这一过程中，主播与观众间的即时沟通是效率极低和不便利的。所以在几年前，我们思考过如何能够让直播的游戏跟观众间互动起来，而Twitch也已经在这方面进行了很多探索。所以，我们更能理解张小龙说非常看好直播这种信息形态的原因了。

如果有元宇宙，无论是游戏还是别的，是VR、AR、MR还是别的什么，自然也都是"即时通讯"的。

既然信息内容形式的演进是从文字到图片到视频，信息通讯形式的演进是从邮件到站内信到即时通讯，而信息的获取方式从搜索演变到了推荐，那在信息生产上，可以有怎样的变化？

PGC到UGC是一步巨大的跨越，生产力被释放，内容生产成本降低，平台级产品得以出现。B站是很典型的案例，同样，抖音、快手、小红书、知乎等等无一不是以UGC为基础的平台。

UGC相比于PGC，既提高了产量产能，又降低了生产成本。如果要进一步做突破，那在内容生产端上就可能不是人了，而是机器，即AI生成内容。

去年我见过一家有1000万日活用户的视频内容平台，公司只有80多人，80%以上都是技术研发人员。平台不需要建立创作者生态，因为平台的主要内容都是由技术人员通过AI合成的。这只是AI在生成内容上最简单和基础的运用。

理论上，一切人们能做的内容生产，AI自然也能做，包括创意创新能力。这让我想到无限猴子理论[1]，拍一段视频在抖音上能否火，生产者都没有绝对的把握，所以说要看运气和概率。

当前AI生成内容在C端的大规模落地应用还不清晰，但依照"PGC→UGC"的发展轨迹，若AIGC（人工智能产出内容）可以成熟被应用到某种领域场景的话，那么相应地，公司将比一般平台级公司具有更大的势能和影响力。而这个公司，会是一家元宇宙公司吗？可能会。

既然元宇宙代表了一个全新的数字世界，未来大家会有一个新的数字身份活跃于其中，那么换个角度思考，为什么线下不能同样如

---

[1] 无限猴子定理来自埃米尔·博雷尔一本于1909年出版的书籍，当中介绍了"打字的猴子"的概念，定理大致可以表述为有无限只猴子用无限的时间敲打打字机，会产生特定的文章。——编者注

此？即，在线下，人们也能有一种新的身份，活跃于某种特殊的环境场景中。

近几年线下兴起了一种叫剧本杀的新业态。剧本杀在萌芽阶段是重推理的，这一业态发展到现在，开始有更多玩家重的是"剧本"而非"推理"。玩家更在乎的是剧情体验与情感沉浸，而推理本身是一个相对小众的爱好需求。

与剧本杀唱对台戏的是密室逃脱。密室逃脱侧重的是互动，人与人，人与NPC之间的，人与场景之间的互动；剧本杀侧重的是剧情，所有玩家按照剧本演绎一个又一个波澜壮阔、跌宕起伏的故事。

相较于剧本杀和密室逃脱，还有一种存在时间更久、用户受众更广的业态——历史文化/特色风情街区。得益于中华文化的源远流长与多样性，基本上每个旅游城市都有自己的特色古镇或街区。虽然这种文旅业态很"吸金"，但用户体验是相对较差的，因为这些业态都过于同质化了，毫无新意。目前来看，能让用户线下代入体验很好，同时商业化又做得很好，还具有规模效应的业态，是主题游乐园，特指迪士尼乐园与环球影城。它们是典型的"IP+线下还原"式沉浸。

所以说，迪士尼乐园与环球影城，也天然是线下的元宇宙。照这么说，文和友[1]也应该是元宇宙吧？在一种能容纳大量用户的大规模场景/开放世界下，将世界作为一种商业模式去经营，丰富业态，通过地租/收税进行赢利。

所以，要怎样在这些要素基础之上，去突破迪士尼乐园与环球影城的高度，创造更伟大的线下沉浸式业态？

---

[1] 文和友是湖南文和友文化产业发展集团有限公司旗下的品牌，线下店铺主营业务是售卖湖南民俗小吃。——编者注

首先，剧本杀和密室逃脱一定是要融合到一起的，那会是一种线下MMORPG，然后就看这个"MMO"放在哪。它可以与当前的线下文旅地产结合，也可以拿全新未被开发的地产进行改造。

更科技化一些，可以参考日本环球影城的"进击的巨人过山车"，做一种综合性剧情完整的业态。人身在线下实体店，内容展示主要通过线上完成，这样便解决了场地的限制。

元宇宙概念出现后，好似一场从线下到线上的大跃进，但这种跃进大概率不会真正发生，至少不会发生得这么快速和完全。即使不考虑技术实现难度和用户真实需求，还有更大的外部性因素会产生影响。

互联网与在线产业是很大很大的市场，但跟整个现实世界的生意相比，从工作岗位、劳动力、民生，到GDP，不值一提。数字世界元宇宙很美好，但线下依旧是星辰大海。

崔植源，资深互联网投资人，曾就职于多家互联网大厂（注：崔植源的上述文章曾发表于其本人的微信公众号，已授权刊发）

元宇宙（Metaverse），由"元"（Meta）和"宇宙"（Universe）两部分组成，"元"虽然占比不大却有决定性意义。"宇宙"虽然内容繁多，但必须有"元"的要素，才能区别于我们现实生活的物理宇宙。人是感受宇宙的基础，"元"需要复原人的所有感官。

人的五感中，视觉和听觉已经可以通过VR头显和立体声耳机实现；嗅觉可以通过外带墨盒来触发气味；触觉可以通过力反馈来模拟；模拟味觉可以放在未来进行，毕竟很难说服消费者戴着头显吃东西；另外还需要一个万向跑步机，来满足用户的各向运动。

模拟五感的各项技术的理论、实践均已存在，要看哪家公司最先能实现一整套设备。

宇宙，就是我们所处的物理世界。所有在物理世界中存在的元素，均需出现在元宇宙中。建筑、物品、社交、个人、经济、教育等等均可以。但这些元素，均需要以模拟五感，也就是"元"的存在为前提。没有"元"，讨论宇宙中的各个元素有多么绚丽多彩，无异于空中楼阁。

再说脑机接口。"脑"="有机生命形式的脑或神经系统"，不仅仅是"mind"（思想，意念）；"机"="任何处理或计算的设备"。"脑机接口"就是研究如何连接大脑与外部设备进行信息交换的技术。

目前的研究方向主要集中在：信号采集、信号翻译、信号执行。目前的发展就是在三者间寻求平衡点，或者在某一方面有重大突破带动其他方面。

市面上常见的信息采集方式有：肌电采集设备、脑电波传感器、Neuralink[1]的芯片植入。这三种采集方式越深入，采集信号精度越高。

讨论热度最高的Neuralink的芯片植入，它是将极小的电极植入大脑，把有线改为无线，利用电流让电脑和脑细胞"互动"，从而提高了信息采集效率。

但是，目前用麦克风采集语言信号，用鼠标或键盘采集动作信号，用书写或打字采集文字信号，都比脑机接口信号采集更方便、准确和有效。

---

[1] Neuralink是一家由埃隆·马斯克创立的公司，研究对象为"脑机接口"技术。——编者注

信息采集之后便是翻译。自然界中的所有生物信号都可以翻译为语言、动作以及文字。

由于脑电信号是夹杂着无效信息的连续信号段，这些无效信息会影响到连续信号段翻译的准确性。

比如，当你和人沟通工作时，在某个瞬间想到了吃饭，然后很快聊回了工作。吃饭是无效信息，同样会被记录下来。这样的内容一两句话还好，一旦增加到十句以上，计算设备无法理解上下语义，会造成翻译失败。

理解脑电信号是以理解语义为基础的。目前，计算设备连语言翻译都不算精准，语义翻译更是一个世界性的难题。

信息执行是将语言、文字、动作等信息翻译成功后输出的目标行为。

但是，目前的信息翻译尚不能保证准确性，更别提信息执行的准确性了。

或许在未来，实现信号的精准采集和翻译后，一切难题才可以迎刃而解。

郭成，StepVR 创始人、董事长兼 CEO
（注：郭成的上述文章曾发表于其公司的微信公众号，已授权刊发）

元宇宙是数字世界对现实世界的映射，用户可以在其中从事社交、创作、娱乐、经济活动。元宇宙是下一代网络的形态，从技术构成上，对区块链、游戏、AI算力、显示技术均提出了更高的要求。

用户选择参与元宇宙并不是为了AR/VR体验，而是因为在其中可以进行社交、分享、赚钱，这才是"沉浸感"的核心，Roblox就是绝佳的案例。作为开放生态，元宇宙基于价值网络，将更鼓励社区的参与者贡献内容，从而推动数字世界更加扁平化。

DAO是适应元宇宙的组织方式。Web2.0时代，互联网巨头对数据的垄断已引发社会广泛关注，而元宇宙DAO的组织规则由程序监督运行，组织规则最终的保障是代码。代码的事前约束，使得DAO能在更低信任的模式下形成组织，用户在数字世界可更广泛地参与全球协作。

区块链技术保障了"Code is Law"，而DAO保障了规则有序制定、执行，两者是元宇宙的制度基石。比特币网络就是最简单的DAO，任何人都可以随时加入网络；以太坊进一步支持智能合约，使去中心化执行的通用计算成为可能。由此形成的Web3.0世界将更加扁平化。

目前DAO生态已经初具规模，但仍有不足——参与门槛较高、容易出现代码漏洞，距离最终形态尚有不小差距。同时，DAO未来必定面临监管，2017年美国SEC就发布了相关监管意见。让我们拭目以待。

宋嘉吉，国盛证券研究所副所长、通信行业首席分析师

我想从影视产业的角度，谈谈对元宇宙的看法。

元宇宙为影视提供了更多发展空间和可能性。第一是NFT对影视的赋能。

2021年10月10日的苏富比秋季拍卖会上，王家卫的第一个电影NFT作品《花样年华——一刹那》以428.4万港元成交，创下亚洲电影

NFT拍卖纪录。此外,《封神三部曲》《怒火·重案》还有《007:无暇赴死》也推出了NFT产品,并迅速被抢购一空。除了商业大片,文艺电影也有NFT产品推出,例如《青苔花开》。

NFT的发展潜力在于这几个方面:一,对内容创作者来说,作品可以成为数字资产交易流通,拓展了IP衍生品的变现方式;二,利用NFT技术,影视作品可以进行确权[1],解决了长久以来的影视版权侵权问题;三,对于大批缺少发行渠道的影视作品,终于多了一种让观众看到的可能性;最后,电影的介质从胶片、录像带、DVD不断进化,但是损耗不可避免,只有在区块链上,影视作品终于可以"保存完好"了。

第二是元宇宙对影视上下游行业协同效应的增强。

进入"后疫情"时代,影视行业线上与线下消费的联动效应并不理想。由于提供的内容单一、场地利用率低、技术含量低、运营不当等原因,不仅电影院纷纷倒闭,大量的线下剧本杀、密室逃脱、主题乐园经营状况也堪忧。

由于元宇宙对于虚拟和现实的连接能力,未来这些消费场景可以通过虚拟现实、增强现实、混合现实、扩展现实(XR)、CAVE(Cave Automatic Virtual Environment)沉浸式系统等技术,结合影视内容,实现更多元化的消费场景和服务观众的方式,带动线下与线上业务、行业上下游之间的协同效应。

第三,元宇宙可以重塑影视作品与观众的关系。

---

[1] 确权是依照法律、政策的规定,经过房地产申报、权属调查、地籍勘丈、审核批准、登记注册、发放证书等登记规定程序,确认某一房地产的所有权、使用权的隶属关系和他项权利。——编者注

现阶段的互联网内容生态分为专业生产内容、专业用户生产内容（PUGC）、用户生产内容三个层次。我们熟悉的长视频、中短视频观看平台只有有限的几家，这决定了内容供给的有限性和观众的被动性。

因为元宇宙既是内容平台也是工具平台，随着元宇宙接入的内容、用户、工作与资源的不断聚集，以及区块链、人工智能、虚拟制作、虚幻引擎、动作捕捉、VR/AR/MR、虚拟偶像等技术的不断突破，创作影视作品的门槛将会变低，观众可以自己制作更加专业的影视作品，形成新的影视作品生态圈和社区文化。而元宇宙"去中心化"的特征也将瓦解现有的视频平台格局。

第四，元宇宙将促进虚拟偶像产业的成熟。

目前最有"钱途"，又能迅速落地的元宇宙项目就是虚拟偶像了。真人偶像存在着安全性、可控性、灵活性、生命周期有限以及成本高等各方面问题，长期来看，未来虚拟偶像在影视作品中的应用一定会很广泛。

最近抖音上的虚拟偶像柳夜熙一天涨粉130万，虽有蹭上了元宇宙的热度之嫌，但其精良的制作、精准的内容营销才是根本。2分钟的视频由150人的团队花费1个月时间完成。按分钟来算，它百万级的制作成本远超一般短视频，其团队中超过一半都是后期技术人员，大多来自于影视公司。这批影视人的成功试水，给整个影视行业树立了新的标杆。随着造星机制的成熟，虚拟偶像的影响力无疑会越来越大。

第五，元宇宙给影游互动带来了新的可能性。

元宇宙很可能让影视与游戏达到完美的融合。未来影视的方向最有可能是沉浸式和互动式的，比如观看AR/VR互动剧可以增强用户的情绪体验；利用AI工具可以实现开放式剧情，根据玩家角色分配不同的分支剧情；或者通过多人社交模式，开展沉浸式线上剧本杀等。至于单向度、被动式的观影体验也将会被保留下来，作为传统的娱乐方式得以延续。

第六，元宇宙是影视行业的自我颠覆机会。

现阶段的互联网对于影视行业的改造并不成功，影视行业从根本上来说没有进步。传统的影视模式，依赖降低成本、维护与平台之间的关系以及精准营销服务用户，但这样的模式不可长久持续。长视频平台已经多年连续亏损，对于创新内容的投入越来越少。近年来影视内容公司利润越来越薄，内容质量不断下滑，市场不断洗牌，马太效应[1]剧烈，留给中腰部公司的空间急剧缩小。

但无论对"头部"公司还是中小型内容公司而言，元宇宙都将提供更多的可能性。无论是制作虚拟偶像、互动视频，或是与游戏融合等，重要的是停下低端同质化竞争，转向拥抱未来。

我们也不应忽视，影视行业进军元宇宙的一些问题。

首先是人才稀缺：虽然元宇宙的概念引起了业界关注，但真正对于元宇宙有深度认知和明白如何构建的从业人员是非常稀缺的。很多跃跃欲试的新玩家只懂讲故事，不懂如何真正落实一个项目，写出来的商业计划书让投资人笑掉大牙。

其次是IP质量：我们对于元宇宙里"头部"IP的聚集效应有着很高的预期，但现实是国内已有的IP并不足以支撑内容宇宙的宏大想象，难以激发用户的二次创作热情。

再次是平台：打造"去中心化"的内容创作平台需要大量的人

---

[1] 马太效应，一种强者愈强、弱者愈弱的现象，广泛应用于社会心理学、教育、金融以及科学领域。——编者注

力、财力、技术投入，在长视频平台连续亏损多年的局面下，巨头们应如何实现元宇宙影视内容平台的搭建？

最后是知识产权：利用区块链技术打造全版权链闭环，让影视作品的版权确权、交易、追溯、授权等行为更为安全便捷是需要全行业来共同解决的，而任何环节的去中介化在影视行业都不易实现。

2021年以来，我们欣慰地看到，影视产业界有了一些拥抱元宇宙的实际动作：

- 中宣部已牵头各部委相关部门，对影视行业在元宇宙的发展表示了高度重视。
- 东方明珠在上海临港新片区投建线下大型数字影视基地，为影视工业提供元宇宙解决方案。
- 华策影视正在布局基于区块链技术的影视大数据平台，并与三七互娱在影视IP、游戏IP等方面开展合作。
- 欢瑞影视和南派三叔公司等业内知名厂牌也都申请了元宇宙商标。

唐睿，文娱产业资深投资人，如石投资

第一，元宇宙对影视产业的影响是怎么样的？

元宇宙对影视内容产业会有什么影响？我觉得可以参照VR的影视化（的影响）。它有可能是对影视创作的叙事方式的一种根本性改变。为什么这么说呢？

现在的电影，理论上可以追溯到柏拉图的"洞穴比喻理论"[1]：电影是对现实的一种模拟，是现实折射的一个影子。但是在VR或元宇宙的时代，现实与影像之间的折射关系就被打破了。元宇宙虽然是模拟环境，但它本身就是一种现实。人们会把元宇宙这个模拟环境看作一个现实世界，而不是对现实世界的折射。这就与传统的电影产生了本质区别。

我们都知道，电影是一个虚幻的东西。你在看电影的时候，很清楚地意识到它不是现实——无论是3D、4D还是体感电影，与现实世界都存在一条清晰的界限。但是在元宇宙时期，虚拟世界变成了一种真实的存在。我们不应该把元宇宙看作一种与现实世界对立的存在，它就是现实的另一种状态、另一个部分。

在这种情况下，影视内容的叙事方式会发生很大变化：电影内容在本质上是2D平面的，整个故事发生在一张银幕上；而VR还没有找到合适的叙事方式。因为在VR世界，或者说在元宇宙里面，视点不是唯一固定的。我们看电影的时候视点是固定的，就是坐在一个位置用眼睛去看银幕提供的内容。而在元宇宙里面，视角不是固定的，你可以从上

---

[1] 洞穴比喻即设想在一个地穴中有一批囚徒，他们从小待在那里，被锁链束缚，不能转头，只能看面前洞壁上的影子。在他们身后有一堆火，有一条横贯洞穴的小道；沿小道筑有一堵矮墙，如同木偶戏的屏风。有人会扛着各种器具走过墙后的小道，而火光则把超出墙的器具投影到囚徒面前的洞壁上。囚徒自然地认为影子是唯一真实的事物。如果他们中的一个囚徒碰巧获释，转过头来看到了火光与物体，他最初会感到眩晕，然后慢慢适应。当他看到有路可走，便会逐渐走出洞穴，看到阳光下的真实世界。此时，他会意识到以前所生活的世界只不过是一个洞穴，而以前所认为的真实事物也只不过是影像而已。这个时候，他面临着两种选择，可以选择返回洞穴，也可以选择继续留在真实世界。最终不论出于何种原因，他选择了返回洞穴，并试图劝说他的同伴，让他们走出洞穴。但他的同伴认为他在胡言乱语，根本不理会他。——编者注

下左右任何一个点去看。你好像身在现场，好像在玩游戏。

所以，未来影视和游戏之间的差别可能越来越小。但是，人们有时候不是为了"玩"互动，而是为了观看或单方面地体验内容。在这种情况下，影视内容的发展趋势会是什么样子？我不认为现在的电影会被完全替代，但新的艺术形式肯定会出现。我认为这对电影产业的改变和挑战都是巨大的。

其实，目前哪怕对3D技术的叙事模式探索也都是不够的。现在99%的3D电影其实都没有对叙事模式认真思考，只不过是让你感到稍微立体一点而已。也就是说，从20世纪四五十年代3D电影出现，到现在几十年了，3D叙事模式的探索也还没有成熟。那么，VR乃至元宇宙内容的探索过程可能就更长了，它很有挑战性，会让很多创作者无所适从。

第二，目前的文艺作品，在多大程度上能代表元宇宙的未来？

我认为《黑客帝国》《头号玩家》《失控玩家》等电影，以及《雪崩》《真名实姓》等科幻小说，对元宇宙的描述都是比较片面的，没有很强的代表性。目前还没有特别全面的描述未来元宇宙的文艺作品。有一个美剧《上载新生》（*Upload*）可能略有些接近，它至少探讨了元宇宙时期人们生活的各个方面，包括现实的人如何把意识上传到网络空间，在网络空间的人际关系、爱情关系、性爱关系，等等。例如，在元宇宙里面需不需要花钱维持意识和电子数据，对这样的问题，《上载新生》做了一些不太深入但还算有趣的探讨。

如果把元宇宙理解为以游戏为主的一个虚拟空间，那是非常错误的。游戏在其中仅仅扮演了一个很小的角色。比如《头号玩家》中的"绿洲"，它确实是一个虚拟的游戏世界，但它不是元宇宙本身啊。元宇宙应该是一个你能做任何事情、特别完善的系统，它应该跟你生活的方方面面都有关系。

打个比方：我在地上看到一个烟头，要举报给禁烟主管部门，我得打它的电话，拍照取证，可能还需要通过微信跟执法人员联系，告诉他这个烟头出现在哪里。看上去只是禁烟这样一件简单的事情，在现实中却特别复杂，因为涉及许多个不同的系统。在元宇宙里面，应该只存在一个完善的系统：我看到烟头的时候，就能直接拍照上传，不用打开微信或者QQ，不用考虑手机拍照，也不用考虑这个照片应该发给谁。在元宇宙里面，每个人一定有代表自己身份的唯一数码标识，可以用来接收视频、图片、语音等信息，不用考虑格式和终端。目前所有关于元宇宙的文艺作品，都没有体现元宇宙的这种"系统完整性"。

第三，元宇宙究竟应该在哪个产业、哪个功能上最先得到应用？

元宇宙应该是从无数个节点发起的一种技术革新。需要革新的地方实在太多了，包括办公、娱乐、公共管理、教育、科研，乃至一些很专业化的领域，都需要元宇宙的改造。整个元宇宙的场景实在太宏大了，它就是第二个地球。我认为并不存在某个领域先改造，某个领域后改造的问题。

现在很多元宇宙方面的公司，只能展示一些简单化、平面化、见效较快的项目。例如Facebook改名Meta，它其实没有对元宇宙做出根本性的推动。元宇宙的图景只能是在各行各业的推动、倡导之下，慢慢地变清晰。也就是说，它绝不可能突然建成，一定是个不断进化的概念，可能会有元宇宙1.0、2.0，直到5.0、10.0……或许将来会有别的新概念，又把元宇宙整个推翻了。但是本质上没有变化，人类都会打破现实世界和虚拟世界的隔阂，在多个空间、多个状态，用多种设备，实现多个层面的生活形态，整个世界更加紧密地成为一个整体。

第四，元宇宙会导致传统艺术形式的消亡吗？

在我看来，元宇宙并不会取代或吞并现有的艺术形式，而是会大大拓宽它们的边界。从传统的绘画、雕塑到小说，再到被称为"第九艺术"的游戏，形态变化是很大的。戏剧、小说、电影、游戏等艺术形式内部也随着时间发生了很大的进化。没有任何一种艺术形式能维持它最早的形态。所以说，元宇宙不会创造一种新的艺术形态，而是打破原有艺术的隔阂，把文字、音乐、影像，甚至触觉、味觉方面一起打通，形成以前没有的艺术创造。例如，在元宇宙里面可能会出现"触觉艺术"。

但是，最根本的、传统的艺术形式仍然会存在。我们今天也可以看到：音乐艺术当中既有先锋音乐，也有传统的、古老的音乐；电影艺术当中，现在有人还在拍黑白片、复古风格片，也有人在拍非常先锋的影片。还有当代的装置艺术、展览艺术，都是很多艺术形式的混搭。

所以我觉得，元宇宙的出现不会消灭传统艺术，但肯定会让一些艺术形式走向边缘化。每个时代都有属于自己的艺术形式，例如唐诗、宋词、元曲，它们在一个时代内是最重要的，但过了这个时代，重要性就会有所下降。例如，京剧现在没那么流行了，但它仍然存在，变成了一种高端的、小众的艺术。元宇宙反而能提供一种多元的可能性，让这些小众艺术存在得更好。

第五，怎么看元宇宙对中国文化产业的影响？

元宇宙是一个全球性的命题，并不是哪个国家会有独特的、与众不同的元宇宙。但是，全球各国都需要处理本土文化与元宇宙的关系。那么，中国如何处理呢？

首先，我觉得中国文化有一种强大的基因，无论什么样的科技都可以作为我们的文化载体，科技与文化不是对立的关系。在科技中注入文化，用科技去推动文化发展。这并不是说只需要把传统的古老文化加上一点科技色彩，而是用科技传承文化的内核，用科技去做现代化的、更有趣的呈现。不是说套一个当代科技的壳就可以把传统文化的魅力展现出来。

在元宇宙的时代，我们可以构造桃花源这样的幻想世界，打造具备中国传统的幻想风格。这种东西天然就是具有文化属性的。当年钱学森不是给元宇宙起过一个名字，叫"灵境"吗？[1]构造世界只是第一步，更重要的是我们在里面做什么，我们在这样的世界里是什么样的人。人是由他所处的文化环境去定义的，如果元宇宙失去了文化的配合，就只是一种五光十色的奇观，没有灵魂。元宇宙的灵魂就是文化。

电子骑士，知名影评人、影视策划

目前几乎所有关于元宇宙的讨论都有以下共同点：元宇宙将极大地丰富人类资源总量，提高人类生产效率，改变人类的生活方式，是令

---

[1] 钱学森在1990年11月给友人的信件中，给"Virtual Reality"取名"灵境"，并非目前意义上的元宇宙。——编者注

人振奋的世界图景。元宇宙的实现有赖于云计算、AI、通信技术、区块链、XR等配套技术的成熟，虽然需要较长时间，但这些技术一旦突破，元宇宙的实现就水到渠成。

不过在我看来，绝大部分人低估了元宇宙对人类文明的影响，也低估了实现元宇宙的难度。技术只是让元宇宙时代来临的必要非充分条件，元宇宙的潜在挑战还在更深处。

死亡/永生

一般认为，《头号玩家》中的"oasis"是元宇宙的成熟形态，《黑客帝国》中的"matrix"是元宇宙的终极形态。试想，如果在几十上百年后，脑科学发达到足以上传和下载人类记忆（如《黑客帝国》中那样），或者类脑芯片技术发达到足以模拟大脑功能，那人类在元宇宙中实现数字永生将不再是幻想。届时，人的繁衍、人对身体本身的认同和背叛、人的生存哲学、人类文明的传承，都将发生翻天覆地的变化，进而衍生出大量的社会问题、伦理问题。

虚拟/现实

沉浸感是元宇宙的核心要义之一，但沉浸感是一把双刃剑。在PC互联网和移动互联网时代，沉浸感没有产生质的飞越，虚拟和现实的界限十分鲜明，但即便如此，已然有不少身份认同问题出现。有朝一日，元宇宙成为现实，虚拟世界可以复刻现实世界的场景和体验，这不是量变而是质变。人类长期在两个世界来回切换，那到底是庄周梦蝶还是蝶梦庄周？哪个身份才是主导的？当我们普遍期望元宇宙会让虚拟和现实形成合力的时候，不要忘了虚拟和现实之间必将产生张力。最终到底是现实主导虚拟，还是现实被异化，是个值得前瞻的核心问题。

国家/社会

我很认同Roblox的CEO提出的元宇宙八大要素，无沉浸感，不足以称"meta"，不是文明，不足以称"universe"。这意味着，元宇宙几乎是全能的，人类可以在元宇宙中做几乎一切在现实世界中能做的事。与沉浸感同理，这种全方位的生活体验，与单一的在线玩游戏、在线听音乐会、在线看电影相比是一种质变。因此，元宇宙具备功能性和严肃性，它是一个复刻出来的社会，而不仅仅是一款软件。是社会，就面临治理问题。那么，在元宇宙中，国家要不要参与治理？如何参与治理？国家和社会的边界在哪儿？

中心化/去中心化

元宇宙的认证、生产、支付等行为都是以区块链技术为支撑的，区块链是去中心化的。但问题是，从质上讲，元宇宙是人建立的；从量上讲，元宇宙对算力的要求近乎无限，这两方面都决定了元宇宙很难实现严格的去中心化。如果不能实现去中心化，不管是个人、企业还是政府来主导元宇宙，元宇宙都会面临较大风险。如果追求去中心化，借助AI或许是一个可行的方向，但高度发达的AI，也存在失控的风险。这是一个现实问题，同样也是一个接近终极的问题。

从各方面看，元宇宙的面孔还云遮雾绕，但不论如何，元宇宙的前景都在逐渐明晰。设想一下：元宇宙会以什么形式存在？在我的设想中，未来将存在多个庞大的元宇宙，有的复刻现实，有的特色鲜明，各个元宇宙可以互通，人在其中遨游，就像在不同的世界中穿梭。人类在实现穿梭于多元宇宙的终极梦想之前，也许会先实现在虚拟世界中穿梭于多元元宇宙，这同样是星辰大海的征途。

刘茂，资深游戏人、战略分析师

元宇宙很早就存在，是一种虚拟和现实、线上和线下打通的模式。未来现实生活会越来越数字化，由于此次疫情的影响，元宇宙快速发展。未来随着科技发展，元宇宙的体验会从"上网"到"在线"到"在场"，有非常大的改变。人类将可以在虚拟世界存在、工作、赚钱，所有的商业场景将从物理空间扩展到虚拟空间，而虚拟空间所创造的消费场景不受空间和物理限制，将会有至少几十倍的扩大。在虚拟空间中，人可以创建多个不同的身份应用到不同的场景，且在虚拟世界可以获得永生，从而创造出超越现实中的78亿人口，达到十倍的780亿甚至更多的人口红利。

基于现实需求的虚拟业务的产生、技术的发展和新生代对于新空间的接受程度，同步推动着虚拟世界的发展。其中基于现实需求的业务发展，是元宇宙发展的基础支撑。从搜索记录到同步到交互，沉浸感的要求一直在提升，也许最终点是创造，这一点与元宇宙的沙盒属性非常相似。而这个进程，是靠技术推进或需求倒逼技术最终实现的。沉浸感部分，多数硬件力求还原的，是现实的"真实感"，如果真实感在虚拟世界可以被定义的话。那么在未来的信息进化中，如何在虚拟世界中定义"真实"，也许是沉浸感的另一个发展方向。

未来基于互联网的元宇宙，智能协议发展为由人工智能接管，那么算力确实将成为重要资源，而另一个资源是思想。通过足够简单的工具，将想法和算力进行结合就能创作在虚拟世界可"用"的内容。

元宇宙是个虚拟的人类社会，最重要的体现是它不受任何现实限制的意识形态。在有基础概念的情况下，如何组织和汇集用户是一个先行的问题，即先行者以什么社会结构入驻元宇宙或组成元宇宙的节点。从社会结构的角度分析，货币不是社会搭建的先行条件，而更可能是文明、文化。

肖健，中手游科技集团有限公司董事长兼 CEO

参考资料

*The Verge*对扎克伯格的采访：

https://www.theverge.com/22588022/mark-zuckerberg-facebook-ceo-metaverse-interview

*The Verge*关于Facebook更名的看法：

https://www.theverge.com/2021/10/28/22745234/facebook-new-name-meta-metaverse-zuckerberg-rebrand

Epic Games的CEO蒂姆·斯威尼关于元宇宙的看法：

https://techhq.com/2021/10/what-is-epic-games-metaverse-like-and-how-does-it-differ-from-facebooks-vision/

Epic Games在元宇宙领域的10亿美元融资：

https://www.epicgames.com/site/en-US/news/announcing-a-1-billion-funding-round-to-support-epics-long-term-vision-for-the-metaverse

Take-Two的CEO泽尔尼克对元宇宙的看法：

https://www.cnbc.com/2021/11/04/take-two-ceo-strauss-zelnick-says-hes-skeptical-about-facebooks-metaverse.html

The Verge对Roblox的报道：

https://www.theverge.com/2020/7/21/21333431/roblox-over-half-of-us-kids-playing-virtual-parties-fortnite

The Conversation对Roblox的报道：

https://theconversation.com/why-is-kids-video-game-roblox-worth-38-billion-and-what-do-parents-need-to-know-157133

Roblox CEO提出元宇宙"八大要素"：

https://venturebeat.com/2021/01/27/roblox-ceo-dave-baszucki-believes-users-will-create-the-metaverse/

彭博社关于Discord的观点：

https://www.bloomberg.com/news/articles/2021-09-15/chat-app-discord-is-worth-15-billion-after-new-funding

Sensor Tower对苹果游戏收入的统计：

https://www.gamesindustry.biz/articles/2021-10-04-apple-estimated-to-earn-more-from-gaming-than-sony-microsoft-and-nintendo

植松伸夫回忆坂口博信在《最终幻想6》庆功会上的演讲：

https://finalfantasy.fandom.com/wiki/Final_Fantasy_VI#Music

索尼互动娱乐全球工作室：

https://www.playstation.com/en-us/corporate/playstation-studios/

《堡垒之夜》中，数字版的法拉利296TB：

https://www.epicgames.com/fortnite/en-US/news/test-drive-the-ferrari-296-gtb-in-fortnite

Unity收购维塔数码：

https://unity.com/our-company/newsroom/unity-announces-intent-acquire-weta-digital

《欧洲玩家》对游戏延迟问题的调查：

http://www.eurogamer.net/articles/digitalfoundry-lag-factor-article?page=2

边源计算（源自Gartner）：

https://emtemp.gcom.cloud/ngw/globalassets/en/doc/

documents/3889058-the-edge-completes-the-cloud-a-gartner-trend-insight-report.pdf

CDNetworks：内容分发网络如何运行？

http://www.cdnetworks.com/blog/how-content-delivery-networks-work/

美国国税局《2014–21号备忘录》关于虚拟货币的税收问题：

https://www.irs.gov/irb/2014-16_IRB#NOT-2014-21

Paypal将允许美国用户用比特币支付：

https://techcrunch.com/2020/11/12/paypal-says-all-users-in-u-s-can-now-buy-hold-and-sell-cryptocurrencies/

埃隆·马斯克谈比特币：

https://www.cnbc.com/2021/01/29/bitcoin-spikes-20percent-after-elon-musk-adds-bitcoin-to-his-twitter-bio.html

埃隆·马斯克谈狗狗币：

https://www.rahmanravelli.co.uk/articles/elon-musk-s-controversial-crypto-tweets-are-they-market-manipulation/

特斯拉宣称不再支持比特币支付：

https://www.bbc.com/news/business-57096305

特斯拉称很可能恢复比特币支付：

https://gizmodo.com/elon-musk-says-tesla-likely-to-accept-bitcoin-again-1847340934

《纽约时报》对《赛博朋克2077》的评价：

https://www.nytimes.com/2020/12/19/style/cyberpunk-2077-video-game-disaster.html

《西部世界》电影（1973）：

https://www.imdb.com/title/tt0070909/

《西部世界》剧集（2016）：

https://www.hbo.com/westworld/

IGN对《逃离塔科夫》的报道：

https://www.ign.com/articles/2018/01/25/escape-from-tarkov-hands-on-is-this-the-most-hardcore-survival-shooter-yet

《PC玩家》杂志对《逃离科塔夫》的报道：

https://www.pcgamer.com/escape-from-tarkov-is-a-daunting-and-savage-evolution-of-battle-royale/

© 中南博集天卷文化传媒有限公司。本书版权受法律保护。未经权利人许可，任何人不得以任何方式使用本书包括正文、插图、封面、版式等任何部分内容，违者将受到法律制裁。

图书在版编目（CIP）数据

元宇宙 / 裴培，高博文著 . -- 长沙：湖南文艺出版社 , 2022.5
　　ISBN 978-7-5726-0611-3
　　Ⅰ. ①元… Ⅱ. ①裴… ②高… Ⅲ. ①信息经济
Ⅳ. ①F49
　　中国版本图书馆 CIP 数据核字（2022）第 035604 号

上架建议：科技·元宇宙

YUANYUZHOU
元宇宙

作　　者：	裴　培　高博文
出 版 人：	曾赛丰
责任编辑：	刘雪琳
监　　制：	秦　青
特邀编辑：	列　夫　盛　柔
营销编辑：	王思懿
封面设计：	崔浩原
版式设计：	秋　晨
出　　版：	湖南文艺出版社
	（长沙市雨花区东二环一段 508 号　邮编：410014）
网　　址：	www.hnwy.net
印　　刷：	三河市天润建兴印务有限公司
经　　销：	新华书店
开　　本：	680mm×955mm　1/16
字　　数：	279 千字
印　　张：	22.25
版　　次：	2022 年 5 月第 1 版
印　　次：	2022 年 5 月第 1 次印刷
书　　号：	ISBN 978-7-5726-0611-3
定　　价：	59.80 元

若有质量问题，请致电质量监督电话：010-59096394
团购电话：010-59320018